我们做对了什么

北京十一学校家长的陪伴与反思

刘华蓉　刘艳凯　张智慧　主编

外语教学与研究出版社
北京

图书在版编目（CIP）数据

我们做对了什么 ：北京十一学校家长的陪伴与反思 / 刘华蓉，刘艳凯，张智慧主编. -- 北京 ：外语教学与研究出版社，2025. 7（2025. 9 重印）.
ISBN 978-7-5213-6542-9

I. G782-53

中国国家版本馆 CIP 数据核字第 2025ZF3452 号

我们做对了什么——北京十一学校家长的陪伴与反思

WOMEN ZUODUILE SHENME——BEIJING SHIYI XUEXIAO JIAZHANG DE PEIBAN YU FANSI

出版人　王　芳
责任编辑　赵雅茹　段会香
责任校对　易　璐
装帧设计　刘　爽
出版发行　外语教学与研究出版社
社　　址　北京市西三环北路 19 号（100089）
网　　址　https://www.fltrp.com
印　　刷　北京盛通印刷股份有限公司
开　　本　710×1000　1/16
印　　张　21
字　　数　271 千字
版　　次　2025 年 7 月第 1 版
印　　次　2025 年 9 月第 3 次印刷
书　　号　ISBN 978-7-5213-6542-9
定　　价　69.00 元

如有图书采购需求，图书内容或印刷装订等问题，侵权、盗版书籍等线索，请拨打以下电话或关注官方服务号：
客服电话：400 898 7008
官方服务号：微信搜索并关注公众号“外研社官方服务号”
外研社购书网址：https://fltrp.tmall.com

物料号：365420001

推荐语

费孝通先生在《生育制度》中讲到的共生与契洽，交织构成了亲子关系的复杂形态，相互利用还是彼此成全？孩子被视为父母第二次人生，有的孩子却只是父母的面子，是家庭投资的KPI，在父母的托举中却走不出自己的道路。如何成全孩子？在彼此依赖与逐步独立、在托举庇护与伴飞放手之间，这些家庭经历了什么？有什么体悟？书中的故事是切近的，也是生动的。相信会给很多家庭具体的启发。

——北京大学教育学院教授　刘云杉

本书像一场温暖的围炉夜谈，北京十一学校的家长们在本书中讲述的关于构建良好关系、应对关键选择、化解成长压力的真实故事和深刻反思，既温暖又实用。这些亲身经历印证了：理解、尊重与适时支持，是帮助孩子成长的核心力量。这本充满智慧与温度的书，值得关心孩子成长的您静心品读。

——华东师范大学教授、家庭教育研究院院长　闫寒冰

父母教育孩子不是靠学历、收入与地位，而是靠好的教育理念、方法和能力，即教育素养。《我们做对了什么——北京十一学校家长的陪伴与反思》回应了我们最需要关注的问题：父母哪些教育素养促进了孩子健康成长？这才是家庭教育的真正法宝。

——中国青少年研究中心二级研究员、中国家庭教育学会副会长　孙云晓

本书源自北京十一学校的真实家庭教育手记，多维度展现了家长陪伴孩子成长中的智慧，为破解教育焦虑提供了切实可行的实践路径，揭示出优质家庭教育是助力孩子顺利迈向高等教育、从容走向未来的坚实根基。诚挚推荐给所有关注孩子终身发展的父母与教育者，一同探寻：他们究竟做对了什么？

——中国教育发展战略学会副会长兼人才发展专业委员会理事长　李志民

爱孩子是父母的天性，会爱孩子是一门科学，这门科学就是关于家庭教育的学问。《我们做对了什么——北京十一学校家长的陪伴与反思》，记录的是 40 多位家长陪伴、引领、启迪孩子们成长的家庭教育故事。相信透过这些故事，家长朋友们会找到成功掌握家庭教育这门科学的钥匙。

——北京师范大学教授、教育部基础教育家庭教育指导专委会主任委员　张志勇

教育的目的，不是培养精致的利己主义者，而是塑造有思想深度、有情怀温度、有担当力量的“大写的人”。在本书中，我看到了北京十一学校家长与老师们的共同努力，看到了家长们的宝贵经验和反思。

——北京大学教授、教育学院院长　蒋凯

（按推荐人姓氏笔画排序）

序一

家庭教育中有真学问

◎ 谢维和

刘华蓉博士与北京十一学校的40余位家长共同写了一本书，介绍和分享了他们在孩子18岁参加高考之前，支持、陪伴孩子的做法和思考，反思了他们在教育孩子过程中的得失。其中，有的作者介绍了自己从小时候培养孩子好习惯、好品行的做法，有的作者专门写高中阶段怎么帮助孩子做好选择和高考准备，还有的家长分享了与孩子交流与“斗争”的故事，也有的家长坦言了家庭教育中的难点与自己的办法，等等。他们都用亲身经历回答了：家长怎么和中学阶段的孩子相处，怎么在孩子学习压力大、情绪波动大的时候提供帮助，怎么鼓励孩子顺利走过高考、进入大学。他们为读者呈现了自己不断反思、不断改变教育观念和方法，调整心态去理解孩子、尊重包容孩子和支持孩子健康成长的过程，以及在这个过程中自己逐渐成长为一名称职与优秀家长的心路历程与实践体会。这样的选题与体裁非常有意思，也很有可读性。

《我们做对了什么——北京十一学校家长的陪伴与反思》，这本书及这个书名特别有味道。这个味道表现在三个方面。首先，他们真的做对了！而且是做了一件非常正确的事情。家庭教育是整个教育体系中非常关键的一个环节，有的学者甚至认为它是社会化的摇篮。它与学校教育及社会教育共同构成了一个完整的教育环境。孩子们的很多价值观念、道德品质、行为习惯、生活方式，以及身体状况，等等，都与家庭教育存在非常密切的关系。从理论与实践中都可以发现，孩子们的道德意识与行为的培养，都是从家庭开始的。用学术的话语讲，一个人的道德发展是从私德开始的，并且从私德推广到公德；而家庭作为一个最基本的私域与初级群体，则是私德养成与发展必不可少的一环。过去，有人提出顺序理论认为，家庭教育与学校教育是两个不同阶段的教育形态。而现在的社会教育研究则已经发现，家庭教育与学校教育是重叠的，并且发生在所有的正规教育阶段。由此，我甚至愿意说：不懂家庭教育，就很难真正成为一个合格的教育者；一个社会如果缺少充分的家庭教育，往往很难成为一个和谐的社会；一个国家如果缺乏良好的家庭教育，也很难真正成为一个教育强国。所以，能够真正与孩子进行轻松和有效的交流，是家庭建设与家庭教育的一件非常重要的工作，也是家庭幸福的重要基础，更是孩子健康成长的必要条件。我曾经读过一本书，作者通过研究分析，特别是分析大量实证材料，发现了一个非常重要且具有普遍性的现象：在孩子的成长过程中，良好的家庭教育往往是影响孩子一生的最重要的因素。刘华蓉博士与其他十一学校家长们的工作，具有非常重要的理论价值与现实意义。

这本书及书名很有味道的第二个原因，是主编与作者们的确做对了，他们是在用正确的方式开展家庭教育。家庭教育给人的印象常常是一个无足轻重的“小儿科”，看起来好像非常简单和容易，但实际上它是一门真学问，其中包含了许多教育的道理、亲子关系的理论，以及现代社会青少年成长的规律与挑战，等等。有些大名鼎鼎的教授在指导研究生方面头头是道、轻车熟路，可往往在自己孩子的教育上，手足无措、不知所然；有些孩子成长得很好，但家长却又说不出什么经验与体会——类似这样的情况可谓比比皆是，不一而足。而这本书的书名中的“陪伴”二字，既是作者们的经验总结，也道出了家庭教育的真谛。家庭教育的方法万千条，陪伴是第一条。从文化资本的理论看，陪伴是文化资本传递最基本的途径与方法。这种陪伴意味着一种时间的投入，意味着一种相互平等与相互尊重的相处，意味着一个非常和谐的家庭环境，还意味着一种合理的亲子关系。可以说，没有陪伴，就没有教育；没有正确的陪伴，就没有有效的教育；没有合理的陪伴，也就没有孩子们的健康成长；没有陪伴，更罔谈家庭的快乐与幸福。

这本书及书名有味道的第三个原因在于书的实用性。这件事不仅做对了，不仅是用对的方式做的，而且对社会和年轻的家长们十分有益。书中的许多案例与观点，都是作者们的亲身经历与立足于现实经验的思考。他们所经历的这些挑战与困惑，也是今天中国许多家长的普遍苦恼，包括怎么理解孩子，怎么在尊重孩子的前提下支持孩子选科、选专业、选大学，怎么帮助孩子处理好与老师、同学的关系，帮助孩子缓解焦虑和青春期压力……所以，本书针对家长们如何更好地与孩子交流，与孩子一起分享喜悦与共渡难关，提供了十分有效的实证性经验与可操作的方法。

家庭教育是一门真学问，也是家长们不得不参与的一项人生的考试。本书的主编与作者们为这个考试提供了很好的参考资料和教辅材料，其中包含了活生生的示范与参照。他们的实践证明，学习和反思是成为优秀家长的必要条件。家庭教育有自身的规律和独特的方法，而且涉及许多学科的知识，要成为一个优秀的家长，需要不断学习。家庭教育要讲究方法，要讲科学。要建设美好幸福的家庭，培养优秀的下一代，家长就要学会正确科学地育儿，掌握建设家庭的知识和能力。广大家长既要学一点家庭教育的理论、知识，更要学习借鉴行之有效的家庭教育方法，做智慧的家长。

是为序。

谢维和，著名教育社会学家，哲学博士，国家哲学社会科学一级教授，清华大学原副校长、首批文科资深教授、博士生导师，中国教育学会学术委员会主任，教育部教育学类专业教学指导委员会主任委员。

序二

在教育的河流中，与孩子一起探索生命的航向

◎ 刘华蓉

这是为家有中小学生的读者撰写的一本书，更是为家有高考生的家庭撰写的一本书。书的作者有一个共同的身份：北京十一学校家长——他们的孩子从这所著名的学校高考毕业。在孩子走过高考之后，这些家长们进行了反思：在陪伴孩子的历程里，我们做对了什么？又做错了什么？他们在记录所行的同时，写下了所思。

作为一名教育工作者，过去 30 年间，我收到过无数家长朋友的求助：如何让孩子自觉学习？孩子沉迷手机该怎么管？孩子抑郁了怎么救？高中选科怎么选？高三焦虑到失眠怎么办？高考后志愿怎么填报？……孩子们面对无数成长困惑，家长们面临无数教育难题。这些问题背后，是当代家庭教育普遍存在的迷茫与无力。如何消除这些迷茫与无力？《我们做对了什么——北京十一学校家长的陪伴与反思》一书提供了很好的帮助。

中学阶段正值孩子的青春期，是人生从童年迈向成年的关键转折期。伴随剧烈的生理、心理变化，学生面临自我意识高涨、情绪波动大、认知能力飞跃、同伴关系变化等挑战。有的家长和教师头疼：这个阶段的孩子最难管、最难教。有的家长庆幸：孩子没有逆反，顺利度过了青春期。如何帮助中学阶段的孩子形成良好的性格、积极向上的价值观，发展关键思维能力与社交技能，提高学习成绩，顺利考到心仪的学校，是每一个中学生家长面临的问题。本书的作者们作为“过来人”，分享的正是这方面的心得和经验。

本书内容的“明线”，是十一学校的家长怎么陪伴和支持中学阶段特别是高中阶段的孩子；还有一条“暗线”，是十一学校的教育教学方式变革。两条线交织在一起，也体现了一所高水平学校是怎么与家庭在教育上互补的。

十一学校是一所把“成为伟大的学校”作为愿景的优质学校，也是一所在外人眼里很特别的学校：“没有行政班”“没有班主任”“选课走班”“每个人的课表都不一样”“分层教学”等，都率先发生在这所校园里。校园里社团多、活动多，学生的学习压力也不小，教师们承担着多种角色，每个角色都围绕着学生转。十一学校的家长也很特别：他们对学校的认可度很高，相互交流和帮助的氛围很浓。家长们甚至形成了“传帮带”传统，建立了跨届“传帮带”微信群：历届毕业生家长们都会在孩子毕业后，自发撰写培养孩子的经验和教训，分享给依然在校的学生和家长。这种集体智慧的沉淀，让十一学校家长不再是孤军奋战，而仿佛是在参与一场“接力赛”。

本书的作者们，正是具有“传帮带”精神和大爱的十一学校家长。他们希望通过记录自己陪伴孩子成长的经历，帮助到更多的家长和孩子。

教育仿佛奔涌的大江大河。高考是大多数孩子人生中一定会经过的渡口，也是航程中必经的隘口，孩子们从此登岸，小憩片刻，再由此出发，借力激流奔向新的河岸。怎么帮助孩子直面高考，赢得高考？怎么帮助孩子纵使没有赢得高考，依然赢得人生？……撰写本书的家长们因为经历过，所以深解其中味，他们和孩子一起找到的，不仅有躲避暗礁、顺利上岸的技巧，更有驭舟远行的智慧。

全书以真实、真诚的笔触，记录了一个个家庭陪伴孩子度过青春期和应对基础教育阶段挑战的历程。作者们既是中国教育改革的亲历者，也是现代家庭教育困境的突围者。他们用十几年的陪伴，在应试与育人中探索出一条平衡之道：从幼年习惯的养成到青春期的价值观碰撞，从学业压力的疏导到人生目标的明确，从选科和考试的技巧到大学的选择，每一篇故事都是家庭教育智慧的凝结，也容易引发共鸣。

作者们分享了大量怎么提高学习效率和成绩、怎么处理好学习与兴趣爱好的关系、怎么帮助孩子缓解高考焦虑、怎么找到自己的专业目标乃至怎么填报好高考志愿的案例。他们面临和所有家长同样的教育困难，面对手机管理、心理压力、成绩波动、学业倦怠、选择困难等难题，坦诚分享了自己的试错与思考。在“我们做对了什么”背后，是“我们做错了什么”的坦诚反思，这种不完美的真实构成了本书最具参考价值的部分——它告诉我们，家庭教育没有标准答案，怎么帮助孩子应对高考也没有标准路径，只能在具体情境中不断调整。书中那些充满冲突与挑战的记录揭示：危机与问题恰恰是教育的契机。

作为本书主编，让我深感触动的不仅是书中那些行之有效的帮助孩子的方法，更是十一学校的家长们在孩子的成长中获得的成长：他们感悟到了将“人的成长”置于“分数的追逐”之上的教育真谛，感悟到了与孩子共同成长的教育智慧和乐趣，感悟到了真正形成孩子长期竞争力、人生续航力的绝不仅仅是高考取得好分数，并由此形成了充满情感支持的亲子关系、温馨和谐的家庭氛围、直面困难积极应对的“高考态度”。

大部分孩子基础教育的句点是高考。本书有不少文章聚焦于如何陪伴孩子顺利度过高考前的岁月并赢得高考，但给予我们的启示远超一场考试：人生就是一场大考，在教育的长河中，重要的不是帮助孩子抢先抵达某个渡口，而是在航程中让孩子学会自己掌舵。

在教育的长河中，方向重要，沿途的风景、交汇的支流与包容的河床也重要，正是它们带来了教育的生机和活力，带给更多孩子成长的机会。在这条河中，无数家长陪伴着孩子奋力前行——他们或逆流而上，或顺水而行，或在看似平静无波但充满惊险的深水区停留，我们期待每一个孩子都能找到自己的航向。

当舟楫划过高考的隘口，前方仍有星辰大海——那才是孩子们将要去的远方。

刘华蓉，本书主编，法学博士，《中国教育报》编审，中国教育学会国际教育分会副理事长，北京大学哲学博士后，耶鲁大学访问学者，致力于基础教育、家庭教育等研究和报道逾30年。

目　录

当好参谋不容易

寻找专属成长密码

学业与兴趣的平衡术

走出成长焦虑

好关系赋能成长

十一学校老校长李希贵有一句话：教育学首先是关系学。父母与孩子之间的亲子关系，是对孩子成长影响最多、最大、最直接的关系。对正处于青春期的孩子而言，关系好了，教育才能顺畅地发生。摆在每位家长面前的第一个课题就是：怎么营造良好的家庭关系，让好关系成为孩子成长的沃壤和能量源泉。

助力骞翮　静待远翥

——从十一到燕园的陪伴之旅

◎ 予玫

自从女儿接到北大的录取通知书，就经常有朋友问我：你是怎么培养了这么优秀的女儿？坦白地说，面对这样的问题，我很忐忑。在高考这一特定节点，我们对“优秀”的定义，往往唯一的标准就是成绩，就是被名校录取。朋友们更关注的也是如何通过高考进入北大或其他名校。但于我而言，感到最欣慰的不是女儿成绩的“优秀”，而是她在十一学校度过了充实而丰富的六年时光，作为一个普通的孩子，在不断成长的过程中发现了自己的热爱并为之努力，最终实现了自己的梦想。

十一学校有座教学楼叫“远翥楼”，名字取自陶渊明先生的诗句“猛志逸四海，骞翮思远翥”。“骞翮”是展翅，“远翥”意高飞。回顾陪伴女儿成长的时光，我深深感到：作为父母，我们所能做的就是帮助孩子打造一双有力的翅膀，然后静静地看他们飞得更高、更远。如果说，我在孩子中学六年的成长中做对了什么，我想我做到了：用心陪伴，适度引领，让她成为更好的自己。

用心陪伴，帮她绘就生命底色

记得十一学校老校长李希贵在谈到家庭教育的“十大原则”时，把“陪伴”放在了第一条。他认为家庭教育中，“陪伴在先，教育在后”。孩子只有在陪伴中才能产生安全感与归属感，这时候教育不仅会自然发生，而且效果会事半功倍。在我看来，陪伴本身就是一种教育，而且是关乎一个孩子生命底色的教育。

女儿小时候，晚间的亲子共读是我们的习惯，家里书架中上百本的绘本见证了我们最愉悦的亲子共读时光。小学时，周末除了安排她喜欢的画画课，我还带她去大自然放松心灵。初中后，女儿喜欢上了汉服，我就经常带着相机，爸爸拎着服装道具，陪她去各个公园拍照。春寒料峭的颐和园清晨、炎热夏日的大观园正午、黄叶飘落的园博园午后、白雪皑皑的故宫日暮，都有我端着相机的身影。她对传统文化比较感兴趣，我就带着她去各地看博物馆，从殷墟到良渚，从大漠敦煌到南海疍家，从海昏侯墓到南越王宫。在陪伴中，我们建立了良好的亲子关系，这让她感受了幸福和爱，也让她在增长见识、充盈心灵的同时，丰富文化底蕴、提升审美能力。这些，都成为她成长的铺垫，绘就了她的生命底色，也影响了她大学的专业选择；在未来，可能还会影响她的职业成长与社会成长。

陪伴，特别是高质量的陪伴，是构筑良好关系的重要基础。李希贵校长还有一句著名的话：“教育学首先是关系学。”同样，良好的亲子关系，也是家庭教育的前提。特别是对于青春期的孩子而言，关系好了，教育才能在家庭中顺畅地发生。正是通过陪伴，我与女儿建立了良好的亲子关系，在她中学的成长中，我对她的适度引领也就自然而然地发生并能对她产生一定的影响。

适度引领，让她实现自我突破

进入初中后，学业成为第一要务。但我从未关注女儿具体的学习内容，更多的是关注她的学习态度和学习方法，特别是在她遇到困难和问题的时候，给予适度的引领，让她去自己探索，突破自我。

· 每周两小时，六年的数学“打怪”之路

从初中到高中，数学一直是大三门（语数外）中女儿最薄弱的学科。初二的一次偶然超常发挥，让她进入了高层班（十一学校实行分层教学，基于学生的学习基础、学习能力、学习方式、发展方向和课程难度等的不同，将一些课程分为一二三层，高层即三层），但她的成绩一直在班级的尾部徘徊，偶尔能达到班级的平均分。我多次劝她退回普通班，但她因为喜欢和高层班小伙伴们一起上课，始终不同意降层。老师也认为她有能力，并希望她能在高层班坚持下去。然而，过了一学期，她依然学得很吃力，即使与其他层级的孩子相比，她的分数也没有优势，甚至有时还会更低，这让我感到很焦虑。我们认真地和她谈了谈，帮她一起分析原因，认为她的数学思维不够好，需要花时间去投入训练，慢慢打好基础。为此，我们共同制定了一个计划：每周必须多花两个小时学习数学。她周末喜欢去学校图书馆学习，我们便要求她每个周末在图书馆学习两个小时的数学。

就这样，她一直坚持到高中。成绩逐渐稳定在年级平均分，有时候还能比平均分高一点，她的自信心也逐渐增强了。进入高二时，她遇到热情开朗的李老师，李老师给了她很多指导，鼓励她一直坚持在高层班

学习。她很喜欢李老师，觉得她的方法和思路都很适合自己。我们就鼓励她多去找李老师答疑请教。不得不说，十一学校这种亦师亦友的氛围给了孩子很大的心理支持。除了坚持在数学高层，她还坚持参加了强基班（十一学校为准备参加“强基计划”的学生开设的课程，该计划是国家为培养基础学科拔尖创新人才而实施的高校人才选拔培养计划）的数学课程学习。进入高三后，虽然换了老师，但她对数学保持了平稳的学习态度和信心，我们也不再因为她的分数而感到焦虑。

高考结束后，女儿告诉我，有位感觉数学学习吃力的小学妹向她咨询：到底应该在高层待着做“尾巴”还是降层？女儿告诉她：如果你感觉特别吃力就降层，打好基础更重要；如果是喜欢高层的老师或者同学而不愿意降层就不降，但是要合理规划好自己的学习重点，别死磕高难，注意掌握基础。听了她给学妹的分析，我感觉女儿对于学习和高考的理解非常清晰和理智，也很清楚自己该做什么。

· “Relax but Carefully” & 看看做对了什么

进入初中，考试成为一项重要内容。面对频繁的考试与排名，很多孩子都会出现考试紧张的问题。面对女儿过山车一样的成绩，我也开始焦虑，女儿自己考前也变得更紧张。记得初二的一次考试，出门前，她很紧张地问我：“你不想跟我说句什么吗？”我想了一下，抱住她，亲了一下她的额头，微笑着对她说：“Relax but carefully.”（放轻松，但也要仔细哦。）从那以后，我和女儿之间就有了这样一种仪式。每次考试前，都是这样一个拥抱，一个亲吻，一句叮嘱，一直到高考的最后一天。我相信这样的一种仪式，这样的一句话，给了女儿最好的鼓励，让她放松的同时，更加专注考试本身，认真细致作答。

当然，这句话的效果并非立竿见影，毕竟考试成绩不仅仅取决于考场状态，更重要的还是平时的积累。而如何面对考试后的成绩和试卷，是比应对考试本身更为重要的问题。

每次考试后，十一的老师们会带着孩子们做详细的试卷分析，查缺补漏，叮嘱学生积累错题，也会带着学生总结考试中出现的策略问题。作为家长，我对此非常放心。不过，看了孩子的几次试卷分析后，我发现：孩子每次考试出现的问题都不太一样，有时候是基础知识掌握不牢，有时候是考试时间分配不当，有时候是马虎粗心。于是，我跟孩子提出一个理念：分析试卷时，不仅要看自己做错了什么，更要看做对了什么，特别是如果这次成绩还不错的话。知识缺项固然要在后续学习中补漏，但也要总结强化自己做对的那部分，这样才能避免下次出现别的问题。之后的每次考试后，我都会跟她交流她的考试分析情况，引导她思考："这次考试中，你做对了什么？"比如有的是考前系统复习了错题本，有的是这学期加强了基础知识学习，甚至有的只是考前一天睡得很好。我建议她把这些也记录下来，作为下一次考试前的策略。

正是在这样一次次对考试"做对了什么"的总结中，女儿逐渐形成了自己的考试策略，避免了不必要的低级错误，也稳固了考试心态。

前几天，我和北京四中的几位老师交流，一位老师说："之前我们给孩子讲试卷，一直强调分析积累错题，你这个角度很特别，值得我们老师借鉴。"确实，重视"做对了"的经验，不仅是一种策略，还能帮助孩子在问题中发现自己的优势，稳定心态，从而建立自信。就高考而言，心态和信心都至关重要，在很大程度上影响着考场发挥。

专注高效，把握节奏才能更好度过高中

进入高中，学业压力逐日加重，作业量也增多，六科压力都很大。特

别是进入高二以后，女儿睡得越来越晚，周末也不肯休息一天，自己也感到焦虑。在一次给女儿写的信中，我送了四个字给她：专注、高效。课堂要专注，自习也要专注；专注才能高效。女儿之前并不擅长做规划，从来没有像有些学霸那样把时间分配到几乎每分钟。但是进入复习阶段以后，她也学会了每天做规划，列任务清单。注重了专注，加上任务清单，她的效率就更高了。但专注的前提是张弛有度。长期一味紧张会造成精神疲惫，也就无法再专注，更谈不上高效。所以，把握节奏很重要。高一高二，我们基本上会要求她 10 点半前睡觉，周末休息一个整天。进入高三后，尽量 11 点前睡觉，周末至少休息一个半天。每个周末，我们都要去吃上一顿大餐，吃什么她说了算。吃饭的时候顺便逛逛街，聊聊天，让她感到放松。

五一假期后的二模考试是高考前的最后一次大考。假期期间，很多孩子要么在家学习，要么在学校学习，家长也不敢放松。我却大胆地让她放下学习，去模式口大街定了个民宿，带着她逛街拍照，“逛吃逛吃”了一天。结果她二模发挥特别好，超过了一模，甚至也好于后面的高考。

回顾高三这一年，如果说我做对了什么，那就是学习上给孩子充分的放手和信任，引导她形成专注高效的学习品质；作息上帮孩子把握好节奏，让她学会自我调节和放松。

鼓励热爱，让她点燃心中的梦想

女儿去十一学校报到的那天，我在微信朋友圈写下了这样一句话：“愿你在这里，遇见更好的自己。”这里的所谓“遇见”，不是随机发生的，而是一种理念、一种方向，也是一种期待。我期待她能在十一学校发现自己的热爱，发现自己未来要走的路，点燃自己心中的梦想。

十一学校丰富的选修课和社团，为孩子们的成长提供了营养丰厚的土壤，也让他们在不断探索中发现自己的热爱。女儿在初中时选修了缝纫课，后来参加了非遗服装设计大赛，还在狂欢节为校长设计并制作了服装，也参与了校外服装设计大赛，复原敦煌壁画中的服装。对于她的这些热爱，我从来都是鼓励有加，给予大力支持。

进入直升初三（直升是指十一学校六年一贯制学制改革实验）后，她选修了学校开设的大学人文先修课，在“中国文学传统”课上，老师带他们学习《离骚》。女儿被屈原深深地打动了。之后她和好朋友一拍即合，顶着期末考试的压力，在20天内编创了话剧《离骚》。我对她这一做法大加赞赏，不仅积极出资购买服装道具，还在演出当天组织家长观看并进行拍摄。我从女儿那些天高度的投入中看到了她对话剧艺术的热爱。结束后，我给她提了个小建议：你们可以搞个话剧团呀。她说，马上期末考试了，回头再说吧。过后，我也就把这件事忘了。

没想到，新学期开学后，女儿就和好朋友开始张罗成立话剧团的事情，并为他们的剧社起了好听的名字，叫“鹿鸣剧社”。两年间，他们先后编排了好几出戏剧，每次演出都非常成功。开始时，看到女儿在话剧社投入巨大精力，我有些担心，但我还是按捺住焦虑，尽量平静地提醒她合理分配时间，提高学习效率。女儿也的确做到了。由于我的信任和支持，她也能安排好自己的时间和精力——学习时，专注高效；排戏时，热情投入。二者并没有成为矛盾，反而互相成就。她的成绩非但没有下降，还有所提升。进入高二，剧社的孩子们意识到学业压力增大，暂停了活动。但为了给鹿鸣剧社一个圆满的结局，他们在高考后两周内排了“话剧九人”的剧目《四张机》，演出非常成功，全场轰动。孩子们用一场特别的话剧与母校告别，也对即将开启的大学生活进行思索。我想，没有别的方式比这更浪漫。

后来，有家长问我，你当时真的不担心孩子的学习吗？的确，也有家长因为担心孩子的学习而阻止孩子参加剧团排练。虽然也有担心，但我一直是孩子的坚定支持者。因为我认为：如果我只把进入名校作为孩子在十一学校的学习目标的话，那么我显然低估了这所学校的价值。这所学校给了孩子们无限探索的可能，给了他们更多去发现自我的空间，给了他们去锻炼、去成长、去发现热爱的机会。正是这些经历，让他们发现自我，认识自我，并产生内驱力去成为更好的自己。我想，这才是十一学校教育的最大价值所在。

正是基于这样的自我发现，女儿在高中选择了偏文的方向，高一去参加了北大在外地的夏令营，萌发了去北大的梦想并确定了自己的专业方向。高二暑假，走进燕园，她就爱上了那里，也暗暗下决心更加努力实现自己的梦想。

其实，很多十一孩子的事例证明，那些能与学校深度融合、充分利用学校资源去发现自我的孩子，在未来的大学中更能选择自己热爱的道路，也能在追求自己热爱的道路上更加坚定执着。

成长是一辈子的功课

女儿参加 18 岁成人礼时，正面临着高考的严峻挑战，我在给她的信中写道：相比一个具体的高考目标，妈妈更希望你聚焦自己的成长，能真正发现自己的热爱并下定决心去追求。

走进燕园，只是另一个起点。成长是一辈子的功课，坎坷总会在人生不同的阶段发生。我只是在这一程尽到了一个陪伴者与引领者的职责。未来的路，要靠她自己去走。

回顾这段历程，我深深感到：孩子们终将远行，我们所能做的不过是帮他们打造一双有力的翅膀，让他们飞向自己所希望的远方。在那里，每一个生命都会按照自己的方式绽放。

假如可以重来

依然会用心陪伴她一起成长。不过，会考虑更早地锻炼她的独立能力，并引导她将一项运动作为自己终身的热爱和习惯。

在幕后候场，在关键处掌灯

◎ 慧晶

儿子考取清华大学未央书院后，我常被朋友问起："你儿子上学不用家长接送操心，也不上课外班，自己就知道努力，你是怎么教的？"我说："他小时候我管得严、管得多，小时候规矩立好了，习惯养成了，后面孩子会自驱向前，大人就省劲，大人和孩子就不用较劲。"这是实话。儿子上中学之前，我的付出远比一般家长多。从亲子课、幼儿园到小学，不管工作多忙多累，我都坚持亲力亲为，言传身教，给孩子打下爱读书的基础，引导孩子养成学习生活的好习惯，也带他去看、去体验广阔世界。

就像绘画一样，学前阶段打好底色，小学阶段勾好线条，中学阶段再填色彩就相对容易了。色彩斑斓的主角一定是孩子本人，家长主要负责守望与欣赏。这个阶段，家长要摒弃"管"孩子的思想，不能站在孩子的对立面；而要与孩子成为同盟，成为战友，保持统一战线，共同迎接学业的困难和压力，一起化解成长的烦恼。与其说我是“甩手掌柜”，不如说我与儿子并肩前行，儿子是明的，我是暗的，我只在儿子需要的时候“掌个灯”，去照亮。

中学六年，我们一起干了五件“大事”。

第一件是密切亲子交流。

对于青春期的孩子，关注其所思所想和心理健康，远比关注成绩重要百倍。几乎每个青春期的孩子都会问“人活着究竟为了什么”，都会说“活着真没意思”之类的话。不同年代，家长的反应截然不同。我们小时候，大人觉得想这问题是吃饱了撑的；但现在的孩子问，大人往往会精神高度紧张。对于这类问题，我认为要及时正确地加以引导，尤其是在“空心”泛滥、“啃老”常态、“躺平”滋生的当下。

好在因为儿子从出生起都是我一手带，细水长流、绵绵不断的交流造就了良好的亲子关系，我们的交流一直比较顺畅。可能是从小“单兵较量”教育儿子形成的习惯，交流“秘密”都是我俩单独进行。睡前卧谈是儿子的“松骨时光”，他与我分享学校的喜怒哀乐、青春的喜忧参半。当然，我们的交流也不是完全透明、什么都讲。我认为，什么都讲相当于乱讲，大人和孩子都不能真正成长成熟。儿子所分享的，有快乐和成果，有生气与不满，也有困惑和迷茫。分享成果，我只负责高兴和夸奖，不提期望，不设定新目标；分享不满，我一般先顺应他的情绪，说“遇上这事我也会生气不开心，但说出来就好很多，没事，时间能化解一切”，再抚摸或抱抱儿子，之后再在他情绪完全平静或高兴时告诉他，遇上类似事情怎样做会更好；儿子困惑苦恼时，我也不吝啬地讲出自己或家人年少时的糗事，告诉他这一切都是成长中的正常现象，没有什么可难为情的，也没有什么抹不开面子的。

当然，中学阶段的孩子有了更加独立的思想和主意，对大人的建议有时听不进去。家长想多说几次，又怕孩子厌烦逆反，其中的技巧和尺度很难把握。我认为，这时候孩子不再是小孩，要把他真正当作成人、朋友来交流。如果实在不知道该怎么做，可以参照跟单位领导同事相处的做法，避免孩子出现过激的青春期反应。比如我就曾坦诚地跟儿子讲过："我们是第一次当父母，也是唯一一次，你只有一次做儿子的机会，也只能做我们的儿子。所以我们的目标是一致的，都是希望彼此过得好、过得开心。遇到事情商量着来，我们经历得多，想法和观点可能更准确。如果你不赞同，要拿出更好的方案，且能说服我们。如果你拿不出更好的，或者你认为好但说服不了我们，就只能听我们的。"我们家的青春期原则只有一个，不管大事小情，谁说得对且能说服对方，就听谁的，大人孩子平等。过程中，儿子向我道过歉，我也向儿子道过歉，在相互交流与道歉中，我们的关系水乳交融。

第二件是及时丢弃"头箍"和"拐棍"。

所谓"头箍"，是我的唠叨和如影随形。许多惨痛的教训告诉我们，孩子的叛逆甚至极端行为，多数祸起于家长的控制欲，祸起于"都是为你好"。对孩子而言，什么是"为你好"？一定是给他自由、让他开心。儿子进入中学，我首先修炼的是"闭嘴功"。叛逆端倪在五六年级时显现，孩子爸爸提醒我："儿子要开始挑战你的权威了。"新入初一，儿子每天高兴极了，"十一学校太好了，太适合我了"之类的话天天挂在嘴上，我们也好奇学校怎么个好法，顺势当起了倾听者。通常在没有需要特别提醒或纠偏的情况下，都是他说我们听，即使不赞同，也不随意打断。有时候我也看不惯儿子的某些行为，但我说服自己忍着，想想"大人也不是处处令孩子满意，又怎能要求孩子处处令大人满意呢"，就没了唠叨的底气和意愿。其次我练的是"松手功"。参加小学五年级家长会时，我无意间看到儿子桌垫下藏着的"我爱自由"字条——向我传递了强烈的

"松手"信号。我更加意识到，尊重孩子不能停留在口头上，要像对待大人般对待他。形式上，我们让儿子完全独立骑自行车上下学，时间早晚、速度快慢完全由他自主掌握。内容上，除了衣食仍由我来安排，学习和作业都由孩子自主安排，我们订下君子之约——"成绩别拉胯，老师不找我，彼此就相安无事"。

所谓"拐棍"，是课外班。一入中学，我便跟儿子达成了共识：首先，小学报英语班和奥数班，是为了测试和激发孩子的潜能，但从教育本质上来讲意义不那么大；其次，十一学校的师资力量很强，老师们也很有责任心，有问题可以通过学校老师解决，跟着老师的思路和节奏学，应该没问题；最后，学习不可能永远拄着"拐棍"、依靠外力，努努力试一段，如果靠自己实在不行，再借助外力。于是，儿子开始自己摸索学习与玩耍时间的分配比例，寻找合适的"努力度"。刚开始没经验，孩子玩飘了，段考（一学期分两个学段，每学段的考试即为段考）成绩偏离了自己的定位，后来又自己纠正回来——其实，当年我并没发现儿子第一次段考成绩不理想，还是几年后有人问他为什么一直成绩那么好，他自己讲："刚上中学玩太过，第一次段考比分班考差好多，就知耻而后勇，后来追上来就不想再掉下去，一直稳在前面。"

及时解开"头箍"，松开手，闭好嘴——在家长的克制下，中学六年，儿子没有特别叛逆反抗过，青春期平稳度过。及时丢弃"拐棍"，培养和历练了儿子的自驱力和自主学习能力，他将受益终身。

第三件是合理定位、实时纠偏。

在孩子学习的各个阶段，他都是绝对主力。我的角色是根据他当时的情况，帮助他合理定位、纠偏。我一直跟儿子说："妈妈不在乎考试分数高低，主要在乎学习过程中是否努力。如果努力了，成绩不高不要紧，但是不努力就不对，是态度问题。"中学后，我持续跟儿子说："只管努力，莫问分数，学到什么程度算什么程度。”那时，我们对于在十一学校这样的强校里能到什么位置毫无把握，只是设定了“基础款”目标：身体健康，知道努力，阳光快乐。

后来儿子通过自己的努力，成绩进入了前列，但这个过程也不是一帆风顺。由于一些原因，他初二时不爱上生物课，有时听课不认真，有时写作业不认真，甚至与老师顶嘴。在强手如林的成绩“头部战队”，稍有一弱就可能“出列”。眼看生物可能成为弱势学科，我及时采取措施止损：一方面将实情告知导师（十一学校实行导师制，原来的班主任职责由所有任课教师共同承担；每一位老师既是学业上的老师，也是人生的导师，都负担着一定数量学生的教育和管理职责），请导师进行谈心指导；另一方面多次提醒儿子，保持“不偏科”是稳居头部的制胜法宝。这样，经过一段时间的调整和努力，儿子的生物成绩有所提升，但仍不理想，以至于高一上学期分班时，他没考入高层班。作为竞赛生，儿子除了语文不在高层外，其余各科原来都在高层班，常在一起玩的同学也都在生物高层班。因此儿子再一次“知耻而后勇”，终于在高一下学期将生物成绩追平。

在儿子追赶学习的过程中，我常在生活中现身说法。比如，我与跑友一起长跑晨练，有人开始跑得快，跑在前面，后来耐力不够，变跑为走。我技不如人跑得慢，刚开始跟不上前面跑得快的，但再慢也坚持跑而不是走。后来，我得以追上甚至超过了前面跑得快的人。晨练结束回到家，我给儿子讲清晨的景色和晨跑的乐趣，以及“不怕慢就怕站”“坚持就是胜利”的道理。生物成绩追上来并稳定后，我常跟儿子说：“在你们这个分数段，任何一科想往上提几分很难，付出加倍努力不一定能涨几分。可是，但凡有一门弱科，往下拉好几分很容易。你现在最大的优势是不偏科，要努力保持住。”至此，儿子的定位是各科成绩均衡发展、稳在头部。

还有一个定位是关于竞赛的。进入中学后，儿子本来对参加竞赛没有执念，也没有超前去学。直升初三时，他学有余力，便参加了物理和化学两科竞赛学习。坚持两个月后，他感觉无法兼顾，于是只保留了物理竞赛，我们完全尊重儿子的意见。三年半的物理竞赛学习并非一帆风顺，他也曾在坚持与放弃间纠结徘徊。头两年，物竞学习主要是在不断吸收新知识，体验比赛，进展比较顺利，高一时儿子获得了省级竞赛二等奖。进入高二后，课内任务有所增加，物竞学习进入瓶颈期，加上儿子还要坚持踢球，年级主任甚至多次提醒他减少踢球次数和时间，各种压力交织在一起。儿子在向年级主任直言“我不可能只学习不玩别的”后，开始纠结是否退出物竞。

我没有这方面经验，只是讲明观点：如果竞赛对课内学习影响较大，果断放弃；如果影响不大，只要认真学，知识本领和坚持坚韧属于自己，得不得奖、得什么奖都无所谓。我不主张孩子当“学习机器”，青春应该丰富多彩；但青春不能挥霍，也要拼搏奋斗。平衡“享受青春”与“拼搏青春”间矛盾的本领，比成绩和分数重要太多。之后，儿子多次找喜爱的老师深入交流，做出了继续参加竞赛、到高三的10月份回归课内学习的决定。至此，儿子的定位是坚持竞赛、课内不松。为此，儿子付出了很多；但两面兼顾导致竞赛投入不够，最终他以省级竞赛一等奖收官。虽然无缘保送，但是儿子并不后悔当时的选择。前几天，我问已读大一的儿子：“如果让你再选择一次，还会选择参加竞赛吗？会选择哪科？”他肯定地说：“还会参加竞赛，还会选择物理，参加竞赛学习对上大学后的学习有益处。”

第四件是支持、带动孩子坚持体育锻炼。

儿子5岁开始就喜欢踢足球。从风雨无阻接送训练，陪他熬夜看球赛，选购他喜欢的球队服装，带他去英国参观多个足球场，到守护他完成韧带手术后继续驰骋，我们一路支持。在崴脚受伤的恢复期，儿子就进行乒乓球、壁球、飞盘等项目，有时候还跟同学们“全能 PK”，把所有会的体育项目都比玩一遍，给枯燥的学习生活增添许多乐趣。

不论什么项目，我们的理念是运动就好。参与体育项目，能刺激身体分泌多巴胺、内啡肽，从中获得快乐。尤其是高三这一年，孩子们承受着巨大的压力，体育锻炼能有效释放身心压力，让头脑更清醒，学习效率更高。运动也能提高孩子的团队协作意识，增强与人打交道的本领，儿子当上校足球队队长后，组织协调和沟通能力都得到了锻炼。长期坚持一个体育项目，还需要耐心和毅力，而能在紧张的高三坚持锻炼，更培养了孩子张弛有度、自我调节的能力。

曾听有的家长抱怨孩子太宅，不愿意出门，也不愿意锻炼。试问，我们家长做到了吗？家长一言一行的示范效应不仅体现在孩子小的时候，中学阶段一样奏效。2020 年居家防疫时，儿子对于穿着睡衣上网课、随时随地可躺可卧可吃可喝的生活很是享受。我们担心这样的松懈可能“毁”了刚上高中的儿子，于是转移到相对宽松的乡下，给孩子提供活动的空间。作为表率，爸爸的老胳膊老腿也尽可能地跟着活动起来；我也开始了之前一直认为很枯燥无聊的跑步，一方面疗愈自己无奈和疲惫的身心，另一方面试图带动儿子开辟居家运动新项目。这对我的效果是立竿见影。在十一家长朋友的带动下，2021 年元旦，我跑了人生第一个 10 公里；在社区跑友的带动和鼓励下，我 2022 年第一次跑了半程马拉松，2023 年 3 月第一次参加全程马拉松比赛，之后又参加了多场半程、全程的比赛。

儿子欣喜、佩服于我的变化和进步，时常用手掠过奖牌墙上的块块奖牌，享受那风铃般的声音，赞叹“真厉害”。他也在悄无声息发生着改变，不再认为跑步枯燥无聊。功课紧张的高三，担心足球类剧烈项目易受伤，他便通过跑步锻炼身体，缓解情绪，还增加了踢毽子的爱好。就读"五道口体校"（清华的戏称）后，儿子许下了"参加学校马拉松比赛"的心愿。大学里依然学习压力很大，而儿子依然坚持踢球、跑步，尽快适应着新的校园生活。我想，对于我们普通大众，不用在意参加的是什么体育项目，也不用苛求水平，只求通过运动娱乐身心，磨练意志，塑造健康向上、灵动有趣的灵魂。

第五件是平稳度过高三。

毫无疑问，高三的一年，是精神紧张的一年，是"压力山大"的一年，是疲惫的一年，更是自己与自己比的一年。

书香润智，烟火暖心。为了让儿子从享受美味开始一天紧张而不失愉悦的学习，进入高三后，我家早餐的内容更丰富了——炖鸡汤煮馄饨、炖排骨煮面条、酱牛肉炖牛腩、大虾面虾仁饺，不是正餐却胜似正餐；晚自习归来，再用自制酸奶搭配不同水果和坚果。

同时，对竞赛生而言，高三首先面临的是回归课内后的追赶、适应和心态调整。儿子的课内基本功比较扎实，回归后的第一次月考还算可以，他对几次重要大考充满信心和希望。如果在海淀区统考中取得好成绩，会在后续冲刺名校时更有竞争力。可能是因渴望而过于较劲，儿子在期中统考的时候考出了上中学以来最糟糕的排名。老师们及时分析他的试卷，一致认为他在知识体系上没有缺陷，主要原因是过于紧张导致发挥失常。重新整装再出发，儿子更加努力，期待着下一次机会。出乎所有人的意料，海淀统考的期末考试，儿子再次失利。之后的海淀一模，出数学分数的当天，儿子的情绪低落到极致。他觉得自己的水平能够达到，考试也没有特别紧张，结果怎么就不尽如人意呢？

担心他压力过大，我们及时进行疏导：

一方面告诉他，事实印证了之前多次说过的道理，排名越靠前，后面追兵越多，现在大家都在发力，比逆水行舟还逆水行舟，逆水行舟只是不进则退，而现在进得慢就是退。

另一方面告诉他，不要给自己设定具体的名校目标，设定目标有时能增添动力，有时却是套上枷锁，如果成为枷锁就要果断调整。

可怜天下父母心。那些天，我的心情随着儿子的情绪像坐过山车一样，他的点滴轻松能让我开心一整天。终于有一天，儿子对我坦诚地说："我还有个顾虑，从小到大，身边人都说我能上清北，这要考不上，多说不过去。"找到了勒住儿子的绳索，我顿时松了口气，对他说："首先，不要有偶像包袱，因为咱本身就是普通人，不是偶像。其次，大人所说的上清北只是笼统说法，是说你有上好大学的希望，是一种期许，不意味着上不了那两所学校就不好。如果真是说了就得上，上不了就是不好，那谁还敢随便说，哪个学校老师也不敢说以清北为目标了。我想要的是积极向上、自食其力、内心富足的儿子，不是单单上名校的儿子。如果只是上了名校，没有其他能力，包括应对挫折的能力，这样的人走不远也走不好。你想要的只是上名校的自己吗？"儿子紧绷的神经慢慢松弛下来了。

后来的收集信息、筛选学校、填报综合素质评价、申请强基计划，直到高考，以及高考后的强基校测和面试，儿子是关关难过关关过。这个过程中，孩子主要负责学习，其他的主要靠家长用心走心，指引孩子过好每一关。每天晚上，我都在睡前跟儿子闲聊一阵，观察儿子的状态，探究原因，再不停地疏导……如此度过拿到高考录取通知书前的每一天。

最终，儿子如愿上了理想的大学，我们家的这幅画卷也填好了丰富的色彩，并准备去描绘更多的风景。回首过去，虽然在培养孩子的路上也有许多遗憾，但终归，孩子的画卷需要他自己描绘。父母在底色打牢、框架立稳后，就需要退至幕后，只在孩子真正需要的关键处点亮那束光。我想，这才是我们和孩子之间最好的关系。

假如可以重来

孩子说："更加相信孩子，少一些说教与压力，多一些信任与理解，再给一些自由成长的空间，培养自理能力与独立人格。"我想说："应该坚持挖掘孩子的文艺潜能，帮他培养一项艺术爱好。"

为父 20 年的践行与反思

◎ 德韡

2023 年，儿子考入理想大学。似乎从那个暑假开始，每每提及儿子，我和他就立刻成了别人口中的“人生赢家”。各种育儿请教和不明就里的恭维，让我愈发困惑：仅仅一次高考，真的就算是成功吗？内心存疑，但不能公开否认，否则有人认为你虚伪，有人认为你没有倾囊相授。总之在很多人眼里，儿子就是隐形学霸，而我是那个不懂满足的幸运父亲。

回看我们自己走过的半辈子，现在业有所成的同学或故友，有几个是当年中高考的学霸？更多的是将学习贯穿人生始终，不断提升自己，同时性格好、情商高，外加有些运气的人。转眼两年过去，儿子已上大二，早没了刚入大学时的兴奋与感慨，而我那些所谓的高考经验，时效性也日渐衰减。与其拼命回忆当初备考的具体细节，不如聊聊对父亲角色的思索——20 年来一直在努力，却始终觉得很难靠经验从容应对，需要不断学习与迭代。

父子角色的对立和统一

从某种意义上来说，有关父子关系的探究和演绎贯穿了整个东西方的人类文明史，无数历史故事和文学作品给足了我们可借鉴的案例。但在微观家庭层面，我们和上一辈之间的沟通方式，几乎没有多少可以直接拿来用到我们和下一辈身上，过去50年的思想观念，和我国的经济发展一样，发生了巨大变化，翻天覆地、日新月异。唯一可以确定的是，我既是个父亲，也是个儿子。在两种角色之中，显然当儿子更有经验。那么想当好父亲，首先不能忘了当儿子的感觉。比如，困扰很多家长的几个经典句型包括："为什么不如别人家的孩子？""我当年就没这么麻烦。""天天就知道抱着手机玩。""这次考试怎么又没考好？"其实，把自己换成孩子的角度，上述问题就不再是问题，答案变得显而易见。与其怀疑孩子，不如反问自己："我真的了解别人家的家长吗？""自己小时候真的那么省心吗？""我们自己被手机占用了多少时间？""我们是否每次都可以把事情做到尽善尽美？"实际上，应该没有太多家长愿意这样反思，因为反思很可能意味着要否定自己——会发现自己的错误示范，甚至动摇家长的权威性。说白了，也就是"家长"二字的代入感，让自己将父、子两种角色完全割裂开来。就我个人的体会而言：第一，否定事并不代表否定人，父亲的自我否定更有利于及时止损；第二，承认错误并不影响父亲的形象，及时改正更能够提升信誉度；第三，天下没有全能的家长，不懂装懂的威权式父亲，只会加大和孩子之间的距离——何况，"00后"处在网络时代，技术手段基本都是完爆我们这些父辈的。

陪伴成长的核心

千禧年之后的家长应该都对"陪伴成长"这类词耳熟能详。但我们这代人，当父母的同时，也大多是初代的“996”。完全不需要老人帮忙、独立带大孩子的应该寥寥。所谓的“陪伴成长”，很多最后变成了隔辈陪伴——好处是省心，坏处就是溺爱，尤其是青春期后，对孩子的性格成长明显弊大于利。儿子上初中后，借着上学搬家的契机，我果断做了“隔离”。虽一度父子冲突不断，但在日复一日的磨合中，一方面我们可以及时发现问题，另一方面双方也找到了合适的沟通路径和共同的兴趣爱好。父亲的陪伴，不是时时刻刻的照顾与厮守，而是在共同踢球、骑行、爬山、徒步、看音乐剧等诸如此类活动的过程中自然而然产生的交流与互动，以及关键时刻及时表明的观点——支持时有鲜明的态度，反对时有充足的理由，尽量不情绪化处理问题。

因此高中三年，儿子坚持选择住校，我则有空远去海南挂职。每周末的视频时间，是我们固定的“happy hour”（欢乐时光），聊天内容也多围绕日常生活，鲜少涉及具体学习。他从小喜欢化学，我就鼓励他全力以赴参加竞赛；他发现唱歌解压，我就让他不时录音发给我听；他坚持打完竞赛再回归高考，我就做好心理建设，放低高考预期。总之，让他知道，他全力“尽人事”，我坦然“听天命”。对孩子来说，父母给的鼓励越多，他们的动力越强；他们的压力越小，心态就越平稳。在十一学校这样的环境中，高中学习本就不应该是家长操心的范畴，介入越深越痛苦，干预越多越麻烦，拎得越清越能让孩子学会怎样学习。即使高考成绩不如预期，他的内生动力也一定会被激发。在如今平均寿命 80+ 的时代，18 岁的输与赢就像 90 分钟球赛里前 20 分钟的进球，重要但决定不了最终结果。

坚定管教与坦诚沟通

在孩子成长的过程中，望着那张熟悉的面庞，或许偶尔会有种陌生感，我也不例外。其实，青春期时的我们，也会对着镜子，发现自己一些非理性的躁动和莫名的困惑。多巴胺和肾上腺素分泌不稳定的年纪，任何胡思乱想和勇往直前都是可以理解的，但不一定是可以接受的。底线思维的培养和底线行为的约束，很困难却极有必要。坚守底线不惧冲突，关键时刻的强硬，会让孩子们心生敬畏。即使当时他们并不理解，但一定要让他们接受。这个时点的强势要体现出果敢和坚定，而非犹豫不决，甚至纵容迁就——原则问题的半点妥协，都无异于将孩子推向危险的边缘。从他记事开始，每次犯错，我会立刻把他带入单独的房间，指明错误，告知严重性，并说明这次需要承担的后果和改正方式。孩子青春期时，我也有过几次情绪失控的时候，发现后赶紧冷静下来，及时道歉并说明自己的想法。保持良好、畅通的沟通，远比父亲的颜面更重要。

健强自己内心与良性社交

因为出生月份的原因，儿子和我一样入学偏早。在班级里身形瘦小的男孩子，即使谈不上被欺负，多少也会明里暗里吃亏。我鼓励和支持他坚持正义，不惹事也不怕事。他和同学产生矛盾，我会及时与对方家长沟通，共同参与解决，其实大多数家长还是通情达理的。我一面做好示范，一面逐渐放手让他自己解决。父亲不是孩子的后台，只是底气。儿子上小学时，一度因为身形瘦小，学习成绩一般，被同学起了一个带有侮辱性的外号，他很愤懑。我告诉他：你怎样看待自己才是最重要的。虽然学习成绩不算优秀，但你有自己热爱的兴趣，并取得了很好的成绩，说明你有能力也有潜力。再说，别人对你语言攻击，恰恰说明他们没有和你一样强大的内心。如果你视之为空气，他们没有满足感，也就没有继续叫下去的动力了。我没有看综艺的习惯，但那几年，《今晚 80 后脱口秀》是我唯一会带儿子一起看的节目。男孩子学会自嘲，看问题的角度就不会太狭隘。与人交往，大概率也不会斤斤计较，能做到平等待人、友善相处、立场明确、不亢不卑。儿子交了朋友，无论同性还是异性，都会和我谈及。我一般只给客观评价，不谈主观喜好。因为每个人都有优缺点，与之为友，关键看你在意什么、欣赏什么。我会现身说法或者剖析身边的事例，让他明白：一定要和三观相投的人交往，保持双方融洽的尺度，功利化交友必然有遭反噬的一天。

终身学习，为人父母也是科目之一，从孩子呱呱坠地起，学做父母的课程也必定同步开启。儿子成长的每一步，都是我做父亲的一次测验。漫长的人生，不可能时刻全力以赴，成绩只要在正常区间内，波动亦是正常。孩子无论年龄大小，始终是独立的个体。18周岁作为法律意义上的成年节点，标志着亲子关系必然从监护主导转向平等对话。家长越早做准备，关系越能平稳过渡。回到本文开头的话，在父子这场人生对话中，我们做儿子远比做父亲的经验更丰富。好的父亲首先要学会的，就是始终记得自己身为儿子时的感受。

每个家庭都有自己独特的情况，以上仅为个人感悟。随文附上成人礼前写给儿子的一封短笺，部分观点可以做个补充。

附：　　　　给儿子的信——伴你走过18年

给你写信这事，本来小学毕业时就计划过，甚至草草写了半页纸，但学校的活动没有设置类似的环节，阴差阳错就耽搁下来。没想到，这一放就是六年。光阴荏苒，当年的舞蹈少年长成了绿茵青年，当年的化学喜好也伴你走完了化竞征途。个中甘苦，得失取舍，想必你会终生难忘。其实大多数情况下，对于大多数人来说，短期付出和辛苦可能不会有满意的回报，但将时间轴拉长，所有的努力和坚持，一定会带给你更深层次的体验和收获。例如，学习的价值，绝不仅仅在于当下你成绩单上的不同数字，更在于让你保持求知欲，能够不断进步、不断充实。大多数不断取得成绩的人，智商并不异于常人。当学习融入生活、成为习惯的时候，你才可能在又一个18年后，避免思维的固化、思想的偏执、认知的狭隘以及满足感的物化。再比如，感情，无论是友情、亲情，还是爱情，真诚的付出，短期内同样不一定比技巧更有效果，但如果希望收获别人的真心相待，“日久见人心”是永远不会错的。当然前提是要选择对的人，任何关系到了刻意维护的地步，也就失去了存在的意义。真正的高情商并不是“厚黑学”的运用，而是将正确的情感给予了正确的对象。当你拥有和谐的亲情、靠谱的友情、长久的爱情，幸福感一定会相伴终生。

有了持续学习的能力和正确处理情感的能力，我相信你的人生必然会丰富多彩。至于什么算成功，有多少钱能满足，每个人的标准都不同，相信你会有自己的选择和判断。高考在即，为了实现自己的目标，你肯定比我更了解自己的处境和短板。相信自己，掌控自己，超越自己。衷心祝你高考顺意！也愿你，心有猛虎，细嗅蔷薇，内心富足地迎接下一个18年，成为拥有独立人格的成年人。我虽将老去，但永远都会站在不远处，望着你、等着你，尽量和你保持同频。可以百无禁忌地聊天，肆无忌惮地吐槽，多年父子成兄弟，应该就是此生我们最好的关系。

假如可以重来

人生总会有遗憾的选择，但穿越回去重新选择，遗憾未必更少。与其后悔当初，不如抖擞精神，从容面对新的选择。

好的家庭氛围是怎么炼成的

◎ 飞雪

我的儿子来来在十一学校学习六年后，最终考入清华大学。收到大学录取通知书时，我心里感慨万千。来来并不是天赋满满的“牛娃”，作为妈妈，我见证了他是怎样由一个各科成绩在年级平均分上下、没有优势科目而放弃竞赛的“普娃”，逐渐成长为一个志存高远、好学上进、自学自研能力突出的青年。回顾过去，我最想和大家分享的就是，做普娃的家长，要沉得住气，只有我们不焦虑、不着急，构筑健康积极的亲子关系，孩子才能从容、舒展地找到自己的道路。

营造好的家庭氛围

为人父母之初，我和爱人就有一个共识：无论孩子多大年龄，他都不仅仅是我们的孩子，更是一个独立的人。因此在我们家，孩子和父母是平等的，他的想法和我们不一样是很正常的。爱和尊重永远是我们与孩子相处的底色。有了这样民主、平等的家庭氛围，孩子才愿意向我们吐露心声，也敢于质疑我们存在的问题。这样，我们才能及时了解孩子的心理动态，提供帮助。而当我们走进孩子的世界、从孩子的视角看问题时，也会收获快乐、相互理解和成长。这样的家庭理念滋养了孩子。在他 18 岁的成人礼上，我收到了孩子写给我们的话："爱是我们关系的底色，尊重是你们观念的内核。民主、自由使我真正成长。独立苍茫，回首是家的方向。"虽然简短，但能够感受到，这是他对我们这种理念的肯定。

有了平等、相互尊重的家庭理念，家长还要努力营造积极向上、轻松的家庭氛围。我们平时很注意不把自身的焦虑、负能量传递给孩子，不对孩子说自己有多累、多辛苦，避免给他造成沉重的、不该由他承受的心理负担。再比如，我们有很多家长群、"传帮带"群等，家长们会分享很多有用的经验、信息，但也有的时候，这些群里会传递出来一些焦虑。我们也会分析、过滤一下，注意不把不合适的信息通过对话乃至情绪传递给孩子。我的想法是：相信学校，相信老师，相信自己的孩子，车到山前必有路。

那些家长不要做的事儿

和孩子交流的时候，我们常常提醒自己有些事情不要做。

比如注意说话方式，不对孩子说带有威胁意味的话。例如，有时候我和来来说好了，晚上 11 点睡觉，结果快 12 点他还没睡。我就曾对来来说过：如果你睡得比说好的时间晚的话，我就顺延睡觉时间，第二天晚叫你起床。来来听后就很生气——没有人喜欢被逼迫。如果孩子真的没按他承诺的去做，后果也是由他自己承担。

又如在孩子面前，我们要尽量避免啰嗦，少讲大道理。孩子已经同意的事情，家长就不要再强调它的重要性了。如果想跟孩子强调什么道理，最好内心数着已经说过几遍了。重复强调很多遍，孩子容易背负压力，或者产生逆反心理。来来就跟我说过，考试前他不喜欢我反复叮嘱他仔细审题、细心计算等，这会让他产生很大的心理压力，反而会影响发挥。

再如，我们家长有时候还会遇到这样的情况：你明明说得对，但孩子就是不听，结果吃了亏。这时候，有的家长会对孩子说："我早就提醒过你了，你偏不听。看！现在搞成这样了！"这些话往往在孩子这里是没有好效果的。因为他已经承担了不好的后果，心里一定是懊悔的。这时，我们做家长的就不要再过于责备他了，这样只会把他推远，但是可以问问孩子："你打算怎么解决呢？"这也是培养他们为自己的行为买单的观念。

总之，只要不是涉及孩子生命安全的事情，家长就不要太着急插手干预，要相信孩子靠谱。即使孩子有不靠谱的时候，他自己承担了不好的后果，相信也会做出自我调整的。这里可以举个我们家的例子。每天早上我开车送来来去上学，如果出来晚了，路上就会堵车。但他早晨起床、穿衣、洗漱经常磨蹭，有时候还需要我这个"闹钟妈妈"去唤醒他。因为这事我曾多次催促他，但收效甚微。有一次是考试期间，他早晨也磨磨蹭蹭的，我等得万分焦急，就忍不住催他。结果他很不高兴，和我吵了起来，考试状态还受到了影响。那之后，我就写了个小纸条贴在醒目的地方，提醒自己：闭上嘴巴，坚决不催。后来，他因为几次早读迟到被老师扣了分，学习也受到了一定的影响。从那时起，他主动把闹钟提前，早上的动作也明显加快了。

接住孩子的脾气和情绪

人都是有脾气的，孩子也不例外。有时候，孩子发脾气是由于学习压力大，或者遇到不顺心的事情。作为家长，我觉得这时要理解孩子，允许孩子发脾气，尤其是不要跟着发脾气，批评孩子的态度不好，这样无益于解决问题。这种情况下，家长不是在纵容孩子无理取闹，而是允许孩子释放压力。以前我总是控制不住自己的情绪，认为孩子态度不好，也跟着生起气来。后来我想了一个办法，就是把他小时候的衣服拿出来，放在沙发上或者比较显眼的地方，生气时拿起来看看，想到孩子小时候的可爱，内心就融化了。这些小衣服提醒我：他还是个孩子，而我是一个家长，应该有更宽广的胸怀。

此外，孩子还会有焦虑的时候，尤其是紧张的高三和高考阶段。家长怎么帮他们减轻心理压力呢？这里分享一个我家孩子高考的小故事。在高考前一天晚上，来来失眠了。在此之前，他几乎没有因为考试紧张而失眠过，但那天晚上他在床上躺了两个多小时也没睡着。实在没办法，他向我们求助。我提议给他做他很喜欢的头部按摩。但由于我心里着急，恨不能马上让他睡着，所以按摩得十分用力，节奏也有点乱。孩子敏感地察觉到了我的慌乱，叫停了我的按摩。这时，孩子爸爸过来了，他平静地摸摸孩子的头说："少睡几个小时没关系的，这影响不了你的实力。高考时，大家都处于非常兴奋的状态，你也不可能犯困。估计这个时候，像你这样没睡着的同学还多着呢，很正常，没关系的。你不必要求自己非得睡着，放松休息就好。"孩子听了之后，偷偷地给他的好哥们儿发微信，问他们睡着了没有，果然有人回复他还没睡着。知道自己这种情况很正常，来来反而放心地睡着了。第二天上午考语文，他果然没有因为少睡而受到影响，发挥出了自己的水平。

相信孩子，别着急

在我们家里，来来对自己学习上的事情是有自主决定权的。比如，家长会后我会征求他的意见："你想跟我一起找老师谈谈吗？"他的回答往往是："我不想去，我还要去健身呢。"然后我会问他："那你觉得我要不要去呢？和哪位老师谈呢？"他会反问我："你有没有必须单独跟老师谈的？如果有就去。如果只是问学习上的事，我自己找老师就好，就不用你转达了。"

能做到尊重孩子的自主权，是因为我坚信，孩子自我驱动去解决学业上的问题，是最优解。我也非常鼓励他寻求学校老师的指导。十一学校的老师都特别优秀，充分利用好学校的师资力量，比盲目报课外辅导班更有用。而且如果是提前授课的那种课外班，也会挫伤孩子自学自研的积极性。

有了自主权，来来开始从普娃慢慢爬坡逆袭。初一的时候，他想进入数学高层，但这对于当时的他，挑战还是蛮大的。我们当时的想法是：能考上就上，考不上在普通层也没有问题，合适是最好的；如果有想法，可以向老师求助。于是他在老师的指导下找到自己数学的薄弱点，下功夫钻研，并自学自研新的内容。功夫不负有心人！在第二学段他如愿考入了数学高层，后来又加入了数学读书会。

初二时，来来的各科成绩位于年级的平均分上下。考虑到未来高中学习紧张，我们和他探讨了分阶段解决学科难题的可行性，鼓励他从初二开始，夯实英语基础，多背单词。同时来来也按照学校的教学要求，认真地进行原版书的分级阅读。这些积累使他的英语成绩有了明显的提高。

进入直升初三，来来面临着未来走竞赛还是综合道路（参加高考）的选择。他想走综合赛道，因为不确定自己对哪个学科更热爱，而且觉得自己的语文和英语实力不够强，尤其是语文有待提高。为此，我咨询了当时的年级主任。主任尊重孩子想走综合道路的选择，同时也提醒我们：将来会不会因为看到别的同学竞赛打出了成绩而后悔？为此我们跟来来做了交流，帮助他明白自己的选择意味着什么，他认真考虑后表示可以接受。在接下来的几年里，当看到同学们在竞赛道路上拿到奖牌、好哥们儿获得了大学的保送资格或优惠政策时，他也能够由衷地为他们感到高兴，并且更加沉下心来，在自己选择的赛道上坚定前行。

心态平和，走得远

对待孩子成绩波动或一时的不理想，我的心态相对平和。因为我认为，分数不是考试最重要的目的，更重要的是发现问题，进而解决问题。因此，我鼓励孩子在学习上反思总结，坑不能白掉。来来考完试，我一般先不急着看手机上的分数，因为我觉得分数已经在那里了，早看晚看都一样。我会先听听来来怎么说，等他分析完自己的情况，再看分数的时候，我的心情也就平静多了。当家长的心情平静了，孩子的心情也会随之平和。在这样平和的心态下，孩子才能想办法解决自己学业上的问题。

进入高中，随着优秀的起点同学们（通过中考录取的同学们）的加入，年级的队伍壮大了。随之而来的是学习难度加大、各科平衡、时间管理、压力管理等带来的新挑战。高中的学习已经不再是简单的模仿、记忆和熟练应用可以应对的了。自主规划、自学自研在高中阶段的重要性更加突出了，这既是十一学校的教学特色，也是高考重点考查的能力之一。刚开始，来来面对这些新问题也有点茫然。但在老师的指导下，他很快调整过来，带着初中时挑战数学和英语的干劲开始阅读自编教材，独立把教材的内容基本学会。这样，在课上他就可以更深层次地思考老师的讲解，和老师进行更实质性的探讨，之前自学中不甚明了的问题也随之迎刃而解。独立阅读和积极思考不仅满足了来来的好奇心，还使他逐渐形成了对各个学科的见解，构建了自己的学习体系，也敢于挑战难题了。

自学自研能力使来来在学习的道路上不断前行。高一高二他成绩有了显著进步，五科一直都在高层，他还收获过年级第一的好成绩。此外，来来参加了学校的数学、物理强基课程学习，拓展了学科的深度和广度。他还根据自己的兴趣，辅修了十一学校开设的“宏观经济学”和“微观经济学”等大学先修课。通过学习经济学的理论知识、调研生活中有趣的经济现象、与老师和同学们深入探讨，他丰富了自己的学习生活，更拉近了知识与生活的距离，开阔了眼界。

进入高三复习阶段后，所有的知识都已学过，孩子们更多是在反复练习，提高熟练度和准确度。收获新知识的喜悦已然寥寥，学习之旅开始显得枯燥无趣，无法唤起来来昔日的学习热情。这时，生物老师为他指明了方向：思考题目不能仅仅聚焦那几个答案，更重要的是品味出题人背后的思维逻辑。于是，来来找到了在高考复习阶段的努力新方向。他开始独立研究命题、体味出题人的思维逻辑、构建自己的答题策略——考试如同长跑，需要战略、战术、耐力及速度的综合统筹，因此他还需要考虑如何运用好考场用脑经济学等问题。就这样，他反思题目，研究标答，抽丝剥茧，归纳总结，梳理出一以贯之之理，再将其内化于自身知识体系中。这些钻研使他在学习上有了更多进步，成绩稳定在年级前列。

松弛点，别太用力

看着孩子在学习上日益进步，我为他感到欣喜。但同时我也认为学习的心态要松弛，有时候太过用力，反而会给自己设限。像拼了命一样分分秒秒都在学，效果可能反而不好。松弛不是躺平，而是找到自己的节奏，匀速前进，不被外在的节奏裹挟，活在自己的时区里。

这方面，来来平衡得比较好。他不仅渴望学业上的进步，还非常享受十一学校丰富多彩的课程。网球、飞盘、皮划艇、健身、素描、版画、音乐剧、机器人……他都尝试过。我还记得他在舞蹈课上穿着我淘来的大舞鞋快乐地舞动，在游泳馆里和小伙伴们划着皮划艇奋勇争先。图书馆浩如烟海的书籍让他开阔了眼界，供学生展示和交易原创学习成果的“红窗汇”让他和好友们一起体验了买卖商品的乐趣，名师进校园活动让他与科学家们面对面交流……这些活动对提升来来的综合素养都有着非常积极与深远的影响。

学习之余，来来还受到热爱健身的化学老师的影响，在体育老师的带领下与伙伴们在健身房挥汗如雨。健身锻炼不仅使他的身心得到了放松，还让他收获了许多快乐。我曾经有点担心地问他：高三那么忙，健身会不会影响学习？他的回答是：完全不会。参加自己喜爱的体育运动有助于放松身心，学习时会更加专注，效率也会随之提高。

最终，在十一老师们的鼓励和祝福中，来来信心满满地走进高考考场，为自己的中学生涯画上了满意的句号。

孩子的成长离不开学校的理性引导和家庭的情感培育。只有这两者形成合力，孩子方能成长为理性与感性兼具的完整的人。有人说：“最好的教育生态，是让每个孩子同时被两种温暖照亮——课桌前的明灯和家门后的守望。”守望的本质是提供安全感而不是控制。作为家长，当我们以平等、尊重的心态去陪伴、鼓励孩子，不催促、不焦虑、不打扰时，孩子们才有机会成长为最好的自己。

假如可以重来

我希望自己更加理解孩子，对他更耐心，让孩子充分感受到欢乐、宽松、充满信任的家庭氛围。

不着眼于结果的教育

◎ 常艳红

我女儿2024年通过高考上了国内最好的大学之一。许多朋友问我是怎么培养出这么优秀的孩子的，我说：女儿确实优秀，但我认为优秀的不是成绩，而是她身上的一些品质——自信、阳光、幽默，有感受幸福的能力、热情投入的自驱力、强烈的责任感和深深的人文关怀精神。要说培养，我其实没有在她的学习上过多用力，而是在孩子需要陪伴的时候有效陪伴，在孩子需要帮助的时候尽力托举，在孩子自主决定的时候尽量尊重，在孩子足够强大的时候体面退出。现在回头看，我可能幸运地做到了所谓的“大道至简”“最美的教育最简单”。我们没有着眼于结果，结果反而水到渠成。

在孩子需要陪伴的时候有效陪伴

女儿小的时候，我除了工作就是全身心地陪伴她：每天陪她玩，睡前给她读书；她两岁半时，我陪她学会了骑自行车；她喜欢小动物，我就多带她去动物园；她喜欢画画，我就陪她画画；她羡慕别人弹钢琴，我就买了一架钢琴陪她练琴；周末带她去公园玩，寒暑假做好攻略和她一起去旅行；我和她在十几年间，一起吃了无数顿饭，在餐桌上都是边吃边聊，每次都很开心。在一次次陪伴中，我通过与孩子的情感交流，了解她的内心世界，感受她的喜怒哀乐，建立起浓厚的亲子关系和深厚的情感纽带。在一次次陪伴中，我向女儿传递着关爱、理解与支持，同时也传递着知识、经验和价值观。在一次次陪伴中，女儿逐渐养成了良好的行为习惯，形成了正确的价值观。

在无数次陪伴的过程中，我会用心发现女儿的优点，表扬她，鼓励她，给她信心，让她形成内驱力。我发现她爱运动，而且运动能力强，协调能力好，于是经常带她参加各种运动，并总是鼓励她、给她加油。渐渐地，她在运动方面越来越自信，她学会了游泳和滑雪，并且每周坚持练习羽毛球。高中时，她学习健身，学会了垒球，爱上了飞盘。进大学后，她学习打网球，坚持每周参加一次羽毛球运动、两次健身房锻炼、两次垒球队训练。用她的话说，学习任何一项运动技能对她来说都不是难事儿。

在陪伴过程中，我一直尊重她，为她创造自由、宽松的氛围，平等对待她，听得进她的声音，让她感受到自己在家庭中的重要性。她在好多事情上有发言权、选择权和决定权。从她很小的时候起，很多事情我都征求她的意见，诸如每天吃什么、穿什么。她从小学高年级开始就有自己的审美，可以选择每天穿什么衣服。初中以后她的衣服都是自己挑选和购买。在我们家，她想怎么称呼我们都行，有时候叫我“我的母亲”，有时候直接叫我和她爸爸的名字，我们都觉得没问题。我们仨在一起聊天是自由的、无拘无束的，甚至是“没大没小”的。在自由、民主、宽松的氛围中成长的她，性格阳光、自由、洒脱，有主见，敢于表达自己的观点，敢于承担责任。

当然，我们家爸爸的陪伴明显不够，并不是一个“理想父亲”，这也是一个小小的遗憾。不过，爸爸虽然陪伴很少，但是他情绪稳定、意志坚定、性格外向、遇事乐观，这种言传身教给女儿带来了积极有益的影响。女儿在成长过程中也曾对父亲的陪伴不足感到失落甚至自伤自悼，但最终慢慢接纳了“父亲”是一个事实，而非一种愿景。在 18 岁成人礼时，她给爸爸写了一封信，将父亲的影响总结为五个方面：一曰好学不倦；二曰豁达坚毅；三曰重情重义；四曰艺术气息；五曰个性自由。

如今回望女儿的成长历程，无论是我的全心陪伴，还是父亲性格的潜移默化，都让她逐渐长成了一个独立、自信的人。那些一起运动的午后、餐桌上的对话、自由选择的瞬间都验证了：最好的教育是陪伴，是言传身教。

在孩子需要帮助的时候尽力托举

最近很火的一句话说：生育不是恩，托举和兜底才是。我再给这句话加上一个前提或状语：在孩子需要帮助的时候，家长要尽力托举和兜底——这是一种爱的智慧。

李希贵校长说：“当老师只有一个条件——爱孩子。”詹大年校长说：“与李希贵相比，我们很多人只是在控制孩子，甚至是折磨孩子。”而对我来说，当家长只有一个条件——爱孩子。如果真爱孩子，就会“尽力托举”孩子。父母就是孩子的底气，父母的每一次支持、撑腰和信任，都是对孩子的一种“托举”。

我女儿一直喜欢小动物，先后养过乌龟、兔子、小鸡、小鸭、小鸟、猫、狗等。每次看见小动物，她都要摸摸、碰碰、逗逗或抱抱。她那小心翼翼的模样，满含珍视的眼神，溢于言表的欢喜——无不令我动容。是啊，哪个家长不想让孩子高兴呢？什么能换来孩子发自内心的高兴呢？如果满足孩子一个小小的愿望，她就能每天开开心心、快快乐乐的，那我们就尽量满足她吧。

初二进入青春期后，女儿有时会向我吐槽作业太多，有时会抱怨太累，会质疑学每门课的意义，会追问人生的价值何在，会控制不住地向我发火。有一段时间里，我总想着给她讲道理，试图给她提建议，她根本听不进去。然后两人开始言语升级，控制不住场面，最后大吵一架，甚至摔门而去。接下来，她在自己房间生气，我坐在客厅里气得要死。然后是一段时间的冷战，家里的空气冷得可怕。我开始思考：我明明是深爱女儿的，可是为什么我和她不能好好沟通，一说话就互相伤害？！明明我的出发点是爱她、希望她好、想帮助她，为什么结果却事与愿违？！然后我就敲门，开诚布公地说出了我的疑惑，为我先前的不理智真诚地向女儿道歉。女儿直接告诉我："你以为我不懂你说的道理吗？！这时候我不需要你给我讲道理，我需要的是你耐心地听我吐槽和倾诉，我需要你理解我、共情我，我想让你力挺我！"我恍然大悟：允许青春期的孩子把内心的想法和感受及时表达出来，就是家长给予孩子的托举和兜底！

女儿中考后，想每天去某书店上自习，我"慷慨出资"给她办了三年的年卡。之后，没想到高中三年学习紧张，这张卡几乎没怎么用过。我曾打趣说这钱花得不值，女儿却说："当我需要的时候，妈妈你毫不犹豫甚至豪爽地办了卡，让我感觉到妈妈对我无条件的爱和支持，这是我有足够的力量和勇气去面对一切的底气！这钱花得多值呀！这比你主动给我钱的意义大太多了！雪中送炭比锦上添花更显珍贵呀！"我觉得女儿说得好有道理呀。

我女儿是典型的文科生——抛开数学，其他科目基本能遥遥领先；但是加上数学，她基本就“凉凉”了。我知道女儿很努力、很自律，所以每次考完试，我从来不过问她的成绩和排名，也不拿她与别的同学做比较。我会高高兴兴地请她吃饭，和她聊天，观察她的情绪和状态。作为妈妈，我时刻关注的是孩子的状态，而不是她的分数。因为我知道：女儿的身心健康最重要，她的成长比成绩重要。女儿也知道我不会因为她考得好还是不好而有所区别，所以她都会主动告诉我成绩和排名，然后自己冷静地分析和反思，和任课老师交流，自己不断总结、复盘。女儿说：“当我对自己都没有信心的时候，感谢妈妈无条件地相信我！”所以我认为，家长对孩子最大的托举和兜底，就是无条件地信任孩子。

在孩子自主决定的时候尽量尊重

尊重孩子才是教育的开始。当孩子做出决定的时候，当孩子坚定不移地认为自己的选择正确的时候，父母一定要尊重孩子的意见和决定，这样才能锻炼孩子的判断力、决断力和自信心，才能让孩子为自己的选择和决定负责。所以我一直努力真诚对待孩子，像尊重朋友一样尊重孩子。

我家一直尊重女儿的兴趣。我们既支持她在音体美上广泛涉猎，也允许她“半途而废”。她上过画画、声乐、跳舞、钢琴、书法等诸多兴趣班，也上过各种体育类兴趣班，想学的时候我们都支持，不想学了我们也都接受并尊重。如此，女儿虽然“零特长”，但她兴趣广泛，多才多艺，能独立完成学校各种大大小小的写写画画、设计涂鸦、手工制作、视频剪辑等作业。甚至每年我家的对联都是女儿手写，家里买的需要组装的家具都是女儿动手完成。更重要的是，她的生活永远充实而丰富。用她自己的话说，正因如此，她才得以长久地保持着热爱生活的能力。

我家一直尊重女儿的选择。几年前阿根廷队和巴西队在鸟巢踢球，那时她还小，还没爱上梅西和内马尔。那天晚上，我提前安排了“博物馆奇妙夜”体验活动，她爸爸提前安排了鸟巢现场观赛，于是我们把选择权交给女儿。放到现在，无论出于何种考虑，她大概都会毫不犹豫地选择后者吧！然而当时的她做了现在看来怎么都不算是明智的决定——去“博物馆奇妙夜”。女儿后来说：“这件事并不在于它教我权衡利弊抑或把握机遇云云，而在于它昭示着你们从未将自己的意志强加于我，昭示着你们从来都是完整地尊重我独立的人格。从中，我顿悟了自己何以生长得天然而潇洒。”

在孩子足够强大的时候体面退出

教育的关键是要给孩子自由，给她时间，给她空间。做父母是一场心胸和智慧的修行，应该懂得进退。在孩子成长的过程中，该放手时就放手，给孩子留出空间和时间，允许孩子探索、试错，让孩子学会独立，并静待花开；等孩子羽翼渐丰、足够强大的时候，父母要学会适时得体地退出，天高任鸟飞，海阔凭鱼跃。这不仅是父母的智慧，更是父母的任务。

我坚信，每个孩子都是天使，孩子的成长是一个了不起的过程，教育的本质是激励、点燃和唤醒。我女儿小学一年级就自己炒鸡蛋，招待放学后一起来我家的同学。五年级时在学校自编自导了课本剧《甘罗十二为使臣》，参加了学校的辩论赛，获“最佳辩手”奖。六年级时她和同学成立了“小狗勾杂志社”，手绘了几十册迷你杂志。初中时，我看到学校公众号上经常有署女儿名字的文章。初中毕业典礼上，我才知道她是典礼策划者和主持人。后来，女儿还有了自己的公众号，把自己的所思所想记录下来。当我选择逐步放手，我欣喜地发现女儿成长得超乎我的想象。

女儿小的时候，我带她读书；初中后，她开始给我推荐阅读书目。以前我带她看电影，后来她说：“妈妈，我们去看电影《满江红》吧。”以前旅行都是我做攻略、订票、订住宿；高二升高三的暑假，女儿定了旅行目的地，并做了攻略，我乐得做一个只出资的家长。我知道我的宝贝长大了，青出于蓝而胜于蓝。我多次发自内心地说，谢谢我的孩子指引我成长、促进我不断进步！

女儿高二时，姥爷生了重病，她专门写了回忆与姥爷点滴往事的文章，录音后放给病危中的姥爷听。后来姥爷不幸因病离去，我伤心欲绝，是女儿一直在安慰我，与我一起缅怀姥爷。高考后，她坚定地选择了自己心仪的专业，在多次考察后选择了大学。我欣喜地看到她有独立的思想和自由的灵魂，我知道她已经在批判与继承中超越了我们。孩子已经足够强大，我可以体面退出了。

从陪伴、托举、尊重到退出，女儿从需要搀扶的孩童，成长为独当一面的青年，我们也在这个过程中不断反思、学习，实现自我的蜕变与成长，也许这就是养育孩子的意义吧。

假如可以重来

我还想做我女儿的妈妈，我还会这样做——给予她充分的爱和自由，陪伴她成长的全过程，接纳她、支持她、鼓励她、欣赏她，在她需要陪伴的时候有效陪伴、在她需要帮助的时候尽力托举、在她自主决定的时候尽量尊重、在她足够强大的时候体面退出——我无怨无悔。

好关系赋能，好习惯筑基

◎ 樊凡

高考是一场历练。儿子现在已经在清华大学就读三年了，但每每与我聊到初高中生活，那些吃过的苦、熬过的夜、写空的笔芯，那些充满激情而又充实的学习时光，仍然让他感到无比美好。现在回看，孩子能够经过高考的洗礼，进入理想的大学，我认为与和谐的亲子关系和良好习惯的培养是分不开的。

好关系赋能：不说教的艺术

在我看来，亲子关系是家庭教育的基础。父母的每句鼓励、每声问候、每次倾听、每个回应都是投向未来的光，那些被温柔以待的时光，终将成为孩子抵御世间风雨的铠甲。

· **被通报了怎么办？**

直升初三时，孩子因在表彰大会上大喊一个同学的名字，受到学校通报批评，我们也头一次因为孩子犯错被叫到学校。起因是表彰时正放着进行曲的音乐，孩子因为兴奋叫一个同学的名字，本以为有音乐当背景，大家听不见他的叫喊。但就在他叫喊时音乐停了，他那一声也让会场上的全体老师和同学“如雷贯耳”——于是写检查、请家长、全校通报，孩子还因此被取消了市三好学生荣誉。

孩子面对这件事，有委屈、有不甘、有害怕、有悔恨。我们也知道，孩子不是故意犯错，这时候作为父母，我们应该当好倾听者、合作者（制定共同改进计划）而非管教者、上位者。所以我们先对孩子进行了安抚和询问，并在他低落时给了他一个大大的拥抱，让他有个情绪缓冲期。这样的语言和行为让我们与孩子之间建立了充分的信任和连接。我们对孩子表示，犯错不怕，过而能改，善莫大焉。我们拿出学生守则和孩子一起重新学习，一起复盘事件、分析讨论，通过“认识错误—面对问题—改进承诺—反思提升”的教育策略，帮孩子建立规则意识，也强化心理韧性。

这件事的处理进一步深化了我们的亲子关系。通过危机事件，我们向孩子传递了三个核心关系认知：一是无条件接纳——无论发生什么，你永远值得被爱；二是有限包容——我们会陪你面对后果，但不会替你承担；三是成长性信任——相信你有能力把挫折变成礼物。我们相信，父母之爱当如沃土，滋养而不束缚，守望而不代劳。

· **倾听回应，让他愿意说给你听**

曾听有的家长抱怨，孩子回家什么也不说，想了解点孩子的情况，只能旁敲侧击。我们和儿子之间能够沟通顺畅，我感觉是因为我们愿意倾听回应他所热爱的、感兴趣的所有事，而不是仅仅只关心他的学习。

初高中学业逐渐繁重，但孩子的运动从未减少，他喜欢各种球类，足球、羽毛球、乒乓球、壁球、篮球、网球都是孩子的热爱。每天放学回来，儿子都是一身臭汗，滔滔不竭、兴高采烈、手舞足蹈地说：XX 球比赛赢了，进了几个球，练了什么技术……那种兴奋、快乐洋溢在他脸上。刚开始我们也会想：儿子在学校只热衷于运动吗？学习咋样？学习时间够不够呢？但看到孩子兴奋的劲头，我们也不忍打断、转移话题到学习上，于是用心倾听，陪着孩子一起快乐。

正是因为事事有回应，孩子才乐意和我们沟通。“爸妈，你们不想听点别的吗？”“当然想呀，也说说学习呗。”于是孩子会主动和我们说：“今天做出一道难题。”“数学考了班级第一。”“有个坏消息，英语没考好。”……我们会适当夸赞：“儿子你真棒，做到劳逸结合，学习运动两不误。”也择机提醒：“学业越来越繁忙，学习和运动时间要合理安排哟。”儿子也自豪地说：“爸妈放心，我计划能力很强的，安排得当，不影响学习。”这就是我们的日常对话。我们和孩子在一问一答之间建立了良好的关系，良好的互动、情感的连接又让孩子更愿意说给我们听。运动产生多巴胺，学习产生成就感，儿子在运动和学习之间形成了良性循环。后来孩子也如愿考上了“无体育不清华”的清华大学，在大学里继续他的“学习—运动—解压—再学习”之旅。

· 爱的互动，是我们与孩子的私语

总有同事、朋友羡慕我们和儿子之间亲密和谐的关系。其实这源于我们之间发自内心的爱与尊重，而且我们把这份爱融入早安、晚安的仪式，节日、生日的祝福……让孩子感受到深情陪伴，也让家庭生活有趣有盼！

举个最简单的例子。“爸爸妈妈，晚安！”“儿子，晚安。”这是孩子和我们坚持了15年的睡前仪式！随着这一声声的“晚安”，孩子也从稚嫩的小男孩成长为顶天立地的男子汉。一声晚安虽简单，却是儿子睡前与我们的小甜蜜、小温馨，我们都是脸上带着笑、心里藏着温暖进入梦乡的。15年来，我们和儿子之间这种高频率、高稳定性的情感互动是一以贯之的，我相信这对儿子养成温暖、阳光、情绪稳定的性格有重要作用。尤其对青春期的孩子来说，最需要管理的就是情绪。亲密的亲子关系和被爱滋养的家庭氛围，能够成为青春期最珍贵的缓冲垫。稳定的情感连接构筑的安全岛，能够让孩子在成长过程中更从容。看似简单的“晚安”，持续15年的微小互动，实则是父母与孩子间爱的传递，是通过时间效应逐步完成孩子人格的雕刻，使之最终沉淀为稳定的性格特质、健康的人格结构。

好习惯筑基：可持续的竞争力

有了良好亲子关系的赋能，培养好习惯就不再是难事。我们相信，播下一种习惯，收获一种命运。良好的学习习惯将是孩子高效学习、保持健康身心的基础。

· 制定计划：与时间赛跑

总听身边的同事说，孩子作业做不完、学习拖沓，睡得越来越晚。孩子辛苦，家长也身心疲惫。我们孩子几乎没有出现过这种情况。儿子作息比较规律，根据他的生活习惯、家到学校的路程，再结合学习强度和健康合理的作息，我们和孩子一起确定了起床时间和大致的睡觉时间，中间的时间则交由孩子自己规划安排。初高中六年，他的起床时间都是6：50，刷牙、洗脸、如厕15分钟搞定，8分钟路途到校，8分钟在学校吃完早餐，7：30之前到教室开启一天的学习。在睡觉时间安排上，初中晚上9：40—10：00，高中晚上10：30—11：00，高三可延长到晚上11：00—11：30。

前后时间固定了，就会倒逼孩子做好计划，在有限的时间内完成所有任务，与时间赛跑。如果计划得当、高效完成学业，剩下的时间则由孩子自由支配，家长绝不会看到孩子空闲而加码任务。那时候，孩子的文具袋里会有一张便笺纸写的每日计划，白纸黑字，蓝笔画重点，完成红笔画钩，方寸之间记载着一天的收获和成果。计划—实施—完成—画钩，全套下来，孩子会培养起自主学习能力、规划能力、应变能力，也会变得从容自信——我的学习我做主，笔墨为舟，我自掌舵。

· 戒掉游戏：种的树长大了

总有同事问我：你家孩子玩游戏吗？怎么让孩子不玩游戏？孩子怎么样才会有自我约束力？其实我们孩子也经历了“玩游戏—成绩下滑—删除游戏—恢复游戏—再删除游戏—种上一棵树”的过程。初二上学期，儿子疯狂爱上打游戏，据他说，他那时在该款游戏里的世界排名已到8000多名。但游戏带来的后果是段考成绩从40多名下滑到160多名。也许一些家长看到这样的结果会咆哮，但我们当时还算淡定，事出反常必有妖，找到原因是关键。

孩子主动承认自己这段时间沉迷游戏，得到这个结果，我和孩子爸爸并不意外。我们的想法是，批评、嘶吼、收手机，可能反而把孩子推向反面，我们选择用表达同理心的方式对孩子说：“你能告诉我们真实原因，值得肯定。你爱玩游戏我们能够理解，因为大人还喜欢玩呢。只是你现在以学习为主，沉迷游戏只会带来学习成绩下滑，你能接受现在的结果吗？”家长没有批评，没有指责，反而能让孩子自省。孩子一下子就哭了，几天的压抑和情绪低落终于得到释放："我不能接受现在这么差的成绩。我也知道不应该玩游戏，我也想删除游戏，可我舍不得。我还花钱配了装备，我还有不错的排名，我还想玩。"孩子在纠结、自责、徘徊中哭诉、发泄。发泄完，他提出删除游戏，好好学习。删除后的第二天晚上，孩子开始反复，说："我还是忍不住、舍不得，怎么办啊？"我们答应孩子可以恢复游戏，给他时间再考虑，再断舍离。事实上，孩子虽然又安装了游戏软件，但没再玩，而是下载了一个种树软件——小树长得越大，代表他未碰手机的时间越长，以此监督自己不玩手机。这个过程中，孩子越来越有成就感，越来越自律。一个星期后，孩子彻底删除游戏。

反观整个过程，沉迷是短暂的，因为及时发现了问题，及时纠偏改正；过程中家长的态度是重要的，要有同理心和共情力，而不是批评、限制，同理心更能激发孩子的自觉性，避免逆反。给孩子时间，让他自我调整，逐渐自律，结果是手机中的树长大了，孩子这棵树也逐渐长大了。

· 归纳总结：高考历史 100 分

儿子是个典型的理工男，喜欢结构化的思维模式，所以他在学习摸索中逐渐建立了归纳总结的习惯，这在历史学习上取得了很好的效果。因为不喜欢生物，相对觉得历史有趣，儿子在高考"3+3"选科中选择了物化史。当时老师和我们都不赞成孩子选择历史，觉得学生物更符合他的思维逻辑和学习方式。但孩子坚持，于是我们尊重了他的选择。三门课中，孩子的历史确实不突出，还时常拖后腿，分数始终徘徊在平均水平，孩子和我们都着急，甚至老师都觉得孩子历史就这样了，不如把时间放在其他学科上更好。

但孩子倔强，认为自己能学好其他课，也一定能学好历史。他用归纳总结的学习习惯系统攻克历史学科：首先是建立知识框架，儿子按照时间轴，串联了各个重大历史事件和要点，梳理出两张树状图，一图在手，一目了然；其次是按时间、空间和逻辑，归纳整理了历史课本每个章节的重点，形成一本笔记，关键在手，胸中有数；最后是对自己存在的问题进行总结，分析每次历史考试错题——是记忆背诵有漏缺还是历史事件理解不到位，是关键重点把握不准还是概念混淆不清，为此孩子查漏补缺，复盘总结出难点、堵点，形成一本错题集。基于归纳总结的成果，儿子显著提升了记忆效率和分析能力，历史成绩逐步提高，最后在高考中取得了 100 分的成绩。归纳总结的学习习惯不仅让儿子的强科更强，也让弱科变强，这个得到验证的有效方法，他也一直保持到了大学。

陪儿子走过这一程，目送他走进心仪的学校，让我们深切感受到：和谐亲子关系的构建与良好习惯的养成犹如双翼，共同托举着孩子翱翔于更广阔的天地。如果家庭能够以爱和理解构筑起平等沟通的桥梁，如果父母能够以智慧与耐心将规范的种子播撒于日常生活、学习的土壤，孩子收获的将不仅是受益终身的自律品格，更是面对人生挑战时最坚实的情感支撑。那些在书桌上共同制定的计划、在作业本旁共同画下的对钩、在犯错时温柔的引导，都在时光的沉淀中汇成孩子内心最温暖的力量源泉。真正成功的教育，永远始于父母弯腰倾听的姿态，成于将爱与良好习惯融为一体的教养艺术——这既是给予孩子最珍贵的生命礼物，也是照亮整个家庭未来的永恒灯塔。

假如可以重来

儿子，爸妈想留出更多的时间，大手牵小手，带你行万里路。去诺坎普球场体会足球的魅力，在长城上感受历史的厚重，到雨林中听万物呼吸的韵律……那些车轮与脚步丈量的世界，终将成为你生命的底色——见过天地之壮阔，便不易困于方寸得失；触摸文化之参差，方懂得敬畏各异之美！

当父母的“风筝哲学”

“风筝哲学”意味着：你要拽着风筝一起跑，才能放飞它；风大的时候，你手中的风筝线要松一点，送它高飞；风小的时候，线就要拽紧一点，防它掉落——有紧有松，张弛有度，就是做父母的智慧。教育是一场父母与孩子共同成长修行的长途之旅。父母不断精进，成为孩子成长路上的榜样，陪着孩子共同升级，才是最好的教育姿态。

三万公里的“陪跑”

◎ 雁行

孩子高三这一年，我和同为十一家长的小伙伴们一起跑了很多个6.88公里。

那一年，清北的在京最低录取分数线恰好是688分。得知这个数字时，我心里忍不住嘀咕：“早知道这么神，就少跑一点，说不定清北的分数线还能低一点。”

再次回味，我才体会到，那一圈圈的奔跑，早已超越了简单的数字，成为人生旅程中一段难忘的修行。

经历高考是一场修行，对于孩子如此，对于父母亦然。所幸的是，作为高中生的家长，我并不孤单。我有一群可爱的小伙伴，我们有一个微信群，名字叫做“跑吃跑喝群”。

2021年元旦前夕，我在朋友圈发了一张“2021，从运动开始”的海报，召唤了十几位十一学校同年级的家长伙伴，相约在玉渊潭公园一起跑步迎接新的一年，并从此成立了“跑吃跑吃群”（后改为“跑吃跑喝群”）。这个群的“主旋律”是跑步与美食，我们的目标是不“鸡娃”、不焦虑，并且还有一个响亮的口号——“卷孩子不如卷自己”。

2024 年元旦来临之际，跑吃跑喝群举办了成立三周年的年会。大家分享跑步心得，品尝美食，回忆那些一起奔跑的日子。根据不完全统计，在 2023 年这一年里，大家总跑步公里数为 29 838 公里，人均差不多 1000 公里。其中参与全程马拉松 22 人次，首次跑全马的 3 人次；半程马拉松 67 人次，首次跑半马的 9 人次；骑行 3120 公里；健身打卡（网球、冰球、爬楼等）3909 次……

三万公里，若按照古人“三十里为一舍”计算，足可跨越千舍山河；若以地球直径计算，足以绕地球大半圈。其中，有张弛有度的“法特莱克跑”，有全力以赴的“冲刺跑”，有徘徊后再出发的“折返跑”。身为高三家长的我们，用一种独特的方式陪伴孩子们的成长——让自己成为孩子成长路上的风景。

“我可以，你也可以”

高三这一年，是两代人共同的突破时刻。在即将进入高三的暑假，孩子们背着行囊，踏上学校组织的“乘风破浪，筑梦远航”的“入境教育”之旅（入境教育是十一学校为迎接高三，组织师生一起进行的身心磨砺活动，用具有仪式感和挑战性的活动帮助学生“入高三之境”），其中有一项重要的活动就是 30 公里徒步拉练。长途跋涉最考验意志力，师生们在这项看似“不可能”的任务中勇敢前行，迈出高三征程的第一步。这次入境教育标志着孩子们从此进入了快节奏的高三学习生活，开启了高考倒计时。

与此同时，我们在熟悉“高三家长”这个新角色的同时，也以挑战自我的方式“入境”了。

群里有位小伙伴，曾发誓要在孩子高考之前完成一次全程马拉松。最初，我们都以为她只是随口一说，没想到她真的做到了。她从2023年的5月开始跑步，经过半年训练，义无反顾地踏上了广西马拉松的征程。42.195公里的跑道，她到30公里就已经跑不动了，后半程全靠毅力一步步支撑了下来。

“你为啥跑这么拼？”我问她。

“我想告诉孩子：通过半年的努力，我把不可能变成了可能，你也可以。”

而她完成人生首个马拉松的时间，距离孩子们的高考，同样还有半年的时间。

还有一位小伙伴，在刚刚跑过5个半马，第一次尝试30公里后，就一时激动报名了贵阳马拉松。跑到15公里，跑过了六七个坡之后，偶然得知贵马一共有18个坡！那一瞬间她展开了灵魂拷问：我是谁？我在哪？我为什么要来跑马拉松？最终，在跑友贴心的守护、陪伴和拉扯下，在一步步不放弃中，她完成了全新的突破——贵阳超虐“坡马”顺利完赛，可以说“出道即巅峰”。

群里还有几位“大神”家长，不满足于马拉松的赛场，站上了国内久负盛名的崇礼168超级越野赛的赛道，在战胜自我的征途上再次出发。他们昼夜不停地奔跑，群里的小伙伴也一起为他们云加油，为他们到达每一个打卡点而欢呼激动。最终大神们以19小时的成绩成功完成了70公里越野比赛。看到他们在群里分享的山顶绝美日出、云海，所有的群友都深深共情了：出发，是为了更好的风景。

还有很多很多类似的故事：第一次10公里，第一次半程马拉松，第一次跑二环、三环……小伙伴们互相“拉扯”着刷新里程，在超越自我的道路上，携手前行。

当两代人在不同的赛道上全力冲刺时，“我可以，你也可以”的信念也在悄然交汇。

不忘初心的“健康跑”

跑步的初心从不是追逐极限，而是对健康的追求和自我的探求。我们既会为刷新 PB（Personal Best，个人最佳成绩）欢呼拥抱，也会为一场慢悠悠的养生跑举杯庆祝——前者是挑战自我的昂扬姿态，后者则是与自我和解的从容与智慧。

而教育的初心又何尝不是如此？它绝不局限于一个亮眼的高考分数。只是高三的孩子们短时间内被无可避免地限定在了这个单一的衡量指标上。在这个阶段，每一分似乎都与孩子的未来有了更强的连接，尤其是每次高三月考、模考的成绩，都会牵动很多家庭的悲喜。

在这样的压力之下，跑吃跑喝群成了我们心灵的港湾。“有没有人约雕塑公园？”“长安街跑吗？”“出来遛弯。”简短的一句召唤，就会有小伙伴积极响应。“五公里，没烦恼”成为我们奉行的解压密码。

群里有一位一起跑步好几年的小伙伴，我们都戏称她入群后开启了“逆生长模式”。她曾因焦虑孩子的成绩而一度状态不佳，而在加入跑吃跑喝群之后，受大家的影响，她彻底改变了自己的生活方式。工作之余，她不是穿梭在公园的跑道上，就是与好友相约骑行、越野，当然更少不了运动之后的美食大餐。在不断的跑步和畅谈中，她放下了老母亲的焦虑。“现在我哪还有空焦虑？”她说，“不管孩子高考考成什么样，都是最好的结果。每个孩子的成长都有他们自己的节奏，我们能做的，就是在他们需要的时候，给予支持和陪伴。我只希望她健康、快乐。”最终，她不仅收获了从容的心态，也陪伴孩子走向了理想的未来。看到她现在每天神采飞扬的样子，我相信她找到了教育的初心。

这样的蜕变，在群里已是日常风景。孩子毕业后办理大学入学手续，我去十一学校为他取材料，看到曾经与家委会一起开会的办公室，在朋友圈里感慨："这几年，我从家长们身上学习了很多家庭教育的智慧，交了好多很好的朋友，还有了后来逐渐发展壮大的跑吃跑喝群。我从盘旋在孩子上空的'直升机家长'，学会了不焦虑、不控制，逐渐变得放松和佛系。"

群里还有一群自称"养生组"成员的可爱伙伴，他们即使是以最慢的配速跑个3公里，也会收获大家的满屏点赞。"我慢，我骄傲"，追求速度并不难，能慢下来却很不容易。在日复一日的奔跑里，我们互相提醒不忘跑步的初心——不是为了"卷"配速，不是为了收集奖牌，而是为了身心的健康、自由与快乐。就如同在高三这个特殊阶段，作为家长，在希望孩子取得好成绩之外，我们依然互相提醒不要忘记养育孩子的初心，能够在放学路上陪她/他一起看看星星发发呆——毕竟，教育的初心也不是培养"成功的学生"，而是培养"成功的人"。

终身学习的"马拉松"

高考从来不是终点，而是人生这场"终身学习马拉松"的一个节点。教育大师怀特海在《教育的目的》一书中指出：学生是有血有肉的人，教育的目的是激发和引导他们的自我发展之路。作为家长，比起紧盯眼前的半步之差，更重要的是守护他们对世界的热爱与奔跑的勇气。

曾经，我们试图用自己的经验去定义孩子的未来，结果却发现，我们的经验有时并不完全适用于他们的时代。在AI颠覆职业结构、技术迭代加速的今天，比掌握知识更重要的是保持学习力。

而跑吃跑喝群的小伙伴们，用自己的行动成为终身学习的践行者。

有的小伙伴学起了古筝，三年来风雨无阻地上课，还考取了古筝专业四级证书，虽然指尖在琴弦上磨出茧子，她却在练琴的时光里重新找回少女时代的诗意；有的小伙伴拿起了画笔，学习素描、色彩、油画、版画……用热爱描绘美好，甚至还参加了几个画展；还有的小伙伴在孩子冲刺高考的日子里，同步完成了职场晋升，事业更上一层楼，实现了自我突破，成了孩子眼中最棒的榜样。

群里有一位热心的小伙伴，堪称我们的“科技风向标”。每天中午，他总会在群里推送几条 AI 资讯——从 ChatGPT 的多模态创作功能，到 DeepSeek 在各个领域的应用突破，还有他自己用大模型辅助工作的截图。他的分享带动了群里的小伙伴们，大家不管从事什么工作，都开始主动拥抱最新的 AI 技术，并且学以致用。这位家长成了我们的答疑老师，甚至在我们的呼声中，他专门抽出时间为我们举办了“AI 夜校”，线下手把手地教大家如何使用。而在这样的学习中，我们这群中年人和“00 后”的孩子们之间，竟发展出不少的共同话题，碰撞出思维火花。这让我忽然明白，当父母像孩子一样对新事物充满好奇，这种充满生命力的学习状态，或许就是最好的家庭教育课。

当父母不再以过来人的姿态居高临下，而是以同路人的身份与孩子并肩奔跑，家庭教育就不再是生硬的经验传递。我们深信，那些在运动场、琴弦、画布、代码中用心点亮的微光，终将点燃孩子心中的火种，让他们去定义属于自己的那场“人生马拉松”。

高三家长的“陪跑路”

在十一学校的一次家长会上，年级主任在屏幕上打出了“学会闭嘴”四个字。

在高三这个特殊的阶段，如何陪伴，是一门艺术。正如老师所说，不打扰就是教育的最高境界。“迈开腿，管住嘴”，就成了我和小伙伴们的行动指南。

我们拿掉手中的指挥棒，安心退居幕后，为孩子提供衣食住行和心理支持。而小伙伴们的相互鼓励、相互陪伴，在越来越紧张的高三生活中，也变得愈加珍贵。

不知从何时起，出于对孩子们最朴素的期待，跑吃跑喝群的小伙伴们开始热衷于跑 6.88 公里，寓意着希望孩子们能在考场上斩获 688 分的佳绩。有位小伙伴总是笑着调侃:“梦想总还是要有的，万一实现了呢？”这份乐观与执着，感染着群里的每一个人。

群里很多小伙伴还同时参与着奥林匹克森林公园的“教育创新跑团”活动，很快，这股温暖的力量也影响了这个跑团的跑友们。越来越多的跑友自发加入跑 6.88 公里的队伍中，用脚步为高三学生和家长们加油打气。尤其是一位已经退休的跑友，在孩子们高考的关键时期，从 6 月 5 日到高考结束，风雨无阻地完成了 6 个 6.88 公里，每一步都饱含着对孩子们最真挚的祝福。这些默默传递的温暖，为我们这些高三家长和孩子们，提供了满满的情绪价值。

还记得这段时间，我和某位小伙伴经常一起在晚上遛弯，有时共同分析一下月考或模考成绩，或为孩子的进步而欣喜，或吐槽一下过山车一样的分数波动；有时互相分享陪伴孩子的心得，学习如何用更温柔的方式与孩子沟通，怎样给予恰到好处的家庭支持。这种相互支持，一直延续到了孩子们拿到通知书的那一刻。

当跑步、遛弯填满了原本焦虑的时光，当情感有了倾诉的出口，我们竟在不知不觉中学会了“闭嘴”——不再动辄对孩子长篇大论地说教，不再因一点小事就焦虑地唠叨，而是闭上嘴巴，打开耳朵和心，给予他们空间，用行动和情感默默支持他们。

2023年12月23日，十一学校2024届高三成人礼隆重举行。“修身诚意，力践青云志；乘风骞翮，勇担天下责”，跨过成人门后，学子们接受田俊校长的拍肩礼。三次拍肩，代表着同学们要独立承担责任，为自己、为家庭、为国家，任重而道远。在成人礼举行之前，跑吃跑喝群的小伙伴们顶着呼啸的大风，精心为孩子们录制祝福视频，有切切心意，有殷殷嘱托。这些承载着爱与期待的画面，在成人礼现场播放时，让不少孩子和家长都红了眼眶。

生命是不断遇见，又不断分别的过程。在高三这段特殊时光里，默默相守的陪伴，是父母与孩子一起走过的奋斗历程，更是家长们温暖同行的人间大爱。

三万公里的陪跑，丈量的从来不是距离，而是爱的维度。我们在跑吃跑喝群的一路同行中卸下焦虑，孩子们在成人礼的钟声中扛起责任。所有故事的交汇，是在这场人生马拉松里，用爱与信任照亮彼此的征途。三万公里的轨迹终会在时光中淡去，但那些在跑道上流淌的汗水与欢笑，那些在深夜微信群里的跑步心得与教育感悟，那些在成人礼现场红了眼眶的瞬间，早已成为生命中最珍贵的印记。

假如可以重来

在高二高三的时候，孩子几乎每次大考前都会感冒，很影响考场状态。假如可以重来，我希望自己在跑步的同时，也能积极带动孩子跑步，通过体育锻炼让孩子收获健康体魄和坚韧心态——好消息是，孩子上大学后，在我们的影响下已经开始跑步，并备战半程马拉松了。

“自卷”的宝贵收获

◎ 郭燕枝

在孩子面临高度竞争，不得不“卷”进其中的时候，家长是去“卷孩子”还是“卷自己”？作为一位北大本科生的家长，我走过不断卷孩子、不断发生亲子冲突、孩子成绩忽高忽低的弯路。在不断反思中，我逐渐意识到一个道理：家长与其过度关注孩子的成绩和表现，不如做自己能做的事情，即改变自己或卷自己，为孩子树立榜样。

为什么要卷自己？当家庭成员构建起读书学习、学术探讨及知识复述等沉浸式学习场景时，孩子会自发启动“认知共情”机制；相反，当家长躺在沙发上追剧或刷手机，却要求孩子专心写作业时，这种割裂的场景会让孩子产生认知困惑。特别是当父母刻意出现学习困境和错误（如出现字词错误的知识复诵），孩子会本能地触发“指导者”角色认同来纠正家长的错误。自从儿子上学以来，我多次试验这个方法，屡试不爽。比如我经常以弥补自己上学成绩不理想的遗憾为理由，故意大声读出儿子正在学的知识内容，且特别用心地背诵和求助，儿子经常会以小老师的角色“辅导”或“教导”我，他自己的学习热情也会大大增加。这就是为什么家长要卷自己的根本原因——教育就像照镜子，孩子最终都会映照出家长的样子。卷自己实际就是家长自我提升，以身作则，给孩子树立榜样。

关于如何卷自己，网上有很多理论文章值得借鉴。从最朴素、最真实的个人经验和案例出发，谈谈我十多年培养儿子过程中的“自卷”心得，期望能对广大家长读者有所启发，一起探讨如何实现亲子共同进步。

先介绍一下我个人的基本情况。我是一名科研业务工作者，日常工作压力较大，处女座性格——追求完美、挑剔、易急躁。儿子从小因为打游戏、看小说、作业拖拉等毛病，学习成绩忽高忽低，很不稳定，还有些偏科，没少受我的批评管教，这引发了母子之间的激烈冲突。语言冲突最严重的一次是在初中一年级，由于他无节制地看电视，我说了很多过激的话，甚至把两个垃圾桶都踢烂了。逆反的儿子要离家出走，甚至跟我断绝关系。看着越来越叛逆的儿子长大长高，思想也越发不受控制，我开始全面深刻地反思自己：试想后面青春期时，继续这样下去会是什么后果？身边同事的孩子因母子关系僵持而厌学甚至自闭的例子，让我不寒而栗。于是我痛下决心，开始了自卷的历程。

我先是阅读了很多关于教育孩子的书籍，由此深刻意识到：在家庭教育中，说教的效果非常有限，特别是家长的情绪宣泄不仅不能解决问题，反而会加剧问题的严峻性；但家长正向的日常行为却能潜移默化地塑造孩子的价值观和行为习惯。意识是行动的前提，经过全面比较和深思熟虑，我决定从三个方面改变自己，即情绪控制、行为自律和心态调节。接着，我给儿子写了一封长长的情深意切的亲笔信，表达我要改变自己，并和他一起进步的想法，也得到了儿子的支持。现在来看，自卷的效果远比说教好。下面我就举几个具体例子。

首先是卷情绪。每位家长在陪伴孩子的过程中，都有相似的经历和体会：当孩子有一大堆作业尚未完成，却还沉溺于打游戏、玩手机时，家长内心着急甚至愤怒的情绪可以说是一触即发。记住，这个时候就是自卷的重要时刻。我清楚地记得，儿子初三上半学期的一个周末，我下午 3 点多从外面办事回到家，发现他蜷坐在沙发角落，像被施了魔法一样，双眼紧盯平板屏幕，眼中闪烁着兴奋与专注的光芒，上牙紧咬下唇，手指在屏幕上飞快地舞动，桌子上却摆着很多还没有完成的作业——且三天后就要月考。我压制着自己愤怒的情绪，边做家务边多次提醒他还有很多作业。就这样两个小时、三个小时过去了，我压抑的情绪再也控制不住，在脑海中上演了一个即将爆发的场景：一把抢过他手中的平板，迅速从 7 楼窗户直接甩出去。但是我立刻意识到，他现在是叛逆期，这样做的后果可能是他愤怒地看着我，边哭边甩门，或真的离家出走，且从此深深地记恨我！想到这里，我深吸三口气，告诉自己绝对不可以这样做。等逐渐恢复了理智，我削了一盘他最喜欢的苹果放到他身边，拿了一本他的语文书认真地默读，没有指责，没有唠叨。他看了我一眼，继续打游戏，待一局结束后，他站起来吃了块苹果，说："哇，苹果真好吃。我刚才玩了一会儿，这就去写作业了。"我点了点头，笑着看了看他。我知道，我自卷成功了。后来，我经常用这种方式提醒自己并控制自己的情绪，还跟儿子一起学习他课上正在学的知识。这种亲子学习的模式，让我和儿子有很多共同话题。特别是对那些他认为枯燥的学习内容，经过我耐心细致的举例描述，他不再逃避了。儿子也切实感受到妈妈非常包容他、爱护他，意识到学习是自己的事，而不是为了爸妈或他人。

其次是卷自律。我注意到身边很多自律的父母，孩子也都很优秀。我也坚持行为自律，比如在孩子面前，尽量少刷手机，少看电视，多工作，多看书学习。实际上，孩子不在身边的时候，我也会偶尔放松自己。

看到这里的读者可能会说：这不是典型的两面人吗？我是这样考虑这个问题的：人生不同时期的侧重点不同，在孩子性格塑造和知识学习的关键时期，家长尽量做个自律的榜样，哪怕是适当“表演”自律，也是必要的。正所谓，当你开始早起晨读，孩子的闹钟会自动调早半小时；当你把客厅变成书房，游戏机自然会落灰。举个真实的例子。高一下半学期的一个周六，儿子从下午一直玩到晚上 11 点多，看上万章的网络连载小说和打游戏——眼看着 12 点半了，还没有要睡觉的意思。我又开启自卷的自律模式，原本不需要加班的我，立刻打开电脑，在客厅继续完成白天的工作。我选择客厅而不是自己的卧室，是想让儿子无意间看到我的努力，和他的放纵做鲜明对比。一直到凌晨 1 点多，儿子上卫生间，发现客厅灯亮着，而我在聚精会神地工作。儿子很诧异地问：“您怎么在这里，怎么还没有休息？”我温和地对儿子说：“今天还有一些工作没有做完，我要加油努力完成，也顺便陪陪你。”儿子从卫生间出来说了一句：“妈妈别太辛苦了，您早点休息，别等我了，我一会儿就睡觉。”我自始至终没有责怪他，只是说：“好的，儿子，你也别太辛苦，早点休息。”第二天天还没亮，我就看到他早早在屋里朗读和背课文。后来有一次，儿子和爸爸聊天谈起这件事，他说：“我要向妈妈学习，妈妈那么晚了还在工作陪我，太让我敬佩感动了。”我窃喜我自卷又成功了。令人欣慰的是，儿子后来逐渐养成了 11 点半前准时睡觉的习惯，直到现在仍如此，这让他白天的学习效率明显提高。

最后是卷心态。网上流传着一句话，孩子高考“一举夺魁就上交国家，资质平庸就承欢膝下”，写出了多少家长的共同心声。可见现在家长的心态越来越平和了，而家长的心态会直接影响孩子的心理和行为。我们家长在工作学习中心情不愉快或很压抑的时候，学习和工作效率都非常低下，更何况是一个青春期的孩子。我的心得是，越想让孩子精神饱满、充满信心地愉快学习，家长越需要放平心态，多鼓励、多安慰。记得儿子一次高二月考成绩下滑得很厉害，心情非常低落。我看到成绩更是心急如焚，但我要求自己绝对不表现在脸上。我安慰儿子说："儿子，胜败乃兵家常事，悲喜乃人之常情，小事一桩，别有压力，闭着眼考也比你爸妈的大学好。"儿子很有信心地说："再怎么也比你们的大学好吧。" 我顺势补充："所以呀，你就放开了学，放开了考，我和你爸经过后来的努力，这不也挺好的。"孩子每次考试，基本没有来自家长的心理压力，可以尽情发挥。

高考结束后，儿子如愿进入北大学习，继续保持着与家人开放深入的良好互动，愿意与我们分享对学校学习和生活的想法与困惑。而我多年的自卷之道，也早已让自己形成了情绪稳定、行为自律和心态良好的生活习惯，家庭氛围和谐轻松，家人遇事有商有量。

教育是一场孩子和家长共同成长和修行的长途之旅，无论是卷孩子还是卷自己，目标都是帮助孩子成为一个独立、自信、有责任感的个体。但与卷孩子相比，家长自卷更有可预判性、掌控性和操作性。在自卷的过程中，你会惊奇地发现，孩子的善良和潜力远超你的想象，除了孩子心理更健康、学习热情更高外，亲子关系也会更加融洽美好。所以，与卷孩子相比，家长自卷，看似"无为"，其实"大有作为"，这也许就是家庭教育的最高境界——父母与孩子在共同成长中互相成就。

假如可以重来

我依然选择先卷自己，且希望说服家人和我一起自卷，从而给孩子创造一个发自内心感到自由舒适的成长氛围。事实上我正在"重来"，二宝即将开启小学生涯，期待全家自卷进入新高度。

散养背后的智慧

◎ 赵鑫华

身边的人都说我上辈子拯救了宇宙，因为这辈子养了个传说中“别人家的孩子”——一个几乎没花过补习班的钱、基本没操过择校的心、全程散养且没有青春期叛逆的娃，就这样裸分考进了清华大学新雅书院。于我而言，更多的当然是幸运，但了解我们家的朋友都说，散养也是需要智慧的，毕竟自由与放纵也不过一线之隔。回看女儿大学前的 12 年求学之路，总结一点不成熟的心得和大家探讨。

无需赢在起跑线，更应养成好习惯

我一直认为我家娃就是个普娃，从小她就特别喜欢当老师，所以小目标就定在了北京师范大学。因此从小到大，我都没有“鸡娃”，她的假期从来都是实实在在的假期，孩子真正享受了快乐的童年。

这看似散养的快乐教育，实际上并不是没有要求，唯一的要求就是高质量完成作业。因为她只有两个作业——校内作业和少量课外练习作业，只要字迹工整清楚、准确率达到95%以上，额外多一个字也不用写，剩下的时间想玩什么就玩什么。我作为家长绝对说话算数，而且还全心全意提供陪玩服务，因此女儿的积极性相当高。为了提高准确率，她上课全神贯注地听讲；为了剩下更多的时间玩，她把作业写得飞快，因为剩下的时间都是自己的，必须格外珍惜；她还会充分利用碎片时间，要背的单词或者古诗词等，她都写成一个个小纸条，晨起上学的公交车上，或者出游的地铁上，随时掏出来就背了。因此，很多人只看到她把大把时间都用在了玩上，但实则积少成多的碎片时间里是满满的收获。

课堂专注、写作业又快又好、充分利用碎片时间这些习惯，为她后来的初中、高中学习生活打下了非常好的基础。除了疫情居家学习期间，她几乎没在家写过作业，作业基本上都在学校完成；晚上也没熬过夜，初中晚上10：30、高中11：30就睡了。又因为没有熬夜的习惯，第二天孩子的精力就很充沛，能够保证课堂学习的效果。这样就形成了一个良性循环的闭合曲线：课堂专注→作业高效→不熬夜→课堂专注。直至现在进入了大学，这些细节一样在悄悄助力她的学业和生活，让她能够在自洽的同时不逾矩，在“卷王”的世界里偷得半刻闲。

时刻保持共情心，青春叛逆不复见

我们作为家长，或多或少总有些居高临下的姿态，习惯对娃指指点点，而孩子最反感的可能就是这种过来人的心态和“不听老人言，吃亏在眼前”的优越感，所以家长真的要克制这种心理，真正与娃共情。

比如，给孩子报很多课外班的家长，可以换位思考一下：如果领导天天给你布置一大堆事，你还有积极性去高质量地完成每件事吗？孩子也一样啊，写完学校作业还有N个课外班的作业；写完课外班的作业，还有妈妈爸爸赠送的“某某中学大礼包”——我想绝大多数孩子都会反感、消极抵抗、磨洋工，因为反正完成了这一个还有那一个，家长总要堆满孩子的时间，那孩子为啥要提前完成呢？

再比如，在孩子面对压力的时候，家长的共情特别重要。进入高三下学期，女儿的情绪开始不稳。因为第一轮复习的时候，她很认真很扎实地查漏补缺了，而二轮复习后就是频繁地刷题，这种频繁的、重复性的学习使她变得敏感而烦躁，提出各种理由不想上晚自习。说实在的，作为高三学生的家长，这个决心很难下，但是我想与其让她在学校熬着不开心，还不如随她所愿回来放松吧——反正到这个阶段，该学习的知识点也差不多都捋了好几个来回了，毕竟她前期学习的功底还是扎实的。于是整个高三下学期，她就没上过晚自习，每天晚上我俩逛街逛超市，吃自助餐，好像那就是她对抗压力的方式。就这几个月，她的压力算是基本平衡了，我的胃撑大了好几圈……

不做形式化参与，做到高质量陪伴

人们常说“陪伴是最长情的告白”，但是怎样陪伴才是问题的关键。

我家孩子属于兴趣爱好比较广泛的人，高一玩了二十多场密室逃脱，高二看了几十部国产和日本的动漫，高三疯狂迷恋单板滑雪。这些我都积极支持，但不是无条件的。比如说玩密室逃脱，我每个月只赠送一次；看动漫，我每周赠送的时长就是周六周日各一个小时。如果想增加玩的机会，就要用积分来换——积分来自错题积累和背四六级单词。女儿整体来说是个认可规则的人，在“利益”的驱使下，她背完了四级单词和一半的六级单词，基本功也在错题整理中打下了。然后我就陪她去三里屯的各个密室逃脱店玩，比较知名的密室逃脱我都懂。这些付出也在大学时得到了回报，她大学获得了英语免修资格，大一就参加了英语四六级考试，都取得了不错的成绩。现在回头看，从小养成的规则意识在孩子成长的各个阶段都发挥了极其重要的作用，成为让所谓“散养”不跑偏的定海神针。但规则意识是一场双向奔赴，孩子守约，大人更要践诺，不能因孩子的一次赖皮而荒废，也不能因大人的一次敷衍而崩塌。

再比如，每个孩子都有自己的薄弱点，我家孩子对文科就不怎么感兴趣，鲁迅、孔子、曹雪芹这些大文学家、大思想家的文章，她都看不进去。特别是《红楼梦》，她看不进去原文，但是考试考查的内容又跟原文相关，而且很细。所以我就和她商量好，每天只读两个章节，然后晚自习接她回家的路上，我俩就复述当天读过的这两个章节都发生了什么具体的故事，又暗示了谁的什么命运，等等。过了四五十天，前 80 章我们就顺利读下来了，而且对故事情节也基本了解了。想想看，如果我只是单纯指责她：“怎么就你看不进去啊，别的同学怎么就能看？”这种置身事外的旁观者态度，效果一定不好。孩子最不需要这种无效的“在场”，而是需要建设性的、高质量的陪伴。

说到最后发现，要想达到所谓“散养”的效果，其实家长要付出的心力并不少。“散养”绝不是放任不管，而是需要家长更精准地投入，唤醒孩子的内驱力。我们既需要充分了解、理解、信任孩子，也需要建立不急不躁、耐心陪伴的心理定力。我们都不是生来就会做家长的，愿我们和孩子共同升级，找到那条最合适的路，陪孩子好好走过这关键一程。

假如可以重来

我愿意给孩子更多自由，提供更多选择，在体育、摄影等方面培养她的兴趣爱好。如果能把兴趣发展为谋生的能力，人生该有多么快意！

自律即自由

◎ 未名

怎么养一个不“费”爸妈的孩子?

女儿从小就特别“省”爸妈。中学六年，我们既没有付出过高昂的校外培训费用，也不需要花费时间精力去规划和督促她的学习，她就做到了表现优秀、成绩稳定。我常开玩笑说，是孩子的自律成就了爸妈的自由。

几年前，突如其来的新冠疫情打乱了所有人的生活节奏，对大人来说都是一场前所未有的考验，更何况是孩子。女儿在中学这个最重要的成长阶段经历这么一场磨难，受到的考验是巨大的。值得欣慰的是，女儿在这段居家学习的特殊时期经受住了考验，而且出乎意料地表现出极强的自律和自我管理能力。记得 2020 年新学期伊始，老师下发第一周的学习任务之后，她当天就在客厅白板上张贴出自己的时间规划表，还特别突出了随堂小测的时间安排，对重点做到心中有数；她还对自己的课后学习也做出了清晰的规划，明确列出了课余时间的学习内容。

能在非常时期做到这样，得益于女儿一直以来的良好习惯。实际上，中学期间她为自己的每一天都制定了学习计划，用完了好几个日程规划本。她非常明确每天的自习课要做什么，哪些作业是必做的，哪些是可做可不做的，保证优先完成最重要的作业。每次重要的考试之前，她也会详细列出自己的复习计划，细化到每天，确保每一科每个模块的重点都能复习一遍。2023 年 8 月份，她参加了北大光华管理学院组织的为期一周的优秀中学生暑期课堂。因为担心暑期课堂打乱高三紧张的学习节奏，她便为自己制定了“补债”学习任务书——其实没有哪位老师要求她“补债”，但是她非常主动地补做了自己认为最重要的作业。有了这样量身定制的时间规划表，女儿中学阶段的学习一直是按部就班、有条不紊的，从来不需要熬夜突击。节省下来的课余时间，她的自我管理也特别有效，她一直坚持长跑和其他体育锻炼，这让她有更好的体能与精力去好好学习和生活。

女儿的自律和自主学习能力，让我们在她中学六年里一直比较轻松，主要任务就是做好后勤保障。所以我说她给了我们自由也不全是戏言。但最重要的是自律让她自由，这个自由不是随心所欲，而是自我主宰，是有足够的能力去探索自己的方向。她在繁忙的学习之余保持了自己的兴趣爱好，特别是阅读和写作。她的自律高效延续到大学，让她在学习上游刃有余，不但参加了丰富多彩的实践和志愿活动，还负责运营中学和大学的两个公众号。我经常把她的时间规划和自我管理经验介绍给自己的博硕士研究生。

那么自律和自主学习能力是怎么养成的？首先，女儿非常幸运地在一所注重培养学生综合能力的中学就读六年，她的成长离不开老师们的长期培养。其次，也有一点我们作为家长的作用。我认为，自律的终极状态其实是一种习惯成自然的养成。自律的学生需要具备哪些重要的素质？哪些因素会阻碍孩子成为一个自律的人？父母如何助力孩子做时间的主人？中学阶段如何培养孩子的自主学习能力？结合女儿的经历和我粗浅的思考，我愿分享一些体会。

自律的形成与阻碍因素

自律能力强的学生一般具备哪些核心素质？我觉得至少有四个方面：第一，学习的内在驱动力，即自己有明确的学习目标和强烈的兴趣。第二，时间观念，即珍惜时间，有最后期限的概念，有按时完成任务的主观意识。第三，专注度，即专心致志完成一件事的能力。第四，自我管理能力，即对时间规划有执行能力，能做自己学习的主人。

培养这些核心素质是一方面，另一方面，自律的本质在于持续的积累，孩子在这个漫长的过程中，必然会遭遇诸多阻碍因素。逆流而上艰难，滑坡却无比容易，所以父母在这个过程中需要发挥作用。那父母如何帮助孩子克服障碍呢？

第一个障碍就是拖延症，这在孩子们中普遍存在。很多人会以推迟的方式逃避任务，或者在截止时间之前非常有限的时间内仓促完成。有些习惯性拖延的孩子甚至认为，自己就适合在截止时间之前的短期高压状态下完成任务。

对待拖延症，我认为最有效的办法是让孩子自己去承担后果。记得女儿很小的时候，有一次因为白天贪玩，到了睡觉的时间她也没有完成当天的作业。我就让她自己选择，要么放弃作业不做算了，要么晚睡觉把它完成。她选择了后者，但因为疲劳和焦虑，作业完成的效果不佳。第二天我专门跟她讨论了这件事，她认识到是自己的拖延造成了不好的后果，自此以后，她的时间观念较好地树立起来了。在疫情居家学习的那段时间，她也有一两次因为拖拉没有好好完成数学读书会的作业，到上课时就体会到上课的效果大打折扣，后来这个问题就有了较大改进。

第二个障碍是各种诱惑与干扰。现在的孩子每天面对的诱惑与干扰可谓多种多样，如手机短视频、电脑游戏等，无时无刻不在考验孩子们的自制力。对于女儿来说，疫情居家学习期间，手机对她的考验最大。学习中需要使用手机，但她有时候拿起来就放不下，浪费了不少时间。

面对这个问题，我想首先需要共情孩子，设身处地地理解孩子当下的处境和内心真实的想法，珍视孩子的人格与自尊心，避免指责和贴标签。其次是及时引导孩子，帮助她找到解决问题的办法，让她逐步得到锻炼与成长。所以当我看到女儿放不下手机时，我都会尽量克制住批评与指责她的冲动，心平气和地跟她说："我们成人一样也经常放不下手机，过后又会后悔浪费了宝贵的时间。这方面的自我控制的确很不容易。可能有时候你也需要父母的帮助和约束。如果你现在需要，妈妈可以帮你管理一下你的手机。"有时候她会让我帮她管理，有时候她会说不需要，我都会尊重她的想法。即便不让我帮她管理，她的自我约束意识也会明显提高很多，会自己想方设法减少使用手机。我一直特别感谢直升初三时年级主任刘老师的提醒："孩子在一周紧张繁忙的学习之余，刷刷手机放松一下不过分。"这个提醒让我非常受益。

第三个障碍就是父母的过度约束与控制，比如，过多帮助孩子做时间规划、严格控制孩子的时间管理与任务完成等。这会让孩子过度依赖父母，不能自我规划和管理。父母约束与控制越多，孩子的依赖性越强，自我规划和管理的能力就越弱。

对这个问题，我觉得首先是要尊重孩子的独立自主意识，尊重孩子在时间安排上的想法，给予他们支配时间的自主权。其次是信任、鼓励孩子自己规划。这能让他们感受到自己是有能力的，从而真正激发起他们内在的力量，让他们有足够的动力主动规划自己的学习，管理自己的时间，把最有效率的自我呈现出来。

当然，不过度控制不等于放任自流，帮助孩子做时间的主人，也是家长不可回避的责任。怎么把握好这个度呢？我认为是要搭框架、教方法，而非填格子。

首先，要帮助孩子养成制定合理时间规划表的习惯。第一步就是要列清楚必做的事情及其完成的期限，这点我相信上中学的孩子完全可以胜任。第二步是按照时间管理优先矩阵理论，教孩子根据重要性与紧急性来给任务分类，优先完成重要且紧急的事情，让自己掌握安排时间的主动权。

其次，鼓励孩子学习提高时间利用率的知识和技能，比如掌握记忆的规律、找到能提高自己学习效率的时间和地点等。我经常会跟女儿分享自己多年积累的记忆方法、提高做事效率的经验，虽然并没有完全得到她的认可，不过我也不强求，而是耐心等待她自己总结规律、找到适合自己的方法。

最后，告诉孩子要张弛有度，每天要留出足够的放松时间。女儿每天都会留有一些时间到室外运动和放松，周末也会留出一些亲子时间。女儿读初一时，我第一次从年级主任李老师那里听到“亲子间高光时刻”这个名词，并很快认识到它的重要性。我们会在周末外出吃个饭，散个步，在明媚的环境、轻松温馨的氛围中畅谈，这大大增进了我们相互的理解和亲情，张弛有度也让女儿的内心充满能量。

从自律到自主学习能力的培养

有了自律，就有了培养自主学习能力的基础。自主学习是终身成长的钥匙，而中学阶段则是培养自主学习能力的一个重要阶段。女儿上了大学后经常说，这是中学阶段她收获的最宝贵财富。

所谓自主学习能力，就是自己主导学习过程、内化知识、查漏补缺的能力。一开始，女儿对自主学习模式也有一点不适应，偶尔也会打退堂鼓。我记得她跟我说过，虽然老师们非常重视学生自己看书预习、课后对知识内化的过程，但她觉得自己完成这个过程有点吃力，而且自己也不如老师们总结得好。我不断鼓励她：老师们总结的可能只是高频考点和一般化的重难点，只有你自己才最了解自己的薄弱点在哪里；而且自己边看书边思考，对知识的掌握程度会比单纯课堂听讲更高，更能建构起完整的知识体系；当你知道这个知识是怎么推演出来的，你对知识的记忆会更牢固。

幸运的是，十一学校极为鼓励自学自研，老师们给了女儿非常好的引导和帮助。很快，她养成了课前预习的习惯，在老师讲课前她会认真研读课本，把每一章的重点内容都过一遍。看书的过程中，她会时不时在旁边记上自己不懂的问题，这样听课就更有针对性。她有时会为自己做的题目没有其他同学多而担忧。我告诉她，重要的不在于做题的数量，而在于做题过程中能够积累多少种解题思路和经验。后来她养成了分学科、分题型总结错题的好习惯，把自己的错因写到本子上，在考前复习，以此来确保相同的错误不再犯。在遇到不会的题目时，我告诉她不要望而生畏、束手无策，可以直接去看答案或请教老师。后来她学会慢下来，一句一句拆解题干，一步一步整理思路，找到自己的卡点，再尝试用所学的知识去解决它。养成独立思考的习惯后，她慢慢察觉到，很多看起来不友好的难题，她其实都有能力攻克。

当然自主学习能力的养成并非一帆风顺。我还记得刚升入高三时，女儿感觉班级学习节奏更适合理科大神，对自己的自主学习能力再次产生了怀疑，还萌生过换班级的想法。老师和我们都把选择权交到她手上，不强求她留在这个班，但劝她不要那么早就否定自己，鼓励她尝试一段时间看看。事实证明，在挑战面前，她自主学习的能力反而得到了强化，她很快就适应了更快的学习节奏。

对孩子们来说，提高自律和自主学习能力，贵在坚持，中学阶段是最好的学习和锻炼时间。对我们家长来说，除了尊重、共情、信任、引导，就是鼓励再鼓励。女儿的成长轨迹印证了，“自律即自由”绝非空谈。她通过自律，为自己赢得了选择的自由、成长的自由，乃至定义人生的自由。这份能力，才是我们能给予孩子的最恒久财富。

假如可以重来

我会多多拥抱女儿，告诉她我有多感谢她的自律、为自律的她骄傲；我会每天提醒女儿，奋斗中也要多享受生活，停下脚步听听鸟语、闻闻花香。

一个“超级放养妈”的实践

◎ 饶雨

让孩子明了我希望她成为什么样的人

在孩子高三上学期快要结束的时候，十一学校为学生举办了隆重、庄严的成人礼。18岁，孩子将逐渐开启独立生活的人生篇章，应学校要求，每位家长要给自己的孩子写一封信，我给女儿写的信是这样的：

亲爱的宝贝：

18岁的你长大成年了，未来的日子你要谱写属于你自己独特的人生。从呱呱坠地到现在，爸爸妈妈作为你的监护人呵护着你、引导着你，安排你的学习、生活。成年意味着你将逐渐独立面对生活、社会、事业、爱情、婚姻家庭，无论是光明大道还是荆棘险途，你都要靠自己去应对。

在你成年之际，妈妈要告诉你，你的人生能真正依靠的只有你自己，健康和自由是你最大的资本。爸爸妈妈终会老去、离开你，朋友、兄弟姐妹、爱人都可能会离开你，甚至会为了各自的利益反目成仇。只有自己经济独立、精神独立，你才能从容面对五彩斑斓的人生。任何时候都要关照好自己的身体，哪怕只是一个小感冒——当身体温度达到39度时你是无力做事的，更不要说其他重大疾病，所以健康的身体是你幸福生活和工作的根基。心理健康和体魄健康同样重要。世界何其大，人类在自然界是非常渺小的。2020年一个病毒就可以让整个地球人类慌乱不堪，更有地震、泥石流、海啸、火山、洪水等自然灾害。水、火是这世界最美妙之物，滋养着人类，却也可以毁灭人类。所以宝贝，要认识到我们的弱小，接受自身的不足，客观地看待事物的多面性，爱自己，善良地接纳你人生旅途遇到的每一个人。我们生活在纷繁嘈杂的尘世，每个人的思维、修养、生活环境都不一样。所以你会遇到形形色色的人和事，很多事都未必顺你心意，有的人很难相处。要学会接纳不同、接纳挫折，只有我们自己去适应社会，社会不可能顺从某一个人。拥有开阔的胸襟，不去纠结不顺心的事，不让自己精神内耗，做一个情绪稳定、精神独立的人，你才能愉悦地生活。

成年意味着你将为自己的所有行为承担相应的社会责任，我们要敬畏自然，也要敬畏法律和社会规则——不要试图去挑战法律的红线，铁窗之内没有自由。一个失去自由的人还能做他想做的事吗？还能开心地生活吗？那我们活着是为了什么呢？所以一定要遵纪守法，维护好自由生活的权利。

人生有两件事绝对不能做：吸毒和自杀！吸食毒品无异于自杀，只是死得慢一些而已！人生除了生死没有什么坎过不去。我们本就是非常普通的人，旅途中会遇到各种诱惑，也会历经艰难险途。脚踏实地地生活，不去攀抚夜空的星辰，力所能及做好自己，享受成功时的喜悦，接纳失败时的忧伤。不要执着于得失，所有的喜怒哀乐都会随着时间流逝而淡去，所有遇到的人都是你生命中的过客，不能为了任何人、任何事放弃自己的生命。

妈妈希望你做一个身体健康、人格健全、独立自主、自食其力的合格社会人，健康、幸福地完成你的人生旅途。

爱你的妈妈

这封信凝聚了我对孩子最重要的嘱托和期许，我希望孩子在爱和自由的环境中快乐成长，希望她拥有健康、幸福的人生。我所谓的爱和自由不是没有约束和管制的野蛮放养，而是家长根据孩子在不同年龄段的心理特点和学习接受能力，有的放矢地给予陪伴、引导、支持和鼓励；让孩子在相应的年龄和能力范围内自主决策、自己承担决策的后果，从小培养孩子的明辨是非能力、沟通交流能力，以及感受爱并懂得爱的能力，让孩子成为一个善良、有爱、有责任、有担当的合格社会人。

好习惯好品行从幼年抓起

六岁之前是孩子性格、习惯、语言能力、社交能力、规则意识等初建的关键时期。幼年时期的亲子关系以及父母的教育方式，直接关乎着孩子性格和人格的形成，并将对其一生的学习、生活、工作、情感、婚姻家庭等产生影响。能与父母平等交流的孩子，不会青春期严重叛逆，更鲜有青少年犯罪的情况。

所以无论工作多么忙，我都坚持亲自带孩子，陪伴年幼的孩子入睡。温和的语言、肌肤的亲昵接触、母乳喂养、睡前阅读等对三岁以内孩子的心理安全、语言发展、社交能力和亲子感情培养是非常重要的。这个阶段也是培养孩子专注力、沟通能力和规则意识的重要时期。在我给孩子读书讲故事、教她背诵诗词的过程中，她学会了专注，养成了阅读习惯，这些潜在的习惯和能力对她未来的学习和生活意义重大。

从孩子会说话开始，我就教她如何跟大人交流，有需求跟大人说，只要是合理的我们都会满足她，不合理的耐心告诉她为什么不可以、有什么危险。慢慢地，她学会了克制不合理需求，不会因为得不到满足而哭闹，这时候孩子的规则意识就开始建立了。大人承诺孩子的事一定要做到，这样孩子就明白重诺言、守信誉，对自己的言行负责，懂得自由是建立在守规则之上的。

“超级放养”下的自由与独立

由于我工作繁忙，经常出差，女儿六岁便开始住校，每周接回家一次。好在她就读的小学是寄宿制学校，所有孩子都住校。学校管理也很好，班主任、副班主任和生活老师无缝对接照顾孩子们的学习和生活。尽管幼小的孩子不愿意离开父母，但在所有同学都住校的情况下，她接受并逐渐习惯了“上学就需要离开家”的安排。

每周五我会准时到学校接她，周六日陪伴她，带她去各种玩。她可以提出想去哪里、想做什么，也可以邀请小朋友到家里玩。按孩子的说法：“在学校学习五天了，周末要自由放松一下，好吃的好玩的都要安排上。”带她外出游玩时，我会因地制宜地教她一些思维方式，比如去郊区游玩，我会指定视野中的一处美景或一个事物，让她用语言描述，我也会给出示范；遇到历史遗迹，我会跟她讲述相关历史；遇到自然、物理、生物相关的问题，我会结合她看见的或游玩中体会到的跟她讲解。这种寓教于乐的方式，让她喜欢上写作和历史。如果是外出旅行，我就会安排她通过网络了解当地有什么好吃的好玩的，让她来安排行程。这个过程中，她可以学习到各地的地理特征、历史文化、美食文化和民俗风情。“读万卷书，行万里路”，我希望孩子在行中学、娱中学，激发她探索未知的兴趣和能力，而不是只专注于教室和考分。

在这个“鸡娃”“卷”的时代，我从不要求孩子多么优秀或者出类拔萃，只希望她能自然、健康、快乐地成长。从小到大，除了她因为自己喜欢而坚持了八年的美术课，以及学了四年半途而废的钢琴课外，女儿没有上过其他培训班。比起周末排得满满的补习课，我更愿意带她四处游玩，让她在大自然中自由快乐地嬉闹，享受松弛、愉悦的童年生活。想学什么完全由她自己决定，学到什么时候不学了，也由她自己决定。我希望孩子被爱的同时也被尊重——我们给她创造她能学习、想学习的所有条件，但不会勉强她做她不想做的事。

给予孩子足够自由和尊重的同时，我们对她也是有要求的：她需要独立、主动完成她能力范围内的事。从她上学开始，我没有陪她做过作业，所有学习都由她自己独立完成。我一直告诉她学习是她自己的事，不懂的可以问我，但是否完成作业、完成得如何是她自己的事，如果因为学习任务没完成导致老师找我，那我们就不能再出去玩了。

上小学第一天，我教她怎样收拾书包，两周以后我就没再帮她收拾过书包。如果有遗漏的物品，老师会给我打电话，我再给她送去，几次以后她就很少再遗漏东西了。小学时，她每周去学校要带的衣服是我帮忙收拾的，初中以后在十一学校住校六年，所有东西都是她自己收拾，周末回家自己洗衣服。

在学业方面，我完全没有管过。高考英语考完听力口语后，孩子回家跟我说：“妈，告诉你个好消息，我听口满分了。”我问：“什么是听口？”孩子有些惊讶地数落我：“就是高考的一部分，听力和口语考试呀，你居然不知道什么是听口！”经她解释我才知道，听力口语提前高考，孩子考了满分。我跟孩子说：“妈妈没有关注你的学业，是因为这是该你自己完成的事。妈妈的任务是好好工作，挣钱养家，照顾好你的生活，给你提供一个良好的环境。所有学业上的事都该你自己负责，当然妈妈太不上心也不对，但是工作太忙，记性不好，你也别怪妈妈。咱俩各司其职，只有先做好自己、爱自己，我们才有好的状态去爱家人。”孩子也表示理解，只是一直把这件事当作我“不管她学习”的一个例子跟别人讲，说我是一个“超级放养妈”。

“放养”让孩子学会了自律

“放养”给了女儿足够的自由，她可以在遵守规则的前提下做任何想做的事，这反而让她相当自律。从四年级开始，女儿就拥有了自己的手机和电脑。孩子都喜欢玩游戏，但我们讲好条件以后，她基本能遵守。当然她也有偶尔玩手机超时的时候，但只要她把该做的其他事做完了，我也不会过多干涉。

女儿从小就有足够她那个年龄段所需的零花钱，但她从不乱花。三年级时，她第一次在网上下单买书，同一本书不小心买了五本，书寄到以后她着急了。我跟她说，出现错误查明原因，以后多注意就不会再错了，建议她把多买的书当作礼物送给好朋友。孩子心疼钱，后来再网购东西，她都会检查后再下单。比起埋怨孩子的错误，我更愿意让孩子认识到错误，并教会她如何避免再犯同样的错误。

孩子们都喜欢吃垃圾食品，女儿一位小学同学的家长对孩子管得特别严，不准孩子喝饮料，也不让吃炸鸡、薯条、辣条等，那个孩子基本就没吃过这些“香香食品”，所以特别想吃。我们外出游玩，只要有机会离开父母视线，她就会找同学要饮料喝、讨零食吃，那种“偷吃”的满足感让她越发眷恋这些食品。我也反对孩子吃太多垃圾食品，但偶尔吃一点满足口味，孩子就不会迷恋了。所有东西都可以在安全范围内让孩子自己尝试，他们自己的亲身感受远比我们的说教更能帮助他们成长，就像“小马过河”，需要自己去经历体会。

从婴幼儿时期就养成的习惯和规则意识，让女儿从小就能主动完成所有的学习任务，学习成绩名列前茅，并获得了三好学生、优秀学生干部和校卓越学生等荣誉。

能力的“暴风”养成

进入初中以后，十一学校宽松自由的学习环境，极大地激发了女儿的学习主动性以及参加社团和学生会活动的积极性。她从初一开始就参加了学生会工作，还加入学校微信公众号团队、松子商社等好几个社团。这些社团活动，她从初一坚持到高三；直至高三下学期，才放下所有社团活动，集中精力备战高考。在参与各种活动过程中，她的组织协调能力、领导能力、商业思维、决策能力等都得到了很好的锻炼，这些能力对她未来的工作和生活非常有帮助。孩子的各种能力都是在成长过程中不断培养的，让孩子多参与各种活动，学习多方面的技能，远比只专注于考多少分更重要。

高中阶段，女儿成为松子商社社长，作为“CEO”带领社团发展。她组织同学独立完成了产品设计、生产销售、财务规划、新老交接管理等全部类企业运作过程。此外，在了解到许多听障儿童因无法支付高昂的人工耳蜗费用而无法正常学习生活后，她与社团成员共同决议，将社团活动所得部分利润捐给中国听力医学发展基金会，帮助听障小朋友恢复听力。

高中期间，女儿还参与了许多其他的校园活动：组织马来西亚文化日、参与校辩论赛、为学校微信公众号撰稿、筹备高三成人礼工作等。凭借在各方面的突出表现与较优秀的课内成绩，高中三年她连续获得市级优秀学生干部、市级三好学生、校方圆奖学金、校乐仁奖学金、校卓越学生等荣誉。这些荣誉增强了孩子的自信心和荣誉感，参与各项活动则锻炼了孩子的领导能力、创新能力、组织能力以及解决问题的能力。我相信，这些能力将为孩子未来的工作奠定良好的基础。

“放飞”去远方

上大学是一个孩子人生中的里程碑时刻，从此她将进入成人世界，告别父母贴身保护的日子。我希望为她做好充分的准备。从小我只教她做决定的思维方式，至于最终怎么选择全由她自己决定。我引导她自己分析某件事会有几种可能的选择，分别做出思维导图：选择一、二、三等不同情况时，她需要付出什么努力；会得到的最好回报和最差结果是什么；最大的风险是什么，她自己能承受的最大风险是什么；她想要的结果是什么，与实际差距有多大；付出收获比是否合适；应急预案是否能支持这个选择最终达到预期。我教她把可能的几种情况都分析清楚以后再做决定；一旦做出决定，发生任何后果，自己都要勇于承担；而且这些后果也是在预料之中的，不要因为达不到预期而背负严重的心理负担。当然，如果她的选择最后出现问题，我也会帮助她一起解决，并让她思考自己的选择是不是最优的。

这些年，由于注重引导并尊重她的所有决定，我和孩子之间从未发生过冲突，孩子也没有出现过叛逆、逆反的情况。我们一直像朋友一样相处，没有妈妈的强制干涉，更没有女儿的据理力争和顽强对抗。随着年龄增长，她的自主意识越来越清晰，还经常会给我提出一些意见或建议，如果我认为意见不错，也会接纳并表示感谢。

高考结束选择学校时，我们也完全尊重女儿自己的决定——在复旦大学、香港大学、香港科技大学等我们有机会就读的学校中，她自己选择了港科大商学院。在她离开北京去香港上学之前，我带她到酒吧喝酒，告诉她：女孩子可以喝酒，但不能酗酒，最重要的是要知道自己的酒量，永远不要在外面喝醉酒；外面的世界很精彩，也很危险；什么地方能去，什么地方不能去，什么事该做，什么事不能做，一定要清楚；做一个有头脑的女孩，学会自我保护。

“父母之爱子，则为之计深远。”从刚出生 3 千克重、50 厘米长的小婴儿，到 18 岁的大姑娘，我从不认为娇宠着不让孩子经历一丝风险，或者让她衣来伸手、饭来张口，就是伟大的母爱。我更愿她学会与年龄相符的人情世故，学会如何应对生活中可能出现的磨难。我希望她是一个头脑清醒的女孩，知道自己要什么，知道该怎样处理人生路途中遇到的人和事；希望她是一个善良的女孩，温暖身边的人，也温暖自己；希望她是一个幸运的女孩，拥有健康快乐的一生。

假如可以重来

我依然允诺你在爱和尊重的暖阳中自由、快乐成长；依然接受你不那么努力学习，随你喜爱，学你想学，玩你想玩。相信你仍会如今日一般，成长为自信、健康、善良、坚韧、乐观的姑娘！

放松不放任

◎ 涓涓

每个孩子都不一样，养孩子也各有各的喜悦和烦恼。有“虎妈”，严格规划孩子的生活和成长路线；有“直升机妈妈”，一直盘旋在孩子的头顶，盯着孩子的一举一动。我想，我是一个牵风筝的妈妈，跑一阵子，把孩子放高了，牵着那根线看着，不时拽一下，让她自己飞。我希望她在这根线的引导下，尽快成长为独立的人，在属于自己的天空展翅高飞。

让孩子从小学会对自己负责

养孩子的过程是和孩子一起体验生命的过程，也是孩子慢慢独立、脱离父母照顾的过程。所以我认为，养孩子最重要的是要培养孩子的自我管理能力。从幼儿园起，我给孩子灌输的理念是：要学会自己照顾自己，不要总指望老师，那么多小朋友，老师不一定都能照顾得到。老师布置的与上学相关的事情，要自己记得，那是自己的事情，不是大人的事情。

孩子的日常学习琐碎又复杂，直接管，会让妈妈们心力交瘁。对于很多陪孩子写作业，甚至和孩子一起写作业的妈妈，我是非常佩服的。但是自己的确做不到，一是耐心有限，二是我觉得那样会越俎代庖，让她对我产生依赖性。所以，孩子的日常学习过程和具体内容我并不直接插手：不陪她写作业，不检查作业。有时她让我给她听写或者听她背课文，我要么推给爸爸，要么建议她用手机录音，自己听着写或者检查。

这样做，并不是不关注她的学习，我的关注点是她的态度和状态，一旦发现她浮躁懈怠、拖延磨蹭，我会及时批评。比如，有时孩子假期作业拖延得厉害，到最后几天才开启“焦头烂额地补作业”模式，每到这时，我是既心疼又有点幸灾乐祸。对她的拖延，我不赞同，但也没有那么焦虑——毕竟我们成年人也有犯懒拖延的时候。我相信她自己心里有数，不会拖得太离谱。如果她松懈了，我甚至希望她被老师训斥一下，或者遭受一下学习上的挫折，这样她才能体会得更深刻。当然，这种学习上的自我管理能力需要从小培养，让她从心底认定“学习是自己的事”。到了高中阶段，我重点关注她的学习和生活的各方面状态，确保她保持良好的学习心态和生活状态。熟悉的妈妈都说我“心大”，我想这恰恰得益于对孩子学习“放手”让她养成的自我管理习惯。

自我管理也伴随着自我决策，我们始终尊重孩子的自主性。从功利的角度看，这样的教育方式有利有弊。最典型的例子是她更换选考科目的经历。女儿的生物成绩很好，一直在高层，期末考试也名列前茅，但高二她却突然说不喜欢生物了，要改选政治——她觉得学习政治很有趣，可以开阔眼界。起初，我是不太同意的，拿一个强项换一个弱项，从高考的角度看，是不划算的，而且我喜欢生物，也很希望她能学与生物有关的专业，但她说以后不想选择生物专业。看她这么坚决，我选择尊重孩子意见。果然，高考时，从综合情况来看，政治还是拉了分。清北是很多家长和孩子的梦想，正是这关键的几分，让她与清北失之交臂。作为父母，我们难免有些许遗憾。但我们对上清北没有执念，孩子也没有觉得太遗憾。直到现在，孩子仍觉得改选政治是很正确的选择，她说：大学思政备考时，一看书，高中背的政治知识就开始“攻击”自己的脑子，可见，选考政治的潜在好处多么大。

自我管理的习惯在潜移默化中也滋养了孩子的独立意识。孩子中考的时候，流行各种仪式性送考——“旗开得胜”“一举夺魁”“一路辉煌”，等等，妈妈们用各种方式鼓舞孩子。我当时感觉除了在家做饭，不做点别的什么似乎有点过意不去，就跟孩子说要送她到学校门口，结果被“威胁”了：“你要跟着我，我就不去考了。”所以，孩子的中考、高考对于我们来说，都是平常的一天。

独立意识也体现在孩子的学习上。在这方面，我们没有陷入内耗和互相消耗，这得益于我多年的放手，更源于对学校、老师和孩子发自内心的绝对信任。我们一直信任老师的能力和责任心，注意树立老师在孩子心中的权威。值得庆幸的是，孩子一路走来遇到的都是非常负责的老师。孩子的问题有时候家长反复叮嘱未必见效，但老师的提点则比较管用。基于对学校和老师的充分信任，我们没有给孩子报过课外班。孩子学习遇到瓶颈时，我们总是鼓励她多去请教老师。记得高二上学期，孩子刚刚换了选考科目，一开始过渡不太顺利。对于习惯理科思维的她来说，政治的答题思路让她难以理解。每次考试，她都觉得自己答得挺好的，但是分数却一直上不去，这让她既崩溃又委屈，甚至产生了抵触情绪。当时正值疫情，居家上网课，我陪孩子一起听了政治老师的课后，告诉孩子：“我觉得老师的水平很高，讲得很好，可能是老师不了解你的思维模式，纠正的思路没有契合上你的问题，你要和老师多沟通，了解自己的思路和老师的思路差别在哪里。”通过向老师请教，仔细体会老师的思路，孩子慢慢消除了抵触心理，顺利度过了转折期。

看淡“一城一池”的得失

在孩子学习遇到困难、成绩起伏的时候能稳住阵脚，是因为我们对孩子的学习着眼于长远，而不囿于一时的分数。心理学中的“皮格马利翁效应”表明，期望会成为自我实现的预言，对于孩子的成长、成才，高期望是非常有好处的。中国古话也说“取乎其上，得乎其中；取乎其中，得乎其下”。我对孩子的期望应该还算比较高，希望她能学会、学活相关知识，将来能有所成就。但这种期望的本质，是帮助孩子树立一个远大的目标，而不是拘泥于眼前的分数。记得孩子小学时，有一天放学回家对我说：“妈妈，我要做一个企业家，而不是商人。”我问为什么，她回答道：“老师说，企业家是造福社会的，商人就是赚钱的。”我听了以后非常欣慰，告诉她要多学知识，长本领，以后才能成为一个企业家。

当然，这不是说分数不重要，高考确实是非常有效的人才筛选机制，能把优秀的人才选出来。但是，另一方面，几分之差并不代表学习能力和水平的本质差距，一次发挥失常也并不等于孩子学习能力不行。太执着于分数和名次变化这种外在的东西，神经一直绷着，心理压力会很大，也会失去学习本身的乐趣和成就感。只有着眼于长远目标，关注知识本身，才能在分数上看淡“一城一池”的得失，在心态上保持相对平和。我不希望分数磨灭孩子对于知识学习的兴趣，也不希望分数耗尽孩子的学习心力，所以，我不焦虑于孩子的分数，对她上什么大学也没有执念。

高考前，孩子一模考出了历史最低水平，心情很不好。周末去接她的时候，她说起成绩眼泪都掉了下来。我们安慰她说：“这一次肯定是没发挥好，不用难过。就算考不上，还可以回老家复习一年嘛（我的老家是高考大省，这里是打趣哦）。”等她心情平静下来后，我让她分析一下自己的问题所在，再带着这些问题去请教老师，看看下一步如何查缺补漏。她听了之后，心情好了很多。那个周末，我们一家人去郊外骑行，让她彻底放松心情，清空负面情绪。孩子没有了思想包袱，最终在高考中取得了比较理想的成绩，考上了自己心仪的学校。

放手绝非放任

当然，我所说的“放手”绝非放任不管。我始终认为，家庭是孩子的加油站，而良好的亲子沟通，就是为孩子减压赋能的最佳燃料。孩子上学很辛苦，既需要毅力和坚持，也需要劳逸结合、转换心情。小时候每次放学接她，我都会认真听她讲学校里发生的趣事，还一直鼓励她多讲，同时也让她讲讲当天所学的知识。这样等她讲完，一天的课程也复习完了。所以，她小学阶段过得轻松愉快，玩耍的时间比较多。到了高中，孩子开始住校，每周末接她，我和她爸爸都尽量同行，不愿错过路上一个多小时的交流时间，因为放学回家这一路是她最有倾诉欲望的时间。我们听她讲学校里和同学间的各种趣事，她讲得高兴，我们也听得高兴，有时也参与讨论，想到哪里就聊到哪里，氛围轻松愉快。周末在家她仍以玩为主，即便到了高三，每个在家的周末她也都过得很闲适。

我也特别鼓励孩子参与集体活动，学会与他人相处。现在不少孩子多少有些“孤独”，不会与同学交往，不知道如何一起玩。所以，我特别支持孩子参加各种集体活动，鼓励她与同学多交往。小学时，为了让她能和同学多玩一会儿，我总是故意晚一些去接她，以至于多年以后，她委屈地告诉我，在她记忆中，只要是我去接她，她便是最后一个等在学校门口的。唉，这倒是我没想到的。但我觉得，生活是立体的，不止学习一个面，与老师、同学以及其他人的交流、交往，也是人生中需要学习的内容。因为她小时候比较内向，所以我总是鼓励和纵容她的各种调皮，鼓励她和同学、朋友出去玩，甚至是疯玩，这养成了她现在开朗的性格。

当然，生活中我们也经历过不少激烈冲突的时刻。她一般都很坚持自己的看法，道理讲不通时，很难通过“威逼利诱”让她改变想法。有时候为了谁对谁错我们也会争吵很久，非要辩出个结果。但我认为，只要能充分沟通，这种争吵并不可怕。我不希望她有“玻璃心”，听不得批评。回想起来，我们冲突的主要焦点就是电子产品。她爱看电视、打游戏，看的时候眼睛都不眨，而且眼睛早早就近视了。我们围绕看电视和打游戏时长发生的冲突最多。在这类冲突中，对于要不要约束她，我们会就权利和义务不断进行辩论。我认为，冲突和挫折都是成长的必修课，是孩子成长中不可避免的。

每个孩子都是独特的。我家孩子从小就遵守规则，非常自律，这也可能是个性使然。所以，于我而言，养育孩子的过程是幸福和快乐的。我对女儿说我要写一篇养孩子的心得。她笑着调侃道：“你做了啥？还好意思写！”我哈哈大笑：“我就想写写我没有做啥！”每个人的生活都不会一帆风顺，你以为你为孩子遮挡了所有的风雨，但她仍然有自己要过的坎。而且，因为没有经受过挫折，一个在我们看来小小的坎，可能就成了孩子眼里难以迈过去的坎，挫折教育对于很多孩子来说是缺失的。在这个欲望极易膨胀的社会中，要扛得住诱惑，经得起挫折，是更难的。过度保护孩子或者让孩子过度竞争，都不利于他们健康成长。所以，父母不必刻意制造一个围着孩子转的世界。我觉得，让孩子从小学会面对挫折、承担责任，而非一味追求分数或者追求快乐生活，才是真正对孩子负责。

假如可以重来

让孩子坚持一项运动，并养成从小做家务的习惯。

当好参谋不容易

师生关系、同学关系、直升班和普通班、选考科目、学习策略……高中的孩子面对的压力大、挑战多，特别不容易。高中生家长也特别不容易，既要在孩子紧张学习的时候“做好饭”“不添乱”“该闭嘴时闭好嘴”，也要在孩子需要时努力托举，当好孩子的参谋，陪伴孩子度过每一个“关口”，探索在每一个方向上的可能性。

重视孩子的校内“关系”

◎ 宁东

北京十一学校老校长李希贵有一句名言：教育学首先是关系学。

孩子在校内面对的关系主要是师生关系、同学关系。十一学校的行动纲领里，有一章就是专门讲师生关系的。如果孩子在学校与老师和同学的关系出了问题，就不大可能高高兴兴上学去、高高兴兴回家来。好关系是好状态的基础，家长多关心孩子的校内关系，比关心成绩更重要。

帮助孩子建立良好的师生关系

师生关系是孩子在校内需要面临的第一关系。家长一定要重视孩子的师生关系，师生关系处理不好，孩子的校园生活不可能好，孩子要学好也是很困难的。

很少有学校的师生关系像十一学校这样融洽：这种融洽不仅表现在优秀学生与教师之间，也表现在成绩落后、调皮捣蛋的学生与教师之间，后者甚至得到教师更多的包容和关爱。我接触到的十一老师还有一个特点：听不得家长指责孩子这不好那不好，总会告诉你孩子有很多优点，表现得比家长对孩子更有信心。这样的教师是值得信任的。孩子在十一学校读书的几年里，我基本没有管过孩子的学习，都交给老师了，连孩子的情绪问题，也主要靠老师的帮助来解决。

孩子直升初三时上过 B 老师的语文课，说不喜欢这个老师，也不喜欢他的讲课方式。一般来讲，如果学生不喜欢某个学科的老师，这门课的成绩也好不了。果然，孩子的语文成绩下降了。一年后语文老师换了人，孩子成绩有了一点进步。但没想到高二的时候又变成 B 老师了，孩子很郁闷，希望换个老师。我劝孩子先适应一阵再说："要是学生都随便换老师，那学校没法安排了，先试试看吧。"我认为家长面对这种情况时，不要纠结，更没必要推波助澜天天和孩子琢磨怎么换老师，要鼓励孩子先适应，一起去找适应的办法。换句话说，没必要惯孩子这个毛病：在班级授课制的前提下，只能学生去适应老师，哪能学生去挑选老师呢？

事实证明，孩子的适应性是很强的，想法也是容易变化的。过了小半学期，儿子又觉得 B 老师的课很好了。他的作文经常被夸奖，语文成绩进步很快，居然跑到年级第一方阵去了，后面两年语文成绩一直很好。此一时彼一时，从不适应到适应，孩子自己也在调整，在成长。家长不要着急，更不要孩子一焦虑，咱就跟着焦虑，甚至比孩子更焦虑。

老师有时候可能和孩子不对脾气，需要磨合一段时间。但家长和老师多沟通还是有必要的，不能完全靠孩子自己去"磨"，家校沟通顺畅，可以帮助孩子缩短这个磨合期。

家长主动向老师请教、求助，是改进师生关系的润滑剂。孩子曾一度因为升学选择和家长产生分歧，逆反得比较厉害，我和先生都有点束手无策。这种时候我们想到的求助对象就是老师——请老师帮忙给孩子做工作。当然，还得假装没有和老师沟通过，不能让孩子认为家长找老师“告状”。老师和我们一家三口一起讨论，听孩子的想法和意见，认为孩子说的有自己的道理，家长应该尊重；家长提出的意见也有道理，孩子也应该尊重，大家要一起想出最优选择。在老师在场的情况下，我们一家三口能心平气和地说出自己的想法了，家庭矛盾没有进一步激化，孩子的情绪也逐渐比较平稳了。在这个过程中，老师也进一步了解了学生，孩子觉得老师比爸爸妈妈更理解他，师生关系更近了。

我家在选课、选大学这两件重要事情上，都和老师一起开过会，都是老师参与解决意见分歧的。孩子在学校与同学出现了矛盾之后，我们又与老师一起开过一次会。我的经验是家长一定要主动，不能等老师主动提出来要和你开会。老师提出来要开会的时候，往往是学生在校出现比较大的问题了。

说实在的，老师要面对几十名学生，难以每天都关注到每一个学生，因此家长必须主动与老师交流。

我家孩子特别喜欢老师，有心事愿意跟老师讲，也总能得到老师的帮助。我感觉老师给孩子的帮助比我这个家长给的更多、更有效。良好的师生关系，让孩子爱学校，迷恋在这里的日子。后来上大学了，他还常常回母校看望老师，到操场上和足球队的学弟们踢一场球。

良好的师生关系从哪里来呢？我感觉首先是从家长对老师的尊重中来，从家长和老师之间良好的家校关系中来。如果家长在家里总是指责老师、表达对老师和学校的不满，如果家长不尊重老师，不愿意和老师打交道，孩子很难有良好的师生关系。从孩子上幼儿园、小学开始，我们就教育孩子要尊重老师、信任老师、感谢老师，有问题可以向老师求助。从小培养孩子对老师的敬爱之心、信赖之心，这是良好师生关系的基础。

家长要鼓励孩子主动找老师交流、有问题主动找老师请教，在学校有自己解决不了的困难要及时向老师求助。往往是孩子越主动与老师交流，老师越了解孩子，越容易关注到孩子的细小变化，师生之间越容易相互理解支持。

与老师的交流能够给孩子带来进步的力量。有一次，W 老师给孩子所在的班代上了一节物理课，孩子晚上回家很兴奋："原来物理课能讲得这么清楚明白啊！"我就建议孩子以后多找 W 老师请教，W 老师在高中最后一年里一直给孩子答疑，根本不在意孩子是不是他班上的。

孩子自己班的物理老师水平很高，对学生很好。他不愿意离开自己的物理班和物理老师，但是课下经常去找 W 老师答疑，他的老师也没有任何意见，反而很支持。如果师生关系不融洽，这样的情况一定会引起很多误解和矛盾。

我家孩子遇到不懂的数学问题，也经常去请教另外一个班的老师，还经常跑到这个老师的教室去上自习。这在十一学校是很正常的事。老师们都很喜欢他，他也很喜欢老师们。

在说到师生关系的时候，大家习惯性地盯在学生、老师的身上。其实，师生关系和家校关系是紧密联系在一起的，良好的师生关系需要有良好的家校关系做支持。老师透过学生能看到家长的人品，家长通过学生能了解老师。作为家长，我们能帮助孩子的，就是努力建立良好的家校关系，帮助孩子获得良好的师生关系。

"亲其师，信其道；尊其师，奉其教；敬其师，效其行。"师生关系好了，家长基本也就不用为孩子的学校生活担心了。

帮助孩子获得良好的同学关系

同学关系的重要性一点不亚于师生关系；同时因为同龄人之间更容

易产生冲突，这种关系更考验孩子和家长的处理能力。比如：遇到霸凌怎么办？遇到心存恶意的同学怎么办？我就听到过身边有孩子因为同学关系问题，不得不转学、退学甚至轻生的案例。

在十一学校，大部分孩子都是健康、向上的。但不管一个集体多么优秀，人与人之间的冲突是不可避免的，特别是青春期的孩子，很容易闹矛盾、起冲突。

中学几年里，我感到家长的主要责任是帮助孩子建立良好的同学关系：

一是鼓励孩子在同学中要有好朋友。儿子性格随和、阳光，从小到大，在班上和学校都有不少好朋友，在遇到困难和其他同学的恶意时，总是会得到好朋友的帮助。这些好朋友既是玩伴，又是学伴，未来也可能是一起干事创业的伙伴，是孩子一生中非常重要的“关系”。

有时候，同伴的带动作用比家长的劝说、教育更管用。新冠疫情期间，孩子被关在家里，时间久了情绪不稳，就到校足球队队友石头同学在郊区的家中住了一段时间，石头同学的妈妈专门请假去照顾他俩的生活。

石头同学非常懂事，学习成绩也非常优秀。在一个多月里，和石头同学一起学习、一起到小区院子里踢球，儿子进步很大，学习习惯也受到了影响。他自己总结说：“石头踢完球回来马上就能进入学习状态，可是我还得过好几分钟才能进入状态，这就是差距。”孩子自己在和同学的对比中认识到问题，比家长和老师给他指出问题更有用。有几次，当我们和孩子的交流出现冲突时，我甚至请孩子的好朋友从侧面帮着做做工作，很有效。

当然，家长也要多关注一下孩子和什么样的同学在一起，鼓励孩子和正能量的同学交朋友。孔子说“无友不如己者”，就是说一定要和比自己强的人交朋友，当然这不是鼓励所谓的“向上交往”，单纯的“向上交往”是行不通的：优秀的人并不愿意和很差劲的人做朋友。在和优秀的同学交朋友时，孩子也得在某方面有自己的优势，和同学优势互补，结成的友谊才牢固，孩子的成长也会更稳更快。儿子有一个好朋友，虽然学习成绩不太理想，但是有很多很好的品质和特点：善良、阳光、乐观、运动能力强……除了学习不够努力，其他都是满满的正能量，和这样的孩子做好朋友，家长也是放心的。

二是孩子要有班级之外的小群体或者团队。参加社团、乐队、球队等，可以增强孩子的归属感，消除孤独感，孩子们的团队精神、组织能力、责任意识也都会得到提高。儿子从小学起就是校足球队的主力队员，高三还在代表学校出战，越踢越勇，拿到了北京高中联赛的亚军。足球队让孩子们结下了深厚的友谊，也成了加深家长之间友谊的纽带。

我家孩子有时候心思比较敏感，容易出现情绪波动，往往和同学们出去踢一场球，就没事了。高三的时候，老师在和我们交流时提出：孩子踢球太勤了，课间那么短都要跑到球场踢几脚，然后满头大汗、匆匆忙忙回教室上课，影响学习。我觉得，在高考压力这么大的情况下，踢踢球、和好朋友在一起，是孩子减压的最好方式。孩子喜欢，就踢吧。

足球队的伙伴们升学情况都不错，像石头同学就考上了国内顶尖的学校。我自己从小体育很差，但是在培养孩子的过程中，越来越感受到体育运动对孩子的心理、生理健康都特别重要，同时，培养孩子至少有一种体育爱好，也有助于促进良好的同学关系。

家长注意培养孩子正当的爱好，比如音乐、运动等方面的爱好，等于替他们预先铺好了择友的路子。从活动、交友中，他们可以学会待人接物、理解包容、分享合作。

整体来看，孩子的中学六年是快乐的，他特别喜欢和自己的同学在一起，这大概就是良好关系的吸引力吧。

三是关注孩子和同学之间的冲突，及时提供帮助。在孩子和同学之间出现矛盾的时候，家长要早发现早介入。如果孩子占理，要坚定地站在孩子后面，帮助他走出困扰；如果孩子不占理，要批评他，帮他想出化解矛盾的办法，让他以敢于道歉为荣，而不是死不认错。

孩子唯一一次与同学的冲突，持续了差不多两个月，我们一开始没有发现，但是孩子的情绪受到很大影响，成绩也开始下滑。一位同学因为嫉妒引发的恶意骚扰使孩子不堪其扰，无法安心学习。孩子曾经主动与对方沟通，但对方毫无改变。

我们感到这个问题已经不是孩子自己能处理的了，作为家长必须站出来给孩子提供帮助。我告诉孩子，任何时候、任何人都可能遇到这样的情况、这样的人，在这件事上，他没有错，不需要退让；但是不能让自己变得和对方一样没有修养，不要用同样低级的方式去回应。

当时我既生气又焦虑，本想立刻联系对方家长。不过学校一位老师建议：暂时没必要找对方家长，让孩子自己先找导师，请导师帮忙解决。

冷静下来一想，我觉得这个建议是对的，于是让孩子找导师反映了情况。导师特地找到二人一起谈话，要求对方停止骚扰。对方当时答应了，但第二天又故态复萌，问题并没有得到解决。我让孩子继续向导师反映，并明确提出要求对方道歉、承诺以后不再骚扰。在老师的调解下，最终对方不得不当面道歉并做出承诺。至此，这场冲突才结束。

我原本计划如果孩子自己没有解决，再由家长出面联系老师和对方家长，但孩子自己解决了。整个过程中，我只是帮孩子分析问题、出主意，并没有直接去找老师，而是指导他怎么和老师谈、该有什么样的坚持，并随时紧盯进展，争取尽快解决问题。我建议孩子要一次性向老师明确表明自己的态度和要求，并和孩子一起把要与老师谈的每一条写出来；第二天，又及时了解孩子和老师沟通的情况，在知道老师的处理方式后及时和孩子讨论是否能够接受。通过这样的方式，我们避免了隔三岔五去找老师，避免了把化解矛盾的时间线拉长；关键点是把要谈话的主要内容事先列举出来，不然会谈完又想起来还有一个忘记了说，导致孩子老琢磨。

在帮助孩子处理类似的事情时，简洁、有条理、不纠结很重要。家长要帮助孩子事先考虑好，争取一次性完整表达自己的全部观点，不然会长时间让孩子处在纠结状态，影响情绪和学习。

经此一事，孩子也学会了怎么处理与同学之间的冲突，成长了。

有时候，大人眼中的一件小事，在孩子心目中就是天大的事，是过不去的坎。我有时候想起这次事件，就有点后怕：如果孩子一直瞒着不告诉我们，心里该会产生多大的阴影啊，学习会受到多大的影响啊。

我再三叮嘱孩子：父母是孩子最坚强的后盾，遇到难事，哪怕是难堪的事、丢脸的事，都一定要告诉父母，不要自己硬扛。要学会向父母和老师求助，求助不丢人，求助是一种宝贵的能力。

我曾经认识其他学校一名高中生，她因被同学背后议论长得胖，而逐渐丧失自信、遭到孤立，最后抑郁轻生。“同学背后说坏话”这样看似不起眼的小事，成了后面悲剧的导火索。同学关系对孩子的影响之大，由此可见。家长们千万不能小视。

良好的关系比一时的成绩更重要

联合国教科文组织曾经提出四个“学会”：学会求知，学会做事，学会共处，学会生存。学会共处，就是要学会处理与他人之间的关系。

让孩子学会与他人相处，掌握一点校园里的关系学，就是学会与老师和同学友好、融洽相处。

自孩子年幼时，我就教导他：见到长辈打招呼，做错了事情说“对不起”，对帮助了自己的人说“谢谢”，遇到了困难勇敢地开口求助，在力所能及的时候帮助别人——这些都是很了不起的品质，在儿子的身上都有体现，他渐渐长成了阳光少年，与人为善，与同学、老师都相处融洽。

上中学后，有一段时间孩子状态不好，但是不愿意面对，我们给他指出来他还不肯承认。我就跟他讲，一个敢于说“我错了”“对不起”的人，有多么勇敢和值得尊重。孩子平静下来之后，主动来跟我说对不起。每次听到孩子这样说的时候，我就特别欣慰，感觉到孩子又成长了。

作为家长，在孩子面临同学关系冲突时，我们要做的不是“护短”——家长不讲道理地“护短”看似一时让孩子高兴了，但实际会破坏自己孩子在同学中的形象，影响孩子和同学的关系；而且让孩子干了错事还自以为有道理，反而可能会让孩子走上歪路。我经常告诉孩子：如果是我们错了，就要道歉，学会道歉也是一种了不起的能力。

因为孩子和老师、同学的关系整体都非常好，我们家长也省心不少。

孩子高考高分固然很重要，但从人生的长远来看，培养孩子与他人共处的能力，让孩子的情绪情感发展更健康，他们才更具备获得幸福生活的能力，这比考试高分更重要。

假如可以重来

要反思“怎么听孩子才会说”，更注意从小培养孩子和大人交流的意愿与习惯，让他愿意每天和家长说说自己在学校的生活，让我能第一时间发现他在学校遇到的困扰，去帮助他，而不能让孩子自己闷着、熬着、忍着。

从常规班到直升班的反思

◎ 芦溪

儿子进入十一学校读初中的时候，有点小遗憾：小升初的“上岸”，没能停靠到最期待的那个“港口”——入学后课程诊断，没有进入初高中直升的六年一贯制实验课程班，留在了初中三年后要参加中考的常规课程班学习。

初二时，学校从常规班选拔30名学生进入直升班，儿子居然考上了。儿子因此在十一学校有两拨同学：一拨是初中三年后参加中考的常规班同学，不少同学初中毕业时考进了十一学校的高中继续就读；一拨是不用参加中考的直升班同学，中学六年里孩子有四年时间在直升班。我们亲身经历了常规班和直升班的不同，对是否应该上直升班，有些切身感受。

和很多家长一样，我也曾经特别希望孩子能够上直升班，觉得直升班肯定比常规班好，小升初前夕的焦虑就是担心孩子进不了直升班。为此，我专门向李希贵校长请教，李校长回答说：常规班、直升班都很好，适合孩子的就好。他劝我：千万不要勉强，孩子能考上就进，如果勉强进去，孩子一旦学习跟不上，后面会更难受。听了这样的回答，说实在的，我依然没有走出孩子能不能上直升班的焦虑。

蓬生麻中，不扶自直。我家孩子虽然和那些“别人家的孩子”没法比，但如果周围都是“别人家的孩子”，在这样的团队里头，即使成绩靠后，也是不错的吧？可能不少家长都和我一样有类似的心理：孩子和直升班的同学在一起，受到优秀同学的影响，应该会更上进，学得更好。所以，不管孩子成绩如何，上直升班都是很多家长的向往。我是从事教育工作的，经常劝别人不要太在意，但轮到自己头上，一样潇洒不起来，特别希望孩子能考进直升班。

事实证明，李希贵校长说得也有道理。一般而言，直升班往往学得更多、更快、更深，也更强调学生自学、自律。这样的方式，让拔尖学生跑得更快，但不拔尖的学生，要跟上常常会很吃力。儿子在高中毕业后还和我总结说：常规班的同学经历了中考的压力和磨练，学得更扎实，学习习惯也抓得更好，老师细致的讲课方式也更适合普通学生。进入直升班之后，儿子学习上遇到问题，还经常回到常规班的教学楼去请教原来的老师。

和直升班对应的，还有实行分层教学后的高层班。十一学校部分学科，比如物理、化学、数学、英语、语文等实行分层教学。分层是很好的因材施教的方式，针对不同层次的学生进行不同方式的教育，是有利于学生的。但同样，也有家长特别希望孩子进入高层学习，其中的道理，和进入直升班一样：如果孩子的基础和能力达不到，进入高层的效果往往适得其反。十一学校允许学生自主选择申请“降层”，儿子这一届有不少同学主动要求从高层降到普通层，学业表现反而获得提升。

儿子考进了直升班之后，在我们的推动下，有两年一直努力想考进数学和物理高层，但最终没有成功。但因为我们再三督促，孩子压力很大，一度特别焦虑，这也严重影响了亲子关系。至今想起来，我都还很后悔，也觉得对不起孩子。儿子进入直升班之后，学习虽然能够跟上，但没有像在常规班时那样取得全年级 2% 之前的名次，基本处在中偏上的水平。常规班中不少同学经历中考后，继续考进十一学校读高中，高考取得了很好的成绩，好几个同学被清北录取。整体看，这些孩子的高考成绩并不比直升班差。儿子上大学后，去清华大学找同学踢球，这个同学就是从常规班高分考上清华的。看出我的惊讶，儿子说：这有什么好奇怪的，常规班的学生很厉害的。

在十一学校，学生并不把升层、降层看得多么重要。学校既在直升班和分层上实行选拔，有淘汰制机制，又允许学生自主申请降层。事实证明：如果家长和老师心态放正，孩子们往往更能找到适合自己的位置。儿子踢足球的伙伴小 A，从直升班降到了常规班。按我们的想法，小 A 肯定很难过吧？会不会觉得丢面子？事实证明，是大人们想多了。儿子告诉我：小 A 喜欢运动，在同学中人缘也很好，降到常规班很快和新同学打成一片；而且常规班老师的教学方式更适合他，小 A 从在直升班成绩落后，变成了在常规班成绩优异，高考考上了自己喜欢的大学，学了自己喜欢的专业，成了大学足球场最引人注目的“明星”，是家长们都夸赞的阳光少年。

因为在中学就经历了这样的升升降降，儿子的同学们高考考得好的、考失误的，心态都很好。特别是没考好的也没有谁感觉天塌了或者人生过不去了，照常高高兴兴地和同学聚会，认真去规划下一阶段的学习和生活。

有的家长有误解，以为优秀的教师都去教直升班了。其实并非如此，如果一所学校把优秀的教师都派去教直升班，那整体办学质量是好不了的。这里有两个问题：

一是校长是不是要把优秀的教师都派去直升班或者先尽着直升班？十一学校并不是这样做的，我接触到的常规班的教师，水平也很好，都特别负责。儿子考上直升班后，还经常回到常规班的教室去上自习，去找以前的老师请教问题。有的学校为了保优秀学生升学率，把师资和资源都往直升班堆，短时间可能有点政绩，但这样既容易引发家长都去追逐直升班，也容易引发教师队伍中的矛盾。这样的校长不是一个对所有学生负责、对所有教师负责的校长，是不合格的。

二是家长是不是要把孩子努力送进直升班。我见过像小 A 那样进了直升班又退出来的孩子，退出来后在常规班学得特别好；也见过在常规班学习的孩子，高考考进了清北。有位家长让孩子在初一直升班选拔前，在校外大量补习备考，据说为了语文得高分，不同体裁的文章各准备了 10 篇范文让孩子背下来。后来这个孩子虽然考进了直升班，但是后劲不足，学得并不好。原本阳光快乐的少年，到高三的时候基本躺平，不爱学也学不动了。

大多数中学的直升班往往学得快、学得深，同学竞争压力大，家长们在做选择的时候一定要考虑到这一点——既要看孩子的智力水平、学习基础，还要看孩子学习的自觉性和自律能力。

几乎每年升学季，都会有家长千方百计想将孩子托举到直升班，一旦孩子考不上就想托人找关系进去。十一学校田俊副校长（现任校长）告诉我，十一学校直升班的学生无一例外都是凭成绩进去的，开设直升班以来没有任何例外，没有因为任何人打招呼而破例。我亲身感受到，这样的坚持，不仅是为了维护公平和招生秩序，也是对学生的爱护，是从有利于每个孩子发展的角度出发的。不要让孩子勉强进入直升班，要看孩子是否适合在直升班——这也是我从自己孩子的成长经历得出的结论。

直升班、高层班当然好，但并非适合所有孩子。找到适合自己孩子学习能力、认知水平、学习习惯和自我管理能力的班级层次，才是最重要的。这需要家长多和老师沟通，达成一致，让学生进入中学阶段能够尽快“入轨”。只要孩子能顺利进入良性的学习轨道，不管是在常规班还是直升班，都差不了。

如果孩子没有考进直升班，与其绞尽脑汁找关系，不如赶紧调整，思考怎么让孩子在常规班尽快入轨、融入，稳稳地往前走。而进了直升班，并不是进了“保险箱”，最终能停靠到什么样的港湾仍属未知，该思考的同样是如何帮助孩子尽快入轨、融入，稳稳向前走的问题。

假如可以重来

在孩子因为畏难或者倦怠而准备放弃某项学习的时候，我不会轻易答应他并自以为这是尊重孩子，而是会鼓励他再坚持一下，通过给予小奖励、一起找乐趣的办法来培养孩子的韧性，让他坚持一段时间之后再做取舍。重要的不在于取舍了什么，而在于从小培养孩子的韧性和吃苦精神。

选科有点难：少见的物政史组合

◎ 华闻

不管对孩子还是对家长而言，高中都是充满了纠结和选择的特别熬人的阶段。

我家儿子选科的时候，化学老师建议孩子别选化学了，说这孩子缺化学思维，要学好化学难，还问我：是不是家里都是人文社科的书?

这真是当头一棒。如果物理、化学不选的话，高考后很多专业都没法报，孩子的出路明显就少了。确实，因为我自己专业和工作的原因，家里人文社科的书特别多，理工科的书很少，小时候也没有特别注重给孩子读科普绘本。我感觉，父母的偏好和选择影响了孩子，也耽误了孩子。

听了老师的建议，儿子对学化学也没信心了，于是小三科选了物理、政治、历史。儿子的物理成绩并不是很突出，一直没有进入高层，但是他特别喜欢物理老师，也喜欢物理课，坚持要选。当时，只要选修了物理，大部分高校理工科专业都可以报考。按这样的选课结构，未来既可报考理工科专业，也可以报考文科专业，大家都很满意。

但等我们选好科，学了半年，报考理工科专业要求同时选修物理和化学的文件下来了，光选物理不行。这时候想选化学，已经缺了半年的课。怎么办？全家陷入了焦虑。

因为选科的事，家里产生了分歧，甚至发生了争吵。我倾向于维持原状，感觉孩子确实有点偏文，不是理工科的料子，咱扬长为主，别去拼短板。孩子爸爸希望儿子选择理工科，认为理工科学生找工作更容易，做事更踏实，社会贡献更直接，未来职业发展空间更大……一通说下来，我觉得他歧视文科生，心里很不服气；也觉得他不考虑自家孩子的实际情况，非要勉强孩子改选化学，弄得大家更加焦虑。夫妻因此起了争执。

儿子自己不太想重新选修化学，他觉得自己的长处不在这里，而且缺了半年的课，要补起来不容易。但孩子爸爸时不时就念叨——每次想到孩子没选化学就睡不着觉，想到他很多专业报不了就发愁。这让孩子也有点受不了，父子之间也产生了争执。孩子爸爸很固执地坚持他的意见，这给孩子带来了很大压力。家庭关系紧张的后果是，孩子开始出现逆反情绪，家里不时爆发争吵。

在日常生活中，当家庭中总有一位成员对某一件事表现出“才下眉头，又上心头”的固执和执着时，其他成员如果不做出妥协，几乎会家无宁日。儿子虽然有点逆反，但是大部分时候还是比较懂事听话，会适当照顾我们的情绪。面对固执的父亲，儿子和我只好让步，决定再次认真探讨一下改选化学的可行性。我们邀请两位了解孩子的老师与我们全家一起开了个讨论会，也听了孩子的意见，最后决定先找化学老师帮着诊断辅导一下，看情况再定。这位老师给孩子辅导了两次，认为孩子学习能力没问题，配合程度也没问题，只要肯花时间，化学能补上去，但是花时间补化学就意味着其他科的学习时间要受影响，需要权衡好。

我们全家又和孩子的导师、科任老师们一起讨论了一次。老师们分析说，孩子现在各科成绩没有绝对优势，还处在爬坡阶段，哪门课都不能松劲，如果中途换轨道，容易影响孩子的其他学科，可能面临整体成绩滑坡的危险。孩子自己也说，如果要花很多时间在化学上，担心其他科的成绩下降。

高二阶段再去这样做是很有风险的事。没奈何，我们只好接受现实，孩子爸爸也无奈地接受了小三科维持物政史的结果。这个小三科组合在常规升学指导中几乎找不到参考案例，实属罕见。我找了网上关于专业组合的很多资料，都没有找到针对这个组合的分析。

孩子爸爸有时候很懊恼，觉得孩子学得“文不文、理不理”。但这个选科安排为孩子后面的学习带来了很大改变。孩子语文、英语、政治、历史成绩的相对优势，加上数学稳定、物理不弱，让他的整体成绩进入了比较靠前的方阵，进入高三后，他升入了层次高一些的班级。这激发了他学习的信心，也奠定了高考的基础。

没有选修化学的后果是很多理工科的专业不能报考，但孩子毕业后选择了去港校，港校对选修哪些学科没有要求，让我们避开了没选化学的危机。我很庆幸当初没有因为物政史组合太罕见而要孩子放弃物理，也没有非要孩子中途改选化学。孩子坚持选修物理的好处是培养了文理交叉思维的习惯，对理科不害怕。报考大学选专业的时候，孩子自己选了基于大数据和人工智能的文理结合的专业，未来的学位是理学士。他有比较好的文科底子，加上选修物理，适应起来很快。

现在回过头看，当初看起来不太好、不太合理甚至无奈的选择，其实也不错。我最重要的两点感受是：

一是选什么科目是孩子的事情，要尊重孩子自己的意见。家长不能强按牛头喝水，家长强迫的结果，可能是孩子学不好，不愿学。我们家在做决定的过程中，特别尊重孩子的意见，在决定出来之前，都让孩子自己充分表达意见。即使我们不赞成的，也不直接否定，而是请老师和我们全家一起讨论——多次切身经历告诉我，如果只有我们一家三口自己讨论，往往容易谈崩，还要吵架。所以后来遇到意见不一致的情况，我的做法就是请孩子的老师和我们一起讨论，有了“第三方”参与，架就吵不起来了。

一旦孩子做了选择，家长要引导孩子对自己的决定负责，不能遇难就退，多难也要咬紧牙关坚持。儿子一直没能冲入物理高层班，为了让孩子少打退堂鼓，在发现儿子坚持要选物理时，我还故意建议他别选物理了，干脆全部选文科课程。儿子坚决不答应，被我激得保证一定会好好学，一定能学好。中间数次遇到学习困难的情况，孩子都主动去找物理老师解决问题，坚持下来了。

二是选什么科目也是全家的事情，全家人要达成共识。不然只要有一位不满意，就会吵架，增加焦虑、制造压力，不仅家庭氛围受影响不说，最可怕的是孩子的学习状态会受到影响。家庭成员有分歧正常，只要解决了分歧，最后形成了一致意见就好。在形成一致意见的过程中，总得有人妥协，需要注意的是，妥协的那一方不要事后还总是叨咕——念叨多了，不仅会引发新矛盾，还会把旧矛盾又扒拉出来，既影响家庭氛围，更会让孩子难以静下心来学习。因此，建议大家如果遇到分歧，尽早商量解决，自己解决不了就找老师或者靠谱的朋友作为“第三方”，这样往往比较容易化解。

很多家长向我咨询，该怎么帮助孩子选科。作为过来人，我给家长们提供一点具体建议：

首先是要考虑孩子愿不愿意学。既然是“选”，就要选孩子感兴趣、愿意学、爱学的科目。只要孩子愿意学、爱学，这门学科的优势就容易出来，考试成绩自然会提升。不能从家长意愿出发，强按牛头去喝水，这样效果往往适得其反。

其次是选孩子有优势的科目。有的家长说：好像孩子也没有特别感兴趣的科目，哪门课都谈不上喜欢，怎么办？那就和孩子一起，找出他哪门课可能更有优势，成绩可能更好，选有相对优势的科目。如果还找不出优势，那和孩子一起再找找：哪门课的老师自己特别喜欢，愿意听这个老师的课；哪门课是本校的优势学科，每届毕业生赋分（相当于将不同科目的“绝对分”转换为“位次分”，解决不同选考科目之间成绩的可比性问题）的情况更好……总之，要和孩子一起找到选择这个学科的理由，这个寻找的过程，也是培养孩子的过程。

最后是根据未来的专业目标来决定选什么科目。比如大学如果想报考医学专业，那就要选修生物；如果想报考理工科，那一般物理和化学都要选。

按照上面的办法来做筛选，做排除，选科的范围基本都能圈定。

作为家长，我们最重要的责任就是尊重孩子，给他们做好后盾；同时管好自己，学会支持，让孩子能安心学习。做好了这些，孩子选什么科似乎都不那么纠结了。

假如可以重来

想让家里的书架上不仅有人文社科的书，还要多点科技方面的书。想从小陪孩子多看一点科普的书，激发孩子对理工科的兴趣。别让孩子因学文科的妈妈而过早“定型”。

用好“项目管理思维”

◎ 许可

高中是人生的重要奠基期，是知识储备、性格塑造、人生方向选择的关键阶段。这个阶段紧张的学习节奏、激烈的竞争环境，有助于培养个体的自律能力、抗压能力和解决问题的能力，这些能力将伴随孩子一生。高考，作为这一阶段的关键节点，不仅考验着孩子的知识储备和学习能力，更是对整个家庭支持与决策的全面审视。

高中阶段的学习任务繁重，学生在学习过程中难免会遇到各种困难和挑战。父母作为孩子成长过程中的重要引路人，对这一战略机遇期怎么重视都不过分。家长如果能够当好孩子学习生活的参谋，提供有力的后勤保障，对孩子的帮助将是切实有效的。回顾儿子的高中岁月，我深切体会到，家庭的支持和引领对他的成长起着重要的作用。他的高考过程，不是孩子的孤身作战和自然成长，实则是家庭配合学校和孩子并肩前行的一项系统工程，是团体努力的结晶。具体怎么做呢？每个家庭都有不同的思路，我们家是运用了“项目管理思维”，来帮孩子捋清思路、抓住重点的。

目标管理：引领孩子前行

没有目标的努力就是摸黑前行，制定明确的学习目标，并帮助儿子做好目标的动态管理，是激发他学习动力的好办法。在儿子刚进入高中时，我们就一起根据他的实际情况和未来发展规划，制定了短期和长期的学习目标。短期目标包括本学期哪些学科一定要保持优势，哪些学科可以阶段提高；长期目标则是希望考入哪所理想的大学。为了实现目标，我们将其分解为一个个具体的小目标，如每周要完成多少具体学习任务等。在学习过程中，我们会和儿子定期对目标的完成情况进行检查和评估。如果发现他在某一阶段没有达到预期目标，我们会一起分析原因，调整学习计划和方法，确保目标的顺利实现。通过目标管理，儿子能够清晰看到自己前进的足迹，始终清楚自己努力的方向，学习积极性也得到了很好的提高。

有效沟通：促进家校共育

与儿子老师保持密切沟通是做好参谋的重要环节。老师是非常了解孩子学习情况的人，通过与老师的交流，家长能够获取更多关于孩子在学校的综合信息，及时发现问题并共同寻找解决办法。同时，我们也会将儿子在家中的情况反馈给老师，让老师能够更全面地了解孩子的动态。通过这种家校共育的方式，我们为他营造了一个全方位的学习支持环境，让他在学习的道路上少走弯路。

学情诊断：找准努力方向

我会定期与儿子一起回顾他在各阶段的学习状态，从学习与放松的时间安排、各科学习策略、课堂效率、考试成绩等多个维度进行综合评估。例如，我会定期提醒他分析自己的数学学习情况，他由此发现自己有一段时间一直在导数压轴题上得分不高，原因是自己没有制定好答题策略，仗着自己计算能力强，经常采用穷举法做题，占用了大量时间，影响成绩。后来，他调整成谨慎下笔、判断好大致解题方向再动手，情况就改观很多。这个问题的解决也促使他养成了做事不莽撞的谨慎作风，对其他学科的学习也起到了很好的促进和提升作用。再比如，有段时间他的生物学习一直很吃力，我们一起分析试卷，发现需要推理和演绎的题目他游刃有余，但不少基础知识点掌握不够扎实。他由此回顾自己的学习计划，发现生物安排的时间过少，导致知识点的记忆和学科网络搭建不够。于是他调整了时间安排，生物的学习就顺利很多。根据学情诊断的结果，我还会督促儿子动态更新阶段性学习计划，合理分配各科学习时间，调整学习方法，让他在保持优势学科领先的同时，有针对性地提升薄弱模块或者薄弱学科。

错题常磨如砺剑

良好的学习习惯宛如启明星，照亮通往优秀成绩的道路，是取得优异成果的必要前提。比如，善于总结归纳的习惯，能帮助学生将零散知识系统化，形成知识网络，提升知识运用能力，进而在考试中斩获佳绩。再如，整理、剖析错题的习惯，能让学生精准发现知识漏洞，针对性弥补不足，从而在后续学习和考试中避免再次犯错。

在儿子高中三年里，我定期提醒和协助他整理错题。每周末，我会提醒他总结本周各学科的试卷和练习册，将做错的题目分类整理到错题本上。在整理过程中，我会引导他认真分析做错的原因。通过这种长期的坚持，儿子更加了解自己的学习情况了，他会更有针对性地改进学习方法，避免在同一个问题上反复出错。这既有助于培养他的毅力，也能显著提高学习效率。

做好后勤部长：提供坚实保障

俗话说，“兵马未动，粮草先行”。高中阶段，学生面临着巨大的学习压力，良好的后勤保障是他们能够全身心投入学习的基础。作为家长，我们要做好后勤部长，为孩子的学习和生活提供全方位的支持。

身体是革命的本钱，高中学习任务繁重，学生需要充足的营养来维持身体的能量消耗。儿子高中期间，我特别注重他的饮食营养搭配。早中晚餐和加餐，我都尽量兼顾营养和口味，帮助他缓解压力，增强免疫力。通过合理的饮食安排，儿子在高中三年始终保持着良好的身体状态，这为学习提供了有力的保障。

一个整洁、舒适、安静的学习环境对于学生也很重要。我们充分考虑儿子的需求和喜好，为他准备了可调高度的书桌和椅子，确保他在学习时能够保持良好的姿势，减少身体疲劳；同时，根据季节的变化，合理调节室内的温度和湿度；我还会常备有助于提神醒脑的精油，在儿子学习疲惫时，协助他专注攻克难关。

临近高考，学生的压力渐增，此时家长的陪伴和支持尤为重要。在这个关键时期，我们合理安排了自己的工作，尽量减少不必要的活动，将更多的时间和精力放在孩子身上。每天晚上学习之余，我会陪儿子一起散步聊天，帮助他放松身心，缓解学习压力。同时，我也会密切关注他的情绪变化，及时发现他的焦虑和不安，通过沟通和鼓励，帮助他调整心态，保持积极乐观的备考状态。高考期间，我更是提前做好考试用品的准备、考试期间的宾馆住宿和饮食安排等各项工作，确保儿子没有后顾之忧。

通过全家的集体努力，儿子最终在高考中取得了不错的成绩，实现了自己的梦想。

高中既是学生学习的关键期，也是身心成长、品德塑造、社会能力培养的关键期。而在这个关键阶段，学生却面临着学业压力、青春期困惑以及对未来的迷茫等多重难题，他们比以往任何时候都更需要父母的理解、支持和引导。所以这也是父母和孩子的心灵能够充分贴近的最佳时段。回顾儿子的高中岁月，我们家长既是孩子学习上的参谋，又是生活中的后勤部长，更是他成长道路上的陪伴者和引路人。在这个过程中，我们与儿子的关系更加亲密，家庭氛围更加和谐。我相信，这段共同奋斗的经历，将成为我们家庭最宝贵的财富，伴随他一生。

假如可以重来

一、我希望儿子能够阅读更多的优秀书籍，为成长注入强大的内动力；二、我希望能更早引导孩子使用思维导图构建知识体系，从小洞悉各学科知识模型及其逻辑架构；三、我希望能更多地带他游历四方，领略真实的自然和社会。

当好高考“军师”的三个法门

◎ 燕北

在高三成人礼时写给我们的信中，儿子写下了远航宣言：“我年轻，我还想要走，想要飞……无论我走到海涛那边或是这边，希望你们都能继续支持我走下去，你们是我敢于前行的最大动力。”

不同于有些孩子执着于留京，甚至为此降低院校和专业追求，儿子一早就立志要去丈量世界之大。一直支持他的我们虽然内心有些不舍，虽然还是会鼓励他冲刺清北，但我们也得为孩子“走出去”做好准备，在这场无硝烟的高考征程中，做好孩子最得力的军师。

从高二暑假伊始，高考备考、报考的各种信息骤然增多，招生群、官网、公众号、大V讲座、书、招生APP等成为主要的信息来源。面对这片信息汪洋，我摸索出给孩子当好军师的三个制胜法门，和儿子一起顺利经受了高考战役的洗礼。

法门一：筛选聚焦，尽早确定目标高校和专业

在高考的战场上，作为一名军师，家长做的信息准备工作，无非是帮助孩子第一选好院校，第二选好专业。所有的资源都应该以支持这两个目标为导向。

在院校选择的阶段，地域是我们考虑的一个重要因素。我们与儿子反复讨论，根据他的月考和模考成绩，初步确定了北京、上海、香港三个城市作为最终目标，杭州和深圳作为备选，再以复旦大学、上海交通大学、浙江大学的分数线为基准，在上下15—20分范围内进行院校筛选，勾勒出了清晰的目标图谱（以下梯队和顺序为个人优先级，不涉及院校排名）：

第一梯队：清华大学、北京大学。

第二梯队：香港大学、香港中文大学、香港科技大学、复旦大学、上海交通大学、中国人民大学、中国科学院大学。

第三梯队：浙江大学、南京大学。

另外还考虑了南方科技大学、上海纽约大学等学校作为备选。

高考出分后，儿子清北裸分没上线，他在港大法学、国科大和上交密西根之间，最终选择了港大法学院。

对于专业方向的探讨则是一个循序渐进的过程。由于儿子没有特别明确的专业倾向性，理科不差，但对文科好像更感兴趣，我们先做减法，把他坚决不学的专业划去——不学医、不学文史哲、不学纯理科，剩下的只有工科、商科、法学三个大类。这期间我还请教了心理系的师妹，推荐他做了职业测试。最终，我最希望孩子选择的工科也逐渐淡出了选择圈。

当然，如果有条件，也可以在高一高二期间带孩子走访一下目标院校，让孩子对学校有个直观的认识。我们对北京的高校都比较熟悉了，于是在高二暑假带孩子去了一趟香港，也安排了港大的访校，由此确认

这是一个可以接受的选项。

在大的方向确定后，我便开始对目标院校专业和志愿填报进行更细致的研究。

我首先重点关注了目标院校的专业组、专业分流、保研和国际交流的情况。尤其是专业组和专业分流，我花了不少时间去研究。比如某个大类里孩子不喜欢的专业有好几个，并且是入校后分流，那么就要谨慎报考。我也逐渐了解了什么是强基录取的清北模式（高考出分后进行校测，自主决定是否要参加）和复交模式（高考出分前校测，一旦出分且上线会被马上锁定，无法报考其他志愿），这些都为后面的志愿报考奠定了基础。由于儿子对于未来的专业选择尚不确定，我还单列了一些专业选择相对自由，或者转专业较容易的学校，对它们进行了特殊标注。比如国科大可以任选专业，南科大和上纽大在第二年确定专业选择等。

此外，我还整理了目标院校的王牌项目，类似“清华学堂计算机科学实验班”（姚班）和“北京大学元培学院”，其他目标院校也设置了一些“实验班”的项目，比如上交 IEEE 试点班、浙大竺可桢学院、港大-剑桥联合培养计划等。这些班型往往是高校的明星班型，竞争激烈的同时也会有很多资源的倾斜，其录取分数线往往比本校普通专业高出不少，需要单列出来进行研究。

到这个阶段，目标院校和专业就基本有了一个比较全面的候选清单。

法门二：归类整理，构建报考“信息库”

好记性不如烂笔头，面对纷繁复杂的各种信息，我习惯通过梳理框架的方式，将重要信息归类整理。我在 OneNote 软件中按照“强基政策”“家长分享”“港校申请”“特殊项目”等主题分别创建了电子“笔记本”，分类整理，辅以详尽的 Excel 数据表，组成了一个比较全面的信息库。

以港校和中外合作办学申请为例，我通过浏览目标院校的官网，梳理出“部分院校申请时间节点表（2024届高考）”（见表1），确保不错过高三上学期的任何重要节点。每所学校的申请时间、面试安排、录取流程都一目了然。（表中所有日期及政策说明为2024届高考的情况，仅作为案例参考。）

另外，由于港大需要提前报三个志愿，并且是在出分前估分填报，我从港大招生官网整理出可以报考的所有专业清单，研究了每个专业的课程设置情况、招生情况，甚至横向比较了每个专业在香港本地“高考”，即DSE（Diploma of Secondary Education Examination）的招生分数线，以此作为儿子后续估分填报的依据。我按照自己的习惯，将这些信息整理在电子笔记本里，可以随时查阅参考。

我在搜集报考信息时，还特别整理了一些关键信息。有些信息虽然不显山露水，却在志愿填报时至关重要。比如关于专业调剂，每个学校有一些相应的政策，需要家长与招生老师详细沟通了解。有些高校有校长推荐计划，比如港大和港科大，需要学生提前与学校老师沟通，让老师知晓自己有报考港校的意愿。另外，这两个校长推荐计划含金量存在差异，如果出现二选一的情况，需要根据自己的选校目标决定争取哪一个。

报考信息最准确的来源是高校的招生讲座，所以强烈建议家长和孩子去参加重点目标院校的线下招生讲座，并准备好自己关心的问题，和招生老师做面对面的沟通。一般来讲，招生老师也会愿意留下微信进行进一步交流。由于我们比较关注港校，港大和港科大的线下讲座我们都去参加了，港中文只有线上讲座，我也听了好几场。由于港大和港科大都不仅仅通过高考分数进行录取，所以与招生老师沟通相关的录取流程和录取标准，是非常重要的。其中比较容易混淆的问题有两个：第一个是清北强基录取和港大录取的时间是否冲突，因为根据过去两三年的经

表 1　部分院校申请时间节点表（2024 届高考）

学校	批次	申请计划 / 预选拔项目	申请启动时间	申请截止时间	预选拔项目面试 / 校园活动日	预选拔项目预录取公布时间	普通入学面试时间
香港大学	独立招生	多元卓越计划①	2023 年 10 月 4 日	多元卓越计划第一轮：2023 年 12 月 31 日。 多元卓越计划第二轮：2024 年 3 月 21 日。 普通入学计划：2024 年 6 月 28 日。	多元卓越面试：2024 年 1—2 月启动，持续到 4 月份。	多元卓越面试结果通知：2024 年 5 月（专业加分结果）。	2024 年 6 月下旬（已参加多元计划的不用参加）
香港科技大学	独立招生	预选拔②	2023 年 10 月 3 日	预选拔：2023 年 11 月 30 日。 普通入学计划：2024 年 6 月 11 日。	预选拔面试：2024 年 1 月。	预选拔面试结果通知：2024 年 3 月（专业降分结果）。	2024 年 6 月下旬
香港中文大学	提前批	提前批	高考出分后填报志愿，和内地大学流程一致。不需要单独申请，也没有预选拔计划。学校提供排名系统，可以看到目前报考情况（不一定准确）。				
上海纽约大学	提前批	校园活动日	2023 年 10 月 1 日	2024 年 1 月 1 日	2024 年 3 月	2024 年 4 月（A、B 档录取③）	无

注：① 香港大学的多元卓越计划，学生可报名申请，通过初筛获得面试机会，面试后将会获得 0—30 分不等的加分结果通知。

② 香港科技大学在内地招本科生时，会邀请学校推荐的学生提前参加入学面试，如果发挥出色，将会获得降分的录取优惠。

③ 上海纽约大学的校园活动日活动会根据学生表现进行打分，并给出预录取优惠政策，其中包括：A 档预录取资格——只要高考分数达到特殊控制线，并且在提前批第一志愿填报上纽大，即被录取；B 档待录取资格——在高考出分后，如果 A 档的学生中有人放弃机会，按照高考分数对 B 档学生进行排序并递补录取；淘汰——意味着没有机会被上纽大录取。

验，两者的截止日期是同一天，招生老师的答案是“不冲突”（2024年政策）；第二个也是我忽略的地方——如果孩子有志于报考港校，有条件的家长可以提前研究香港的人才政策，早做准备，看是否能帮助孩子更好地享受香港的教育资源和优惠。

构建信息库的过程，也是不断学习的过程。经过这一阶段的积累，我感觉自己已经是半个港校申请的专家了。

法门三：踩准时间节奏，帮助孩子找到多套“预案”

作为军师，信息的收集要分批分期完成，在不同的时间段需要有不同的关注点。

在高一高二的时候，我的重点主要是关注孩子的学业成绩，为孩子成绩提升提供支持。十一学校的家长圈有着高考“传帮带”的优良传统。每年录取季结束，总有热心家长分享经验得失，也会围绕强基计划、学科竞赛、志愿填报等热点展开讨论。每一次分享我都认真收集起来，将其中的关键点做成笔记，比如“语数英要具备绝对实力”“充分利用学校资源，多找老师答疑和分析”“语文很重要，高一就要开始打好基础”“书写方面如果有欠缺，一定要引起重视（尤其是语英等科目）”“根据平均分估算目标校”，等等。然后，我将这些经过提炼的宝贵经验，通过与儿子的日常交谈润物无声地传递给他，收效显著。

从高二暑假开始，儿子进入了高三状态，我也跟着紧张起来，开始密切关注升学政策、院校选择、专业志愿填报等信息，各方面讲座都听了不少，信息库也在这个阶段逐渐构建完整。

高三上学期是国内部分中外合作校和港校，以及接受高考成绩的国外院校提交申请的时间段，我通过浏览招生网站，梳理目标院校的时间点要求，及时提交申请信息。这期间还会涉及开成绩单、写简历、个人陈述等繁琐的事务，考虑到孩子学习紧张，我也尽量协助孩子，陆续提交了港大、港科大和上纽大的申请文书。

进入高三下学期，信息密度会更大，这时候包括强基报名、综合评价（一种多元化的高校招生录取方式）报名以及部分中外合作院校和港校的面试、校园日活动会陆续展开。儿子和我沟通交流后，在这个阶段提交了清华强基、国科大综合评价、南科大综合评价三份申请，也参加了上纽大的校园活动日活动。也正是在这个学期，儿子通过港大多元卓越计划的笔试和面试，拿到了 19 个专业 30 分的最高加分，为高考轻装上阵打好了心理基础。

优秀的军师不是决策者，而是情报员、规划师、辅导员，更是为孩子撑起试错空间的守护者。在激烈的高考竞争中，多条途径和选择可以让孩子更轻松地奔赴考场。作为军师，我给自己的定位是，帮助孩子探索在每一个方向上的可能性，准备多套预案。而所有这些预案的核心，是让孩子在一定的自由度内，跟随自己的内心，做出最适合自己的选择。

在整个报考过程中，我们消化处理了绝大部分信息，为儿子构筑了必要的信息边界，尽量避免干扰他的学习和思考。最终传递给孩子的内容，都是经过我们审慎判断后认为他需要了解的。

进入最后的报考和录取阶段，我们把选择权交还给了孩子。最终，他顺利进入港大，读了自己想学的法学专业。这场军师的修行，在儿子迈向更广阔天地的时候，画上了圆满的句点。

假如可以重来

我会更好地利用我和爱人的理工科背景，从初中开始，就有意识、有技巧地培养孩子的专业兴趣，包括引导专业方向、挖掘潜力、鼓励他参与相关的课程和活动等。

寻找专属成长密码

在这个竞争激烈、高压力的时代，我们往往习惯于为孩子铺设一条看似完美无瑕的人生道路。然而，“人生是旷野，不是轨道”，硬要把孩子安放在他不喜欢的轨道上，他终究会“脱轨”而出，去探索自己的人生道路。父母能做的，终究是和孩子一起，为他找到自己专属的成长密码。

当好学生掉队了怎么办？
——用技术托举，用深爱兜底

◎ 韩琼

我家大儿子从小一直是品学兼优的“别人家的孩子”，是省心到让父母无限感恩的孩子，是上高中以前几乎被每个老师都贴上准清北标签的孩子。但就是这样一个孩子，在高考前差点失控。现在回想起来，可能正是他一直以来的优秀，让父母忽视了对他的关注，也让他背负了压力，在进入高手如云的名校后，产生了“水土不服”。

回顾这段艰难时光，我特别想对十一学校表达我们的感恩。在孩子最困难、最灰暗的时刻，学校和我们一起为孩子兜了底！老师们用爱心和耐心，还有过硬的专业能力帮助孩子渡过难关，让孩子在高考前一个月从焦虑失控的状态迅速调整过来，顺利走进高考考场。对于一个在低谷中爬坡的家庭来说，没有什么比这更重要的了。我想应该把这段经历写下来，分享给那些正在经历低谷的家庭，希望能带给大家一点力量。

小升初阶段，因为儿子户口不在北京，学籍不在海淀，升学面临诸多波折。但孩子的那股心劲儿从来就没有输过，他说："没有户口就从外地考清北。"孩子的初中入学经历比较坎坷：初一在北京石景山，初二在天津住校，初三上学期在北京海淀住校，初三下学期因疫情居家上网课。整个初中阶段，大人忙着买房落户口，联系学校考试，孩子配合着到处奔波。每到一个新学校，他的成绩都会出现下滑；但他都会咬牙自己调整，慢慢恢复到自己惯有的状态。当孩子每次成绩下滑时，我会说："就像妈妈养花，换了个盆，总有个缓苗期，苗会掉叶子，会暂缓长高。等它扎根了，稳定了，就会继续茁壮地成长。你就是那个生命力最强的苗儿，无论怎么换盆，都能扎根生长！妈妈为你感到骄傲。"就这样，即便在"颠沛流离"地度过初中生涯后，孩子还是硬生生靠自己的努力考上了十一学校科学实验班，除了语文，其他五科都进入了三层。

高中阶段，一家四口终于在北京团聚了，而且儿子就在家门口最心仪的高中上学，这让我们都松了一口气。因为他一贯省心，我就把精力都用在了调皮的老二和工作上。但我们根本就没有意识到我们踩了一个多大的坑。孩子初中一直在普校，五科进入三层，对于他来说，是天大的压力。周围的同学太优秀、太"卷"了，而儿子性格内向，不会的作业不好意思向老师、同学请教，加上走班制，又加上疫情期间经常居家上网课，孩子悄悄掉队了。而当时的我毫不知情，和别的家长聊天时，还经常会以孩子从前的成绩和当时的五科三层为骄傲。

现在回想起来，家长的虚荣在架空孩子，是让孩子不敢脚踏实地学习的主要原因。孩子一直在努力地保住三层，保住家长虚荣的面子。这让他疲于应付高层的作业和考试，根本就没有时间去补基础。但我却认为，孩子在初中时成绩也经常出现下滑，但慢慢地就会上来。我只给孩子盲目的信任，却不给孩子提供方法和帮助。我根本不知道，孩子在一次又一次的打击面前，开始自我怀疑、自我否定，已经在慢慢地放弃学习——他开始通过“作业帮”搜答案，并悄悄地在游戏中释放压力了。

到了高二，儿子已经只剩下英语和生物两个三层，数理化都降到二层，降层的三科成绩反而在慢慢回升。而我仍然没有引起重视，想着趁高二的时间，孩子把高一缺失的那些基础补一补就好，孩子一个人绝对能搞定——家长仍然只是盲目鼓励，没有提供实际的关注和帮助。

直到高三分到普通班，我们还认为孩子是没有发挥好，并没有意识到孩子已经成绩下滑到心态接近崩溃的边缘。当第一轮复习阶段再次学到高一的基础时，孩子说别人都是复习的，他是新学的，我们仍然没有察觉到孩子的畏难心理。后来疫情暴发，居家学习时，儿子性格内向加上自卑，更羞于去找老师答疑或找同学请教。直到高三上学期期末考试，面对孩子前所未有的成绩下滑，我才突然察觉：孩子需要帮助，高中的知识比初中的要难得多。

孩子怯怯地跟我说：“妈妈，这次不是换盆。这次小苗长不了了，因为根儿都烂透了！”虽然心里波涛汹涌，万马奔腾，但我没有责怪孩子一句，而是选择接住孩子的情绪，和孩子一起面对。我对孩子说：“儿子，你知道吗？有一种植物，根儿烂透了可以把根儿裁了，把半截儿的杆儿扎到土里，它可以再生根。妈和你一起试试？”

我开始正视孩子的成绩，决心和孩子一起想办法，但是距高考就剩几个月了，困难比我们想象的还要大。这时我们又跳进了一个“大坑”，因为对清北的执念还没有放下，一心想着通过找老师，哪科不行赶紧补哪科。定了一个不可能实现的目标，步调肯定是乱的，这是把孩子往绝路上逼呀！直到有一天孩子跟我说：“妈妈，我好像不会笑了。”想到那些厌学躺平的孩子，我像被电击了一般。我顿悟了，这个时候找老师补难题，对孩子来说，和高一的时候五科在三层是一样的压力。我知道这样做是不对的，但是怎么做是正确的，我仍然没有概念。

直到一次大考，孩子紧张到大脑一片空白，语文和数学试题都没有答完，考出了有史以来的最低分。我不知道该如何接住孩子的时候，年级家长会来了。年级主任王老师提到的维果茨基的“最近发展区”理论突然点醒了我。这一理论认为学生的发展有两种水平：一种是学生的现有水平，指独立活动时所能达到的解决问题的水平；另一种是学生可能的发展水平，也就是通过教学所获得的潜力。两者之间的差异就是最近发展区。王老师一再强调家长不要把焦虑传递给孩子，如果实在焦虑得控制不了自己，可以给他打电话。

家长会后，我鼓起勇气和王老师商量，能不能和他电话沟通一下。我知道，作为年级主任还带着物理课，王老师有多忙，这么多家长的焦虑情绪需要王老师疏导，他的压力又有多大！但王老师很快就把电话打了过来。我接通电话以后，真不敢也不忍心耽误王老师的时间，赶紧把自己的问题说了，就忙着想挂断电话。王老师却迟迟不挂电话，一直说没关系、没关系，他很愿意和我聊，还说高考前能保持这样冷静心态的家长是凤毛麟角，甚至说他喜欢看我的朋友圈，夸我是一个有智慧的妈妈。他安慰我说：孩子也没有什么大问题，也许是逆反期正好发生在高三了；学校会想办法帮助孩子，老师们会一起开会，给孩子做针对性的规划。那个电话打了一个多小时。现在回想起来，也许王老师是为了缓解家长的焦虑，给了我一些鼓励，但是我当时当真了，确信自己就是那个凤毛麟角的家长，能稳住阵脚，能接得住孩子，能给孩子无限兜底。

相信相信的力量，当家长放下焦虑，用深爱和信任去滋养孩子，奇迹就会发生。

我细细品味王老师家长会上的那些金句：“我们要接受孩子真实的样子！一定要让孩子在家里能摘下面具，让孩子在家里得到喘息。”

我开始开玩笑地和孩子说:“你的物理是你们班倒数第一吗?没事儿,咱认怂!”

孩子终于放下面具,沮丧地说:“物理真的太难了。不想学物理了,我想考地理!”

“行啊,可以呀!”

“妈,跟你开玩笑呢,这马上高考了,早都报完名了,这科目也改不了了呀。你还真让改呀?”

“改呀,可以改呀!今年参加不了高考,明年再参加,咱们复读一年。”

“妈,你是当真的吗?”

“真的,什么大学妈妈都能接受,重要的是你健康快乐。”

“你当真吗?”

“当然,必须当真!”

“我要考个普通大学你会不会很失望?”

“你对自己失望吗?”

“我还可以,毕竟没有努力,我也不想复读。”

“儿子,我是因为你开心而开心,而不是因为你上个名校而开心。你开心,妈妈就幸福。”

现在回想,当时之所以能把孩子稳住,是因为我说这些话是真诚的,并不是忽悠孩子。在心里真正接得住孩子,说起来容易,做到真的很难。放下你理想中的孩子,接受你面前真实的孩子;放下曾经有过多次辉煌成绩的孩子,接受他“平庸”的现在——真的不易,这是家长自己的修行。

而当我们真的给孩子兜住了底,他就会开始触底反弹。一向内向自卑的孩子,这时突然提出了找物理、化学老师答疑的想法。这在以前是根本不可能的,以前是老师追着主动答疑,他都躲避;现在他说学校的老师水平更高、更了解他的学习状况,会有针对性地给他补基础。这里我特别感谢教物理的张老师和教化学的廖老师。我给张老师发了求助微信以后，张老师白天有课，晚上又要去医院照顾亲人，但她一天也不想耽误孩子，所以我们约了当天晚上 12：00 以后沟通，那天我们沟通到深夜 1：00，老师给了每天半小时专属于孩子一个人的答疑时间。在向廖老师提出答疑的请求后，临近退休的廖老师没有因为年龄大、精力不够而推托，也是爽快地和孩子约了单独的答疑时间。在这样牛娃如云的学校，对于一个成绩落在后面的普娃，老师们肯花这么大的精力去为孩子兜底，而不是把精力只放在更能给学校带来荣誉的准清北孩子身上，我为此感动到落泪。而孩子常常自豪地说，这就是大十一的包容——她深爱她的每一个学生，可以托举，还可以兜底。

物理、化学的状态慢慢稳住了，语文又出了问题。语数英三科，孩子成绩本来一直还算可以，但在高考前的最后一次模拟考试时，语文翻车了，考到了 100 分以下，因为作文没写完，最后一篇阅读也没有写完。这次我没有慌，我想主动参与对孩子的调整。语文作为高考的首科，作文写不完，会很大程度上左右孩子的情绪和心态。我和语文孟老师几次沟通，说出了我的想法，孟老师对我大胆的想法给予了鼓励和支持。

于是我开始跟孩子沟通，我说："还有两周，我打算给你的语文两周提 20 分，你相信妈妈吗？"这里要特别说一下，因为我们的亲子关系一直很好，孩子对妈妈是很信服的。而且妈妈带过的表姐，高考语文考到过 140 多分。所以孩子充满了希望，说："妈，你说怎么弄吧。"我说："什么叫做最近发展区？把你手里的'十一学校宝典'先放下吧。同学的满分作文、学校的最新时事解读通通放掉！这些东西是给语文考 130 分以上的孩子看的，跟咱们没有关系。就像数学的压轴题，我们现在不去较劲了，我们只把前面的基础搞好就好了。咱们这两周就来读语文课本，但是要做到一箭三雕。比如说必背的文言文，你背完了，首先默写不能丢分。其次，如果考一篇文言文赏析，你会怎么出题？第三，这个文言文里的论点名句能用到什么样的作文里？咱们通过一篇文章，要把默写、阅读和作文论点提出来，要做一箭三雕的事。你的作文之所以写不完，就是因为你老想作文得满分。现在不要想满分作文了，咱就得二类文里边的最高分就行，连一类文都可以不要！放弃这个执念，只要写完就好，只要不跑题就好。”孩子听了豁然开朗。

之后，在孩子每天下晚自习回来吃夜宵和洗漱的时间，我就在旁边读着课文，我们有条不紊地进行“一箭三雕”计划。几天之后，孩子就找着点儿写作文的感觉了，主动拿着各区一模的作文题去找孟老师，练习如何迅速确立论点，保证作文不跑题。有一次，孩子在晚饭时间去找孟老师。孟老师很惊喜，说这孩子之前是拽都拽不进来，想给他讲作文都讲不了，现在竟然主动来了。那次孟老师没有吃饭，给孩子讲了一个多小时。孟老师说饿着肚子都开心，因为她看到孩子的状态来了，拼劲儿回来了，眼里有光了……

两周时间转瞬即逝，很快就到了高考的日子。我感觉孩子还没有达到最佳状态，大部分孩子在十一本校参加高考，孩子因为被分到外校而感到十分忐忑。第一科考语文，我生怕他再次失控。但是我们首场送考时，老远就看见了大十一那振奋人心的壮观红色送考方阵，各种条幅，包括十一的旗帜，被高高举起，老师们在两侧夹道欢送，和每一个十一的考生拥抱击掌，为他们鼓劲加油！儿子看到后安定了不少，但他却认为没有老师能认出他这个大普娃。让人惊喜的是，身着火红旗袍的张老师一眼就看到了她班上那个最让她惦记的孩子，她大声喊着孩子的名字，迎着孩子跑过去，张开双臂想要拥抱他。不够自信的孩子略显僵硬，并不太会配合，自顾自往前走，让张老师扑了个空。我看到张老师不但不计较孩子的生涩回避，反而踩着高跟鞋小跑着追上儿子，揽着他的肩，拍着他的背，大声喊着儿子的名字，喊着“加油”。我在他们身后感动得泪流满面。当孩子从语文考场出来时，看到他脸上如释重负的微笑，我知道，这个底我们给孩子兜住了。最终，孩子的语文真的两周涨了20分。

高考完成绩还未出，孩子就嚷嚷着要去十一学校踢球。要知道，整个高中三年的周末，都没见他去学校踢过球。现在他说跟同学约好了要去踢球，我知道那个内心坚定的阳光大男孩又回来了，高考成绩是多少此刻已经不重要了。

感谢十一学校，感谢老师们，也感谢孩子的坚韧。

列夫·托尔斯泰说：“幸福的家庭总是相似的，而不幸的家庭各有各的不幸。”我想说：被托举的孩子总是相似的，他们既聪明又勤奋，最后走进名校；而被兜底的孩子各不相同，他们有不同的状况，最终怎么走出来，是很多家庭的艰难课题。我想很多人都不愿意回首细想那段痛苦爬坑的经历，但它很可能是在低谷的孩子和家庭想看到的那束光。我把我们的经历分享出来，希望能帮助到学弟学妹和家长们。唯愿你们能借着这束光，看到希望。

假如可以重来

一定会和内向的孩子一起应对疫情期间的高中生活，用心用爱去关注孩子，给孩子能量，让孩子可以脚踏实地，不选那么多高层，从基础学起，而不是只给孩子压力和空洞的鼓励。

如何在名校当“中等生”

◎ 晓舟

女儿通过中考考入十一学校，在此度过了重要的高中三年。在人才济济的十一，女儿经历了一个适应调整的过程。她从小学到初中都是班上的尖子生，从来没有受过大挫折。但是到了十一学校就不一样了，能进这个学校的都是学霸，女儿无法再像以前一样名列前茅。如何帮孩子应对这种心理落差、改进学习方法、找到自身优势，我们作为家长也在不断探索。最终，孩子从不适应到适应，从单纯追求成绩到全面发展，顺利考入大学。在这个过程中，有经验，也有教训。希望我们的经历，能给面临类似情况的中等生家庭一些借鉴。

梳理不良情绪，培养健康心态

刚刚进入十一学校时，女儿感到从未有过的压力。在学习上她有些不知所措，从过去被别人仰视一下子变成现在的仰视别人，心理落差很大，甚至开始质疑中考选择十一学校的决定。

看到这种情况，我们作为家长也很着急。好在我们家一直以来亲子关系都比较好，家庭氛围和睦，女儿的性格也十分开朗，这为我们的充分沟通奠定了良好基础。我们在那段时间更加注意陪伴、引导孩子，鼓励她寻找自己身上的闪光点，找到自己与十一学校的契合点。我们和孩子讨论："当初报十一学校，不就是看中了这个学校的教育理念吗？""你当时不也是被学校有很多社团吸引了吗？""十一学校能培养学生全面发展，不是一个死读书的学校。"我们抓住各种合适的机会和孩子沟通，有时是在饭桌上，有时是在床头，有时是在一块儿逛街时。理越辩越明，我们和女儿的关系也越来越近。在这过程中，我们和女儿达成共识：既然选择了十一，就要好好地爱它。

安下心来在十一努力适应后，女儿的学习和情绪都有了一定好转。当然，她在学校还是会遇到一些小困难，与同学之间偶尔也会有些小矛盾。这时，我们会及时帮助孩子分析问题，找到症结所在，把不良情绪梳理掉：首先是认真听孩子讲情况，不立即否定孩子。孩子能在受委屈时跟家长倾诉，是把家长当成了朋友，家长一定不要拒绝。其次是分析缘由后，对于孩子没做错的部分，一定要给予孩子肯定。要让孩子在快乐的情绪中学会处理问题，化解矛盾。最后是引导孩子从多个角度全面看问题，不能只从自己的角度想问题。比如有时老师批评孩子，孩子觉得自己并没有做错什么，我们也会客观地分析其中原因，既不能一味否定孩子，也要告诉孩子任何事情都具有多面性，要全面地看待问题，理解他人视角的合理性。

除了培养女儿健康的心态，我们也注意提醒她身体健康的重要性。为了节省孩子上下学的时间，我们选择了在学校附近租房。到了高三，我要求孩子在晚上 11：00 前必须睡觉。女儿说很多同学都是学到晚上

12：00，甚至更晚。我对孩子说：总熬夜会伤身体的，而且不睡足觉，怎么有精力去完成这么重的课业？磨刀不误砍柴工，与其昏昏沉沉地在学校上课，不如老老实实地晚上在家多睡会儿。这样也能提高学习效率，挤出更多时间休息，形成良性循环。在我们家长眼中，身体永远比成绩重要。

适当放手，到广阔天地里锻炼成长

放下了心理包袱后，女儿迅速“起飞”。她报名了多个社团，最后经过双向选择，她成为推理事务所社团的成员。她特别喜欢这个社团，高一下学期她就接受了社团负责人的委托，带领社团成员开展活动，后来还成为这个社团的主要负责人，直到高三才交棒。在学校的历次大型活动中，他们社团组织的节目都很受同学欢迎。在大家的共同努力下，推理事务所由四星社团荣升为五星社团，并且连续几年被评为优秀社团。

通过参加、组织社团的活动，孩子在学校找到了自我向上的途径，学会了与同学和老师交往的方式方法。社团评审需要现场答辩，女儿在多次锻炼中提高了逻辑思维能力，磨练了口才。她的答辩一次比一次成功，这也帮助她建立了信心。正是由于高中时期的锻炼，在大学各项竞赛中，她也总是作为团队代表进行答辩。可以说，十一学校的社团建设培养了孩子的自立能力，为他们将来成功走向社会打下了坚实的基础。

看着孩子的能力日益提升，我们也越来越放心支持她去广阔天地里锻炼成长。高一暑假前，女儿从同学那里得知，人大附中的校友组织了去偏远山区支教的活动。女儿说她想去，为女儿的安全考虑，我也去参加了这个活动的动员会。我原本还很不放心，但看到这群孩子十分动情地宣讲山区孩子需要什么样的知识、他们应该怎样做并展示已经设计好的路线……我真的为他们的能力感到震惊，于是放手支持孩子去探索实践。

女儿如愿和小伙伴们一起去了山东省的一所小学支教。她主讲生物课程，带去了制作树叶叶脉书签的材料，还带了电磁炉和准备送给当地小学生的纪念品。支教结束后，剩余的材料和“装备”都送给了当地学校。七天中，我每天都在关注她的动态。当时有个家长群，很多和我一样担心孩子的家长都在群里关注着。看到他们站在讲台前像模像样地当小老师，与当地孩子们欢快地共同游戏、共同生活的画面，我们家长也感到欣慰。

这次支教活动后，我明显感觉女儿长大了。她看到山区孩子渴求知识的样子，感受到自己的生活条件和山区孩子的大不一样，更加珍惜现在的生活了。开学后，老师还让她在升旗仪式上介绍了这次经历。女儿受到了极大鼓舞，她的自信也找回来了。

遗憾和教训

当然，我们也有一些遗憾和教训，在此分享出来，希望帮助大家少走弯路。

一是以竞赛途径升学，还是高考升学，一定要结合孩子的学习能力提前做好调研。竞赛能出成绩的孩子毕竟是少数，没有这方面天赋的话，踏踏实实学习综合课程可能更实际一点。在这方面，我们得到的都是教训。刚进入十一学校时，看见大多数同学都选择了竞赛课程，我们出于“随大流”的想法让孩子参加了暑期的竞赛学习。刚开始，女儿对数学十分感兴趣，但是我们觉得数学竞赛生太多，竞争太激烈，以数学竞赛渠道升学对她来说有难度，所以鼓励她参加生物竞赛的学习。经过一年多的学习，她的竞赛成绩并不十分理想。最后女儿选择放弃竞赛，集中精力参加高考。但是就我女儿来说，生物竞赛课程对她的高考生物提分帮助很小，我觉得在这方面，让孩子走了弯路。

二是关于高考选考科目，要充分了解政策，结合孩子优势做好分析。女儿高考时正值北京市文理不分科的头几届，我们当时对这些情况不太了解，没有认真详细地分析政策。女儿也不太懂，还是按照过去的理解选了纯理科，即“物理＋化学＋生物”。但是女儿这几科在全市同届学生排名中并不占优势，所以在赋分制的情况下，高考分数是受了影响的。如果当初文理兼报，比如选“物理＋历史＋地理”可能会更适合孩子。

回顾女儿的高中生活，从最初的不适应甚至抵触，到融入并找到自己的优势，我们和孩子都感到，能到十一学校学习，是孩子一生中的幸事。十一学校的教育理念给孩子注入了一生向上的价值追求。校长、老师和同学们给了孩子一生中最难以忘记的回忆。尽管女儿不是头部学霸，但十一学校带给孩子的快乐是其他学校比不了的。在十一学校的经历，培养了女儿良好的行为习惯，提升了她为人处事的能力，为她在各个方面打下了坚实基础。她在大学期间一直表现优异，还获得了多项大学生竞赛奖项。这些对我们而言，都是比成绩重要得多的事。

假如可以重来

我一定会让孩子增强自主学习的能力。在选科时，弄清楚自己的优势，量力而行。适合自己的才是最好的。

没有“童子功”的艺考之路

◎ 黄奕峰

“教育的本质在于引导人认知世界，其成功恰恰体现在使学生的行为表现不被预设。”第一次读到英国著名课程理论家斯滕豪斯的这个观点时，我被深深地触动了。女儿从十一学校考入中央美术学院的成长历程，正是这个理念的生动体现——十几岁的少年，挣脱常规路径的预设，勇于发现自我的可能，考入心仪的大学，实现了第一个重要的人生目标。

作为一个没有“童子功”、零基础起步的艺考生，女儿是怎样摸着石头过河，成功到达彼岸的？我想用一个个曾经困扰我们的问号，带着我们的感悟，串联起这段特别的成长经历，希望为面临相似选择的家长提供些许参考。

文科学生的出路在哪里?

作为中考考入十一学校的孩子，女儿各学科成绩比较均衡，除了英语较好，其他的文科成绩并不突出。十一学校的文科老师魅力与实力双双在线，孩子每次上课都很开心，然而考试成绩却往往不尽如人意。

十一学校有个特别的传统：每次考试后都会组织“问诊”式一对一学科咨询。记得我捧着孩子的成绩“雷达图”，辗转于各科老师的“诊台”前，心里其实是很忐忑的——一是为成绩，二是为孩子坚定想学文的志向担忧。看着成绩单上的分数，我这个理工科的妈妈挠破头也想象不出，孩子能考上怎样的文科院校和专业。这种无所适从的迷茫与无力感持续了很长时间，直到我们在十一学校丰富的选修课程中意外发现了转机……

选修课外活动有什么用?

十一学校最让我们期待的，除了名声在外的食堂，还有丰富多彩的选修课。记得刚拿回选修科目表的时候，我对着琳琅满目的课程羡慕不已，恨不得时光倒流，重回学生时代：我们上学时哪有这么多课外活动啊！我俩一通热烈讨论，看着哪个都想报，对哪个都有兴趣。“要不咱们试试服装设计呢？”我的这个提议，让孩子眼前一亮。她想了想，欣然同意。

就这样，女儿连续选修了两个学期的服装设计，不仅跟着老师学习了服装设计的基础知识，还动手操作，用纸样剪裁出更多服装款式。更让人惊喜的是，在北京市一次中学生服装设计大赛中，十一学校斩获集体一等奖。虽然孩子只是作为选修课学员参与了部分准备工作，但这簇荣誉激发出来的小火苗，已经悄然点燃了她心中的希望。

“妈妈，我将来想学服装设计！”谁也没想到，当年选修服装设计课的小念头，竟成为影响孩子未来的大决定。我由此更深切地体会到十一学校开设如此丰富选修课程的良苦用心。在分数至上的现实环境中，学校没有任何说教，而是为学生们展示未来社会生活的各种可能，创造他们认识世界、认知自我的机会，挖掘他们的潜力，小心呵护每一株静待绽放的青春花朵。教育最美的样子，或许就是让每个孩子都能像这样，在探索中发现自我，在选择中成长。

孩子做了决定，我既高兴又担心。高兴的是，孩子终于找到了自己感兴趣的事；担心的是，这意味着我们要走上完全陌生的艺考之路了。

没有“童子功”，能不能走美术艺考这条路?

相信大家都有共识：艺术类特长生培养需要经年累月的系统训练，那些从小打下扎实基本功的孩子往往更具优势。女儿虽然喜欢画画，可高三前的暑假才开始美术强化训练，留给她的备考时间满打满算也仅有短短四个月。饶是如此，女儿对服装设计的真挚热爱，还是让我们下定决心尝试走这条非常规路径。

服装设计能报哪些院校？联考和校考该怎么准备？去哪里参加美术集训？历年艺考分数要求是什么？考完后文化课怎么补？万一艺考不顺，高考还有什么补救措施？——没有时间去慢慢寻找这些问题的全部答案，我们就像摸着石头过河的探险者，带着满腔热忱和诸多未解的疑问，踏上了这场与时间赛跑的艺考之旅。

2020 年正值疫情严峻之际，聚集性的活动需遵循防控要求，集训计划随时可能调整：刚刚说好可以上课，马上又要解散回家；回到家里跟着视频学习没几天，又得赶往外地封闭培训。由于疫情形势的变化，孩子拖着画具和行李辗转于外地和北京各个郊县的集训点；我们每次探望孩子也都是匆匆见上一面、送上补给，话也说不上几句。那段日子，对孩子学习效果的担忧和看到孩子消瘦憔悴的辛酸交织在一起，我们心中真是五味杂陈。

好在孩子始终保持着稳定的心态，一直专注认真备考，没有受这些外在环境变化的干扰。现在回想起来，这份难得的定力，或许正是孩子能够最终突破重围的关键所在。

所以，我想对考虑艺考的家长们说，当孩子真正找到热爱之事时，爆发出的能量足以克服任何困难。只要是孩子真心喜爱、方向正当、社会认可的，就值得支持他们去勇敢尝试——热爱的力量，远比我们想象的更强大。

遇到瓶颈要不要转向?

才庆幸孩子有稳定的心理素质，她就在号称“美术高考”的联考中遇上了一道坎。试题中有一道手部素描题，作为仅仅突击备考三个多月的“半新手”，孩子之前从来没画过，自觉完成得并不好。虽然联考总成绩还说得过去，但这场基础考试像一面镜子，让她更直观清晰地看到了现实的差距：有些专业壁垒确实需要时间沉淀；再聪明再努力，也无法通过短时间的突击强化训练达到多年熟手的程度。

那段时间，孩子明显游移不定。作为家长，我们看在眼里，急在心上——继续坚持，意味着要跨越更高的专业门槛；可若就此放弃，不仅前功尽弃，落下的文化课也难以弥补。我们每天都在不甘与忧虑中进退两难。

这样的状态持续了一个多月，家里的气氛也越来越紧张。我们和孩子都很苦闷——孩子着急练不出妙笔生花的巧手，我更着急不知道怎么帮到她。最焦虑时，我们甚至在一天之内跑了昌平、顺义、通州五家美术培训机构，却依然看不到明确方向。我们都开始思考：真正的坚持，是固执地走一条不合适的路，还是及时调整方向？

就在年底前，孩子突然说，她想转报中央美术学院的艺术史论专业。好吧，又是一个新名词！我们急匆匆地赶去了解才知，这是中央美院与法国凯致商学院联合设置的艺术管理类专业——不考绘画，但需在短短一个月内准备笔试和 10 分钟现场综合素质考核。我悬着的心刚放下又提起了。就在这时，那个自信坚毅的孩子回来了："妈妈，文科是我的强项，背诵我没问题，现场展示我也有经验。我要试一试。"女儿对艺术的热情没有改变，只是发现了新的实现路径，学文的底气也派上了用场。调整方向后的她，找到了真正适合自己的赛道，最终顺利地拿到了进入中央美院的"门票"。

大一和大二寒假时，孩子两次受邀去给新一届考生分享备考经验。她对学弟学妹们说："真正的热爱从不只有一种表达形式——转向不是放弃，而是为了让热爱落地。"只有亲身经历过痛苦的思想挣扎与严峻的考验，才能有这番不一样的感受。在试错中重新认识自己，在转折处发现新的可能——或许，这就是成长最珍贵的收获吧！

艺考回来文化课怎么办？

时间一点一点地流逝，坎儿也一个一个地迈。校考后的 3 月，孩子回到十一学校备战文化课。离高考仅剩下 3 个月，面对堆积如山的复习内容和生疏的知识点，我和孩子千头万绪，再一次陷入了焦虑。

不过这一次没有纠结太久，十一学校热忱地伸出了援手，拥抱所有艺考回来的学生。高三年级主任刘老师专门召集艺考生家长开专题会，讨论如何帮助孩子完成高中最后阶段的学习，并制定了切实可行的方案：暂不参加马上要进行的全区第一次模拟考试，避免孩子因成绩落差信心受挫；同时抽调各个学科的骨干教师，为艺考生开设专项辅导班，帮助孩子们重新调整学习节奏。在我们艺考归来最迷茫的时刻，十一学校的老师们用行动诠释了什么是真正的教育关怀，这些措施背后，是教育者最纯粹的初心：把学生的成长放在首位，放在心上。

在自己的努力和老师们的鼎力托举之下，女儿最终以全国第三名的成绩被中央美院（中法）艺术与设计管理学院提前批录取。2024 年底，大四的她获得全球排名前三的法国时装学院（IFM）国际时尚与奢侈品管理专业的研究生录取通知，将赴法继续深造，去实现她心中新的梦想。

回顾这段备考经历，成长的轨迹中既有偶然，也有必然；既有不幸，更有庆幸。偶然接触未曾了解的职业方向激发出学习的兴趣，必然的坚持与努力则让这份兴趣转化为实实在在的信心和学习效果；突如其来的疫情打乱了原有规划是不幸，而十一学校老师们毫无保留的托举与支持又让我们倍感庆幸！

作为父母，我们逐渐明白，哪有什么可预设的未来，有的不过是我们与孩子一起或跌跌撞撞，或边走边摸索的旅程。家长不仅是学校教育的陪伴人，还是家庭教育的主导者。不囿于固有期待，去帮助孩子认识世界，陪伴孩子探索世界，在不确定中保持前行的勇气，那些看似遥远的目标，便会在热爱与坚持的脚下，一步步变得触手可及。

假如可以重来

我会像现在一样，鼓励孩子多接触、多尝试、多体验不同的社会活动，而不拘泥于学校的课本学习。让孩子在社会生活中锻炼意志、磨练品格，找到自己最满意的融入社会的方式。

三次转身的勇气：艺考、日语与高考

◎ 九淮

2024 年 6 月 10 日那天，艳阳高照，我与先生等候在外，笑看着女儿大步走出高考最后一科生物考试的考场。回首她的三年高中岁月，我们一家经历了“选择艺考—不考英语考日语—回归高考”的三次重大转变，每一次转变都充满了迷茫、探索、沟通，酸甜苦辣咸什么滋味都有。这三年，对女儿而言是一种成长，对于我们家庭亦然。

迷茫与探索：孩子想成为怎样的人？

作为一名大学教师，每当被朋友咨询孩子该如何选科、该报考什么专业时，我经常问的第一个问题是：“孩子知道自己的兴趣是什么吗？他 / 她想要成为什么样的人？”

在高校工作多年，我经常与学生聊天：为什么选择本专业，它是你自己喜欢的专业吗？答案各不相同：自然有喜欢所学专业的学生，也有的是被调剂而来，还有些学生的专业是家长代为挑选而非自己感兴趣的。在我的学生中，有人大一下学期就申请转专业，也有人大学毕业后才找到兴趣所在，去自己喜欢的专业深造。最令我印象深刻的是一位多年前被我指导过本科毕业设计的男生，他来自银川，很有艺术气质，喜欢摄影。高考时，家人不支持他就读摄影类专业，他最终报考了我所在的工科专业。因为对专业不感兴趣，他在毕业设计过程中始终难以理解工程设计对精准性的要求。毕业后，他申请去英国攻读一年摄影，才终于读上自己喜欢的专业；回国后又接受父母的建议，在他的家乡从事证券工作，以前大学的专业完全弃置不用了。我偶尔在朋友圈中看到他风趣的文字和独特的摄影作品，总感觉这个有趣的灵魂似乎仍在自我成长中迷茫。

我发现，不少大学生对自己喜欢什么、未来想从事什么职业、希望成为怎样的人是比较迷茫的。这让我在家庭教育中一直非常注重培养孩子自我选择和规划的能力，同时也格外重视亲子间的有效沟通。令我欣慰的是，上了高中后，随着自我意识的逐渐成熟，女儿确实更有主见，对自己的兴趣、志向更加明确、坚定。然而，正是这份日渐清晰的自我认知，让我们面临了一个始料未及的抉择——当女儿郑重其事地提出一个完全出乎我们意料的决定时，我们精心准备的教育规划被彻底打乱了。

孩子突然提出要艺考

女儿从小参加了舞蹈、击剑、书法、绘画、钢琴等各种兴趣班，经过大浪淘沙式的兴趣培养，到高中时，最终沉淀下来的是她对绘画的执着热爱。她的绘画作品还获得过不少奖项。与此同时，她在学业上也展现出全面发展的潜力，数学逻辑思维能力尤为出色。我们自然而然地暗自规划：绘画可以成为她受益终身的艺术爱好，而数理优势则意味着在高考专业选择和未来发展方向上，她将拥有更多优质选项。

可是，父母的“人算”赶不上孩子的成长变化。到直升初三第一学期的时候，有个“雷”出乎我们意料地爆出来了：女儿想艺考！

女儿向我们提出，她对动画设计感兴趣，喜欢插画，未来想做插画师，想参加艺术高考，甚至连目标学校都选好了。对于女儿的这个想法，我和先生一时难以接受。

面对我们的反对，女儿坚持自己的看法：“在物质得到一定满足的未来，精神需求、美的追求是人的更高层次的需求。”朋友也劝导我们：“孩子能这么清楚地知道自己想要什么，实在难得，应该支持。”值得一提的是，十一学校围绕学生生涯规划开展了很多活动，比如教师与学生讨论未来想从事的行业，邀请行业精英给学生介绍职业特性，组织学生做卡特尔 16 种人格因素测试——女儿的职业特质显示其性格有艺术类职业倾向。这些活动也为她的选择提供了一定参考。我们又咨询了许多专业人士和朋友，对她的现有绘画水平和潜力有了一定的了解，加之她文化课成绩不错，在报考 985 综合类院校艺术专业时具备优势，这也给了我们更多信心。经过慎重考虑和多次家庭讨论，我们决定支持她的选择：调整高考方向，选择参加艺考。

接下来，我们和女儿一起搜集并分析目标院校的招生简章，明确考试内容和录取规则，根据文化课和专业课的成绩权重，制定针对性备考计划：在保持文化课优势的同时，重点提升专业能力。紧张的美术专业补习随即展开。女儿每周参加一至两次学校开设的美术课程，夯实素描、色彩等基础；周末、寒暑假则要在校外跟随专业导师学习，提升创作水平。这种“校内筑基，校外拔高”的模式，使她的绘画水平和设计能力得到了明显提升。她和同学一起帮助社团设计宣传海报，她的设计作品在学校红窗汇活动上大卖；她在高铁上绘制的一幅小画，居然在网上卖了 800 元……这些经历与认可让她收获了满满的存在感与价值感。

女儿在直升初三的时候选了物理、生物和政治三科。高一时，北京市考试院发布了新的高考“3+3”选考科目要求，多数高校理工科专业要求物化同选。部分同学进行了选考科目的调整，但女儿坚持保留物理、生物和政治，这就意味着三年后她大概率只能报考艺术类和文科类专业。

孩子中途提出不考英语考日语

选科确定之后，又出现了新情况：女儿希望用日语参加高考——又是一个惊天大雷！

家庭会议上，我们向女儿提出四个问题：

第一，按照平时成绩看，只要跟上学校的学习进度，高考英语成绩不会太低，有必要改考日语吗？

第二，十一学校从高一开始为日语初学者开设日语高考班，但女儿的进度和他们相差比较远，如果参加艺考，则需要在高二结束的暑假学完日语全部课程，以便准备艺考专业课培训。如何在有限的时间内兼顾日语学习和专业备考？

第三，未来高校多是英语教学，从未来学习和长远发展的角度看，现在放弃英语学习，将来会不会在学业深造和职业发展上遇到障碍？

第四，选择日语高考，是计划未来去日本读书吗？

面对这些问题，女儿对其中一些能马上给出明确的答复，但对另一些显然还没有想清楚。我们建议大家都先冷静一段时间再决定。

说实话，我和先生都希望女儿能改变主意。但没想到短短几天后，她就说自己想清楚了，就是要参加日语高考，并表示“英语高考完再学，上大学再补”，研究生阶段再考虑出国。

女儿对日语的兴趣源于对日本动漫的喜爱。记得在十一学校初一选课时，学校设有日语、法语、西班牙语等外语选修课，当时她就提出选修日语。我们认为女儿应该付出更多时间提升英语，建议到大学再学日语。经过多次沟通，女儿最终并未采纳我们的意见，在初一第一学期就选修了日语。

初一、初二的日语课多被安排在中午的第五、六节课，正好与午餐时间冲突，孩子们常常要带着面包，边吃边听课学习。没想到，学着学着，四个学期就这么学了下来。女儿对日语的坚持和付出，很出乎我的意料，也使我不禁感慨：兴趣真的是最好的老师，只要是孩子真心想学的，多累也不觉得。虽然用日语参加高考这个决定让我们始料未及，但面对孩子如此坚定的态度，作为父母，我们最终只能尊重她的选择。

孩子不想参加艺考了

到高一上学期，女儿最终确定了作为艺术考生的选科：语文、数学、日语、物理、生物、政治。孩子“校内学习 + 校外美术培训”双轨运行，比以前更忙、更紧张了。

然而，期待中的“文化课与专业课齐头并进”的局面并未出现。相反，女儿的文化课成绩一度出现大幅度波动，只有日语成绩后来居上、一枝独秀。好不容易等文化课成绩稍微稳定了一点，新的“惊吓”又来了。

2023 年 1 月，正值高二下学期，女儿突然向我们宣布要放弃艺考，参加常规高考。听到这个消息，我和先生非常矛盾和担心。现实困境清晰地摆在眼前：由于当初为艺考选择的科目组合是物理、政治和生物，现在想要报考多数高校理工科专业已不可能——这些专业普遍要求物理、化学同选，而部分文科专业又要求选择历史。这意味着，女儿的选择范围将被大幅压缩，基本只能在有限的文科类专业中进行选择。更令人担忧的是学业现状。因为参加美术专业课培训，她的文化课学习受到了不小的影响，成绩并不突出。要在剩余不到一年半的时间里提升薄弱学科、备战高考，考取理想院校的难度可想而知。

该如何规划这段时间？如何帮助她提升弱势学科？我和先生私下多次讨论后也逐渐释然。虽然这个反复的过程确实耽误了大量时间，但好歹是回到了我们当初希望她走的道路。更重要的是，通过这段经历，我们看到了女儿的成长与蜕变——从她对日语学习的坚持，到专业训练的投入，都展现出她一旦确立目标就会全力以赴的特质——相信她有这个能力去继续统筹好未来一年零四个月的时间。对于女儿来说，这也是一次心灵的洗涤、能力的重塑，无论最终考入哪所大学，只要保持这份执着与坚韧，她的未来必定充满希望。作为父母，我们需要做的，就是给予她支持、关爱、理解和尊重，陪伴她走好这段成长之路。

于是，女儿重新回归到学校复习备考的正常节奏中，不再需要补习绘画。对于薄弱学科，她主动向我们求助。经家庭讨论，我们根据她的时间，帮她安排了针对性的辅导。至于女儿放弃艺考的真实原因，我们没有过多追问。这个未解之谜，希望将来的某一天，她能够坦然告诉我。

幸运的是，尽管经历了艺考、考日语、放弃艺考的一波三折，女儿还是顺利完成了高考，日语 142 分，最终被上海某 985 高校的文科专业录取。英语、日语的多语言能力对她的专业学习也有助益，她第一学期就参加了日语二级考试，并获得 180 分的满分成绩。同时，她也在努力学习自己的第二外语英语，一切都向着好的方向发展。

回顾并总结这段经历，我们发现艺考和学科竞赛有些类似——它们都在常规高考之外提供了多元的升学路径。该怎么选，需要大人和孩子在持续沟通中寻找平衡点。从我家的情况来看，表面上是父母在不断“妥协”，实则是我们选择了尊重孩子，给孩子“试错”的机会，体谅她、理解她、尊重她，这反而培养了孩子越难越能坚持的韧性和越历经选择越学会选择的决断力。

人生没有白费的努力，现在回头看，当时那些被认为“浪费”的时间、经历，都是孩子成长中重要的一步，都有其价值。女儿最终学会了坦然面对低谷，深刻体会到每一次触底之后都会迎来新的跃升，从而建立起坚定的自信心。她还学会了通过体育运动来自我调节，无论学习多么紧张，都会找时间在操场上慢跑或快走，以此来释放压力，在激烈的竞争中保持清醒的自我认知。现在的她，既懂得坚持的热忱，也更明白取舍的智慧。

孩子让我们成长了

这样一波三折的高考经历，对整个家庭都不是容易的事。我们深切体会到其中的煎熬与纠结，而这也正是考验我们作为家长是否合格、是否能为孩子兜底的关键时刻。只有我们稳住了，孩子才能平稳、无畏地去选择她真正喜欢的道路。在这个过程中，我们作为父母也补上了缺失已久的家长成长课程。

我们学会了尊重孩子。女儿认为兴趣、高考方式、高考科目乃至专业方向的选择都是她自己的事情，不希望我们过多干预。我们理解青春期孩子的这种行为背后，是他们自认为已具备成人的思维和能力，但实际上他们的判断力还存在很多不足。在这种情况下，我们的做法是：与孩子沟通，最后听取孩子自己的意见，尊重她的选择，让孩子去试错；而我们家长的责任，就是“容错”——在孩子撞到南墙的时候，回过头，我们一直在这里等着她、支持她。

我们学会了倾听和陪伴。听女儿讲学校内的各种趣事和烦恼，我们仅专注倾听而不急于评判，掌握好度，让陪伴成为加强理解的桥梁。每日出门前拥抱一下女儿，提醒她慢慢走，过马路要小心；晚上陪她在小区快步走，放松心情……这些日常的温暖互动，在备战高考的紧张日子里，反而让亲子关系更加紧密。

我们学会了适时出现。高中阶段的孩子，其实是非常需要父母帮助的。比如，他们在与他人发生冲突，受到情感伤害时，可能不知道如何妥善解决；在学习上遇到困难时，不知道如何与老师交流，也不好意思与同学交流，更不愿意与整天叨唠着“成绩”“名次”的家长交流。这种时候，如何适时出现并提供帮助，成为考验我和先生智慧的命题。

我们学会了如何处理冲突。与孩子发生的多次冲突，促使我反思亲子间的交流方式——我们真的把自己的意思表达清楚了吗？真的理解孩子了吗？我最大的教训和经验就是：少用反问句等有质疑意味的语气与青春期的孩子交流，这类表达方式容易激发孩子的逆反心理。其次，要多倾听孩子的想法，不要一听就否定甚至指责。先耐心听完她的观点，再理性探讨分歧点。这种沟通方式的转变，让我们在冲突中逐渐找到了平衡点。

孩子的改变需要力量，而温柔会给孩子向上生长的养料和力量。正如心理学中的“南风效应”所启示的：北风狂吹只会让行人把外套裹得更紧，而和煦的南风却能让行人主动脱下外套。家庭教育也是如此，“感人心者，莫先乎情”。孩子感受到自己被父母无条件地爱着、信任着、支持着，才会获得让自己变好的勇气，学会保持乐观的心态，学会看到积极阳光的一面，奋勇向前，即使过程曲折，但也终能找到自己的道路。

假如可以重来

我希望自己可以早点养成跑步的习惯，和女儿一起运动，一起绘画，一起……

“脱轨”的挑战：当儿子决定出国学音乐

◎ 孟蕾

在这个竞争激烈、高压力的时代，我们往往习惯于为子女铺设一条看似完美无瑕的人生道路，期望他们不要行差踏错，而是按照我们设定的剧本，一步步走向成功。然而，正如现在年轻人中流行的那句话所说，“人生是旷野，不是轨道”——硬要把孩子安放在他不喜欢的轨道上，他终究会“脱轨”而出，去探索自己的人生道路。在儿子高二那年，我无比深刻地意识到，是时候从主导者的角色中抽离，转向他人生旅途中陪伴者的角色，给予他自由探索的空间。

自幼，儿子便是众人眼中“别人家的孩子”——成绩优异，从中国人民大学附属小学到北京十一学校，三好学生的荣誉几乎年年不落。在我的传统认知里，这样的孩子自然应该沿着学术的坦途一路前行，进入清北，选择一个前景广阔的专业，未来成为社会的中流砥柱。

然而，高二那年，儿子的一个决定如同一颗石子投入了平静的湖面。

他告诉我：他热爱音乐，四岁开始学习钢琴，从人大附小男童声合唱团，到十一学校金帆合唱团，音乐的种子一直在他心里生根发芽；尤其是十一学校开放包容的教育理念，为他提供了探索多元兴趣的沃土，他积极参与戏剧、合唱、摄影、篮球等社团活动，这些多元化的探索不仅培养了他的综合素质，更让他在实践中逐渐明了自己的热爱——音乐；他渴望赴美深造，专注于音乐创作与表演。刚听到儿子这么说，我感到十分震惊和担忧：音乐？留学？这与我的设想大相径庭。我自己是名校毕业，深知专业背景的重要性，自然希望他能延续我的脚步，少走“弯路”。孩子走艺术路线是我从未想过的事情，这超出了我的认知，我的第一反应就是担心他放弃本来十拿九稳的光明前途，去选一条艰难不确定的路。于是一开始，我极力表示反对，试图用各种理由说服他放弃这个“不切实际”的想法，坚持认为他未来应该走学术道路，和父母一样，追求更为“稳定”和“有前途”的人生发展。

那段时间，家中弥漫着紧张、压抑的气氛。我与儿子之间的冲突不断升级，直到一个夜晚，钢琴声戛然而止，儿子走出房间，眼神中透露出坚定：“妈，我坚持去学音乐。”空气仿佛凝固成冰凌，我试图以现实的残酷点醒他：“你以后靠什么吃饭？做流浪歌手吗？”儿子听后，脸上闪过一丝失落，但很快又转为坚定。他深吸一口气，仿佛是在积蓄所有的勇气和力量，然后缓缓开口：“妈，我知道您担心的是什么，也理解您希望我走一条稳定、有保障的路。但我真的喜欢音乐，我目前就只有这么一个梦想，我想去试试。”我深深地叹气，没有回答，就当作是默许吧。虽然内心仍然是不认同和担忧的，但孩子这么坚决，我终究是不想让他伤心，试试就试试吧。

接下来的半年，儿子展现出了惊人的决心与行动力。他自学托福和 SAT（美国高中毕业生学术能力水平考试）；用 SWOT（优势、劣势、机会、威胁）模型分析各个音乐学院的培养特色；积极寻求合唱团老师和学长们的建议，制定了详尽的职业规划表格，列举了未来可能从事的职业及所需准备。当他向我展示这份职业规划表格时，我终于意识到：眼前这个被我视为“叛逆”的孩子，已经不再是需要我时刻呵护的小宝贝了，他已经成长为一个有担当、有追求的青年。他不但对自己有足够的了解，对热爱足够坚定，而且还具备支撑热爱的智慧和能力。他理解爸妈的反对是出于对他未来的担忧，他没有用激烈对抗让我们屈服，而是用实际行动让我们放心，让我们相信他有能力规划好自己的前途，过好自己的生活。

儿子的成长让我开始反思自己的教育方式，反思自己是否给予了孩子足够的尊重与支持。我决定放下心中的偏见，理解并尊重他的选择，他的人生，应该由他自己去书写。我告诉他：“儿子，是我太执着于自己的期望，忽略了你的感受和梦想。从今以后，妈妈会全力支持你，无论你选择哪条路，妈妈都会是你最坚实的后盾。”听到我这么说，孩子抬起头，眼睛亮得惊人：“真的吗？谢谢妈妈！我保证不会让您失望！”

随后的日子里，儿子利用课余时间准备托福考试和各种申请材料，在没有专业指导的情况下，克服疫情带来的种种不便，独立完成了多所国外音乐学院的申请。在这个过程中，我也尽我所能为他提供支持，帮助他查找资料，联系美国的朋友帮忙访校、实地考察等。儿子在这次求学经历中积累了许多宝贵经验。他告诉我，保持对音乐的热爱与执着至关重要，同时要注重提升个人综合素质和语言能力。最终，他以托福110分、SAT1480分的文化课高分以及出色的面试成绩，收到了曼哈顿音乐学院、伯克利音乐学院等多所顶级艺术院校的录取通知书。那一刻，我心中的欣慰与自豪难以言表。

如今，儿子已在曼哈顿音乐学院学习声乐四年，成绩优异，连续获得校长奖学金。他的专业水平也突飞猛进，参与了多部歌剧的演出，还受邀参加了意大利阿西西艺术节、美国迈阿密音乐节等国际知名音乐盛事。不久前，我奔赴美国纽约参加儿子的毕业演唱会，他用德、法、意、英、中五国语言，演绎了 17 首风格迥异的作品。舞台上，他挥洒自如，整个人散发着我从未见过的光彩。台下观众沉浸在他美好的歌声里，结束时掌声雷动。聚光灯下的他——那么自信，那么快乐。

虽然儿子没有走上我最初为他设定的学术之路，但他成了一名艺术人才，一个在音乐的世界里自由翱翔的探索者。看着他用努力和汗水，踏踏实实地实现自己的艺术梦想，探索自己的人生之路，我心中的成就感丝毫不亚于培养出一位科学家。现在回头看，我庆幸自己在关键时刻选择了尊重与理解，没有用传统的期望把他束缚在既定的轨道上。人生应是旷野，希望我的孩子能向着自己的热爱尽兴奔跑。

假如可以重来

我一定要多抽出时间陪伴孩子，而不是总以工作太忙为理由，错过孩子成长的许多过程，留下很多遗憾。一定多倾听他的想法，而不是突然有一天发现他已经长大了——看着他的背影，觉得时光如梭，希望他不要长大得这么快！

学业与兴趣的平衡术

当孩子沉迷于游戏、动漫、社团活动、运动……学习的时间被大大挤压，家长难免担心焦虑。如何平衡学业和兴趣，几乎是每个家庭都面临的难题。但是，家庭教育的智慧不在于筑起隔绝诱惑的高墙，而在于为孩子配好自律的护具，帮他们走出迷途，点燃热爱，自悟出学业与兴趣的平衡之术。

当兴趣与课业争夺时间

◎ 王晓晴

十一学校社团众多，给爱探索的学生提供了广阔空间。但是，越往高年级走，学业任务越繁重，社团活动与学业之间的冲突越明显。我们家在这个问题上深有体会。我的儿子一进高中就痴迷于月光科学讨论社的各类活动，作为家长，我们起初为他找到兴趣所在而欣喜，在中途又一度因他把社团活动置于学业之上而倍感焦虑。直到与儿子进行了耐心的沟通，并得到学校老师的悉心指引后，我们才渐渐释然：社团与学业都是人生进阶的必修课——那些在教室里熬过的夜、在比赛失利时流下的泪、在系统关闭前成功提交论文后的大笑，终将沉淀为滋养人生最宝贵的养料。

从鸡飞狗跳到收获满满

高中三年，如何平衡社团活动与学业一直是我们需要面对的一大难题。

在基本认知上，我们和儿子很一致，都认为社团和学业不是零和博弈，而是相辅相成的关系。社团活动可以更好地激发学生的学习兴趣，提升学习积极性和主动性，而学业知识为社团活动的深入开展提供了有力支持。儿子在参加月光科学讨论社组织的各种活动过程中，学业知识和个人能力都得到了很好的提升。例如他在参加中学生数学建模大赛时遇到了很多挑战，这促使他主动去查阅相关书籍和文献，拓宽了思维视野，学会从不同角度思考问题；四人组队参赛的模式，很好地培养了儿子的团队协作能力、沟通能力和创新能力。反之，如果没有扎实的学业知识，在社团活动中也会一筹莫展——月光科学讨论社有大量活动聚焦建模，数学知识掌握得不好的话，就无法理解相关的理论和模型，在很多活动和比赛中可能会寸步难行。

认知很美好，但实践的过程却经常是各种鸡飞狗跳。

高一时，儿子学业负担尚轻，拥有较为充裕的课余时间，他把大量时间投入月光科学讨论社，尽情沉浸于知识探索与活动交流之中。对于学业与社团活动的平衡，他把握得挺好，显得游刃有余。

高二时，儿子成为社长，社团的活动和事务一下子多了起来，每周固定的活动有：周一、周二晚上参加讨论班，每期的主题不同，需要查阅各种资料，准备讨论讲稿；周五组织科学书籍领读活动，需要挑选合适的科技类书籍，安排社团成员领读，还要拟定每期的活动宣传和画报方案；平时还有社团招新、红窗汇、校外交流等各种事务。社团事务越来越多，学业压力也越来越重，时间越来越不够用。儿子有些手足失措，经常不做课内作业，甚至连年级安排的周六强基课也常常请假。

我们注意到这个问题后，先向导师了解儿子的学业情况，发现他已经落下了好几门功课的作业，强基课也有点跟不上进度。导师说，现在月光科学讨论社里，主要是国际部学生在做一些研究项目或参加比赛，高考方向的学生比较少了，建议儿子还是以强基课程为主，放弃社团的比赛和活动。随后，我们与导师一起，与儿子就时间分配问题多次进行沟通。一开始，他强烈抗拒退出社团，我们和老师也没有强求，只要求他做好时间规划，确保在不影响学业的情况下再参加社团活动。试行了几周后，儿子发现时间确实不够用，要同时保全学业和社团有点困难，便提出一个方案：到高二期末考试前把七成精力放在社团，满足他对个人爱好的追求，期末考试后再退出社团，全身心投入学业，备战高考。本着尊重孩子的原则，我们同意了。整个高二下学期，他既要参加IMMC（国际数学建模挑战赛），又要联系清华大学科技史系组织活动，还得设计和定制社团文创周边产品、筹备红窗汇，忙得不可开交。孩子充实，我们乐见其成，但还是揪着一颗心，时不时跟部分学科老师联系，都会收到他最近又不交作业的坏消息。遇到这种情况，我们只能提醒孩子：某某科的作业记得交哦。好在高二期末考试，孩子发挥得不错，凭借优秀成绩入围清华夏令营。

高三时，孩子信守承诺，逐渐退出社团管理事务，全力备战高考，但他也会偶尔回到社团串个门，放松一下——毕竟那里有他最喜欢的指导老师和最知心的朋友。高考前，在很多同学还在为如何选择学校和专业而纠结时，儿子得益于在月光科学讨论社两年多的探索，对学科（数学和物理）之间、科学与社会之间的链接有了初步了解，对自己未来想深入学习的领域也有较为清晰的认识。他坚定地选择数学作为专业方向，希望继续在这个领域释放他旺盛的好奇心——这正是社团活动对学业的最强助力。

令我印象特别深的是，高二有一天我们和儿子闲聊，儿子突然说："在月光社看了那么多科学类书籍，了解到那么多物理学家的卓越成就，感觉物理学家在努力揭开事物运行的规律，既解释了苹果为何落地，也揭示了星辰运转的奥秘。但了解得越多，越觉得物理学家对世界的剖析不如数学家。数学才是宇宙中最美的语言，简洁的公式就可以阐释万物运行的逻辑。”真没想到，自称为“钢铁直男”的儿子竟然能说出如此动情的话，更没想到，在月光科学讨论社的探索活动会让儿子如此深刻地领略到数学之美，也让这个小小少年在心性尚飘忽不定的时候就锁定了自己未来要追求的方向。所以他在高三志愿填报时没有任何犹豫，只考虑数学专业。

如此来看，在某些阶段，因为时间限制，社团和学业看似难以平衡，但当把选择权完全交给孩子后，他们往往会基于内心最真实的想法，本着为自己的兴趣去冲一把的热情，逼自己尽量做好时间规划。此时家长要做的，是坚定地相信孩子、支持孩子，成为孩子最牢靠的后盾。在孩子穿过这段迷雾般的适应期后，学业和社团终将和谐相处，而孩子在处理这两者冲突的过程中形成的能力，会内化成他独有的核心素养，令他终身受益。

用时间与效率管理破局

在学业和社团活动冲突最为严重的高二，儿子面对每周的海量学习任务有点懵，晚上放学回家总是有点“丧”。对此，我们引导他运用时间管理的紧急重要矩阵，对各项任务进行分类和排序，建立起“要事第一”的决策框架，并用模块化时间管理法去完成每天的任务。

在帮助儿子建立的紧急重要矩阵四象限里，首先明确重要且紧急的事务包括两类：一是每学期的期中考和期末考，二是社团活动中的建模比赛。他需要将时间和精力优先投入这两类事务，为此必须每天及时完成各科老师布置的作业以及相应的建模训练。同时，将每天的时间划分为“深度时间”“探索时间”和“碎片化时间”三个模块。比如，把白天的自习课拿出一节来设定为“深度时间”，集中完成各科作业；晚自习拿出一节课当“探索时间”，用来阅读各种科学类书籍或是写讨论班的讲稿；中午在食堂排队等“碎片化时间”则用来处理社团的各种杂务，如邀请校外嘉宾、与厂家沟通文创产品生产细节、与社员沟通读书会主题等。通过运用紧急重要矩阵，儿子能够更加清晰地认识到各项任务的优先级，合理分配时间和精力，避免在琐碎的事务中迷失方向。

我们提醒儿子，作为社长，尤其要重视社团的管理效率。他接受建议，根据每位团员的特长和兴趣进行分工，合理分配任务。如在邀请清华大学科学史系的专家来学校做讲座时，他安排擅长文案策划的团员负责活动方案的制定和宣传文案的撰写，组织协调能力强的团员负责嘉宾对接以及活动现场调度，擅长制作视频的团员负责讲座的录制和后期新闻宣传报道。在学校一年一度的红窗汇活动中，儿子和团员们通力合作，完成了从设计社团文创产品、找厂家订购生产、前期宣传、现场售卖以及后期总结的全流程工作任务，既充分发挥每位团员的优势，提升了大家在社团里的参与感，又显著提高了活动的整体效率。更重要的是，社团里的每位成员都在活动中收获了成长。

在活动过程中，我们还提醒儿子多观察大家的表现，留心培养下一位社长。他留意到直升部初三的一位团员每次活动都很积极且做事有条理，组织能力很强，高二下学期就向社团指导老师推荐这位同学接任社长。后续的几次活动中，儿子带着他一起组织，如赴清华大学科学博物馆交流时，请这位团员作为主力安排接洽各种事宜。高三时，儿子经常去找社团指导老师聊天，老师对他推荐的新社长赞不绝口，让他特别得意。

用包容与支持赢得孩子信任

在儿子努力平衡社团活动与学业的过程中，我们主要是与他进行沟通交流，用心倾听他的想法与感受，在他需要帮助的时候，给予有效的引导和建议。

对于儿子参加月光科学讨论社的活动，我们基本上是举双手赞成，并从实际行动上让孩子感受到父母对他的包容和鼓励。每天晚上孩子回家后，我们都会跟他聊聊学校生活：“今天在学校里过得怎么样？讨论班上今天出的题难不难，能听懂不？”孩子爸爸有时还会申请做一下那些题，父子俩埋头讨论数学公式的场景还蛮温馨。也是在这样比较轻松的氛围里，孩子愿意向我们敞开心扉，讲他的悲欢喜乐，让我们能及时了解孩子的学业和社团活动情况，及时给予引导。

在孩子遇到困难时，我们给予他坚定的情感支持和实际帮助，让他感受到来自家长的关爱。高一寒假时，孩子和另外三位团员组队参加IMMC。因为疫情，当时他们没法在学校参赛，我们给孩子订了酒店，让他们能有封闭空间好好打比赛。在参赛第二天，我们估摸着还没到论文提交的紧张时刻，就带了一堆零食等补给品去酒店“探班”。那会儿他们刚好遇到瓶颈，正沮丧着呢，看到我们来探望，特别高兴。虽然这次比赛孩子没有拿到金奖，但孩子说过程中特别开心，尤其是我们专程去探望他们，让他倍觉温暖。红窗汇活动中，孩子和社团成员卖力吆喝月光科学讨论社的周边产品，我们带着相熟的家长组团去撑台，买了一堆台历、“高分喷雾”和文化袋，“大客户”的到来让孩子们乐开了花。

即便是在儿子因参加社团活动严重影响学业时，我们虽然万分焦虑，但也没有与儿子发生正面冲突，而是尽量换位思考，从儿子角度出发理解他的需求，倾听他的想法，及时想办法解决矛盾。当儿子高二下学期期中考试年级排名掉了一大截时，老师建议他退出社团活动，我们一开始也希望他听从老师的意见，暂停社团活动。没想到儿子反应很激烈，说他现在是社长，不可能突然甩手不干，还有已经报名的比赛也不可能不去打。面对孩子的执着，我们选择尊重他，甚至在他提出要在高二下学期拿出更多时间用于社团活动和完成比赛时，我们内心虽然有一百个不愿意，也还是同意他拿出这半个学期的时间去尝试。我们深知，正处青春期的孩子体内郁结着各种能量和情绪，如果不让他尽情挥洒一下，儿子会憋坏的。高二下学期那段时间于我们而言非常难熬，别的学生都在为高二暑假进清北营和高三进课程高层教学班而努力拼搏，我们的儿子却在为他的兴趣爱好全情投入。这个时候，我们只能安慰自己：儿子能有自己的主见去做一件事，说明他正在成长，我们应该感到开心才对。我们对儿子的包容和支持，换来了他对父母的高度信任。所以，我们家基本没有亲子矛盾，偶尔意见不统一会有小小的争吵，但大家都会把各自的想法摊开讲出来，讨论一番后，理性的解决方法很自然地就冒出来了，于是就笑嘻嘻地按照这个方案去搞定问题。

现在回看，学业与社团并非非此即彼的选择题。那些看似“耽误学习”的社团活动让儿子收获了课堂之外的成长，激发了他的热情与创造力。当孩子的热爱被点燃时，这束光亮不仅会照亮孩子在社团与学业间探索的道路，更将指引他在未来的人生旅程中找到梦想的方向。

假如可以重来

我会让孩子自由徜徉在数学的奇妙世界里，尽情追逐他的热爱，而不要为了高考在兴趣与现实间反复权衡。

运动的馈赠

◎ 悠然

体育运动的益处人人知晓，但是在学习压力面前，有多少家庭能坚定地保障孩子的运动时间呢？升学压力下，一方面是孩子在该玩的年纪被关在教室里学习，另一方面是为了体测耗费时间、精力、资金去请老师恶补体育。这是很多家庭不得已的选择。我在工作中会接触一些特殊人群，看到他们的成长经历、家庭环境带来的几乎不可逆的影响。对我们而言，孩子能拥有健康的身体，健全的人格，乐观、积极、豁达的生活态度，以及胜不骄败不馁的心理弹性，是比学习成绩重要百倍的事。所以我们十分鼓励儿子运动，培养健康的兴趣爱好。

我儿子从跌跌撞撞学走路开始，就一直在不断地尝试自己喜欢的各种运动项目：夏季轮滑；冬季短道速滑、滑雪；中间穿插着不知道哪天突然冒出的兴趣——羽毛球、网球、游泳、国际象棋（不需要背棋谱，完全是兴趣使然）。只要是孩子感兴趣的，我们都鼓励他去大胆尝试。体育运动一直伴随着儿子的成长，即使在中考、高考的重要日子里，依然从未间断过。

经历过各种尝试体验后，儿子选择短道速滑作为主项，一练就是九年。九年来我们风雨无阻，披星戴月。夏季滑冰馆室内外温差近50度，冬季馆里比室外还要寒冷。每次训练，都有一些被家长逼着来的孩子会悄悄地偷一下懒，少滑一圈，姿势不做到位省点力气，教练看不到就歇一会儿……儿子从来不会，看着他在冰场上那股认真的拼劲儿，我深深感到，真正的喜欢才是做好一件事情的最大动力。

小学五年级的时候，儿子被选拔进入海淀区体育局短道速滑队，体育局聘请了曾经带出过武大靖、范可新等奥运冠军的资深教练。以专业的标准来衡量，这些单纯喜欢这项运动的孩子们显然有太多需要提高的地方，于是训练时间和强度都大大增加了。每周一、三、五晚上8：30，儿子雷打不动进行冰上训练两小时；下冰后简单跑步拉伸，到家已近12：00；再洗漱，最早也要12：15睡觉。周六、日早上，5：30之前必须离开家；孩子在车上吃饭，6：30就已经上冰训练了；下冰后还要做陆地训练到中午12：00。滑冰馆距离又远，单程要一个小时，路上也耗费了大量的时间。每个寒暑假，学校放假第二天，儿子就带着作业进入集训队，一训练就是整个假期。一个又一个假期，没有游玩的时间，训练也很枯燥，但是孩子喜欢，我们就陪着他、支持他！

初二时，看到周围同学都在上各种补习班，儿子也不免担心：再继续坚持训练会不会造成课业学习时间太少，学习成绩下降？他甚至一度想暂停训练。这个想法也没有错。但当时我们家长考虑的是：现在就放弃所有学习之外的爱好去拼中考，值得不？过早地让孩子有目的地、枯燥地学习，而不是带着真正的热爱去探索、去钻研，值得不？我们觉得需要和孩子面对面地好好聊一下。

我问孩子：“短道速滑是你从四岁就开始系统专业训练的运动项目，你现在还依然喜欢这项运动吗？”

孩子说：“当然喜欢！以后我还会一直坚持这项运动。”

于是我说：“咱们在这项运动上坚持了八年，这八年里吃了多少苦、受了多少次伤？在训练队，好多孩子打游戏不学习，开始的时候你也玩，妈妈和你深聊了一次，问你将来的理想变了没有，你说没变！然后当着妈妈的面，拿出手机就把所有的游戏卸载了，告诉妈妈以后不会再玩了。你知道当时妈妈有多佩服你吗？能有你这样的好儿子，妈妈多么骄傲！你虽然不是聪明绝顶、智商超群的孩子，但是妈妈相信你有能力做好一切你想做的事情。学习的前提是先有个好身体，并且要有运动来做支撑，这样在学习这条路上你才会走得更远。目前咱们把时间整合一下，看看怎么能更合理地利用好时间，争取学习、训练能兼顾下来，初三的时候咱们再把滑冰这件事暂时停下来，全力应对中考，我们再试一试可以吗？”

听我这样说，孩子回应道：“现在放下我确实也舍不得，我喜欢在冰场上那种风驰电掣的感觉，也喜欢领滑时冲破风阻、一路遥遥领先的威武。那我再好好考虑一下，看看平时在学校里能不能为自己多争取一点学习时间，再坚持坚持。”

就这样，在我们的鼓励和共同配合下，孩子又坚持了一年。在北京市第一届冬季运动会上，孩子取得短道速滑单项第二名的好成绩，并被授予“国家二级运动员”称号。多年苦练有了好成绩固然让人欣喜，但我们感到，坚持体育运动最大的收益其实是培养了孩子的体育精神——有冲劲，有韧性，不怕挫折，不轻言放弃，凡事从不轻易服输！而且搞体育的孩子专注力都特别好，能有效地利用课堂时间，所以学习起来也比较轻松。

进入高中后，儿子依然保持着每天运动的习惯。十一学校给孩子们提供了极为丰富、精良的体育设施，丰富了孩子们的业余生活。儿子在这个环境中开心极了。他上学的书带没带齐不用我管，我只需负责帮他准备好运动速干衣，按照每天的运动项目——游泳、跑步、攀岩、羽毛球、足球、飞盘、健身馆力量练习——带不同的装备。孩子脸上每天都洋溢着发自心底的灿烂笑意，他还经常会给我们秀一下他的六块腹肌，顺带再小得意地嘲笑一下我们没有他厉害。体育运动也让他结识了更多朋友，在集体中更有担当。高三入境教育时，学校组织孩子们团建，其中一项是爬人梯。没想到算不上高大又特别爱干净的儿子竟然也是“人梯”之一。孩子回家后，骄傲地给我看踩满各种脚印的T恤。看到他淤青的后背，听到孩子说他是运动员出身，相信自己有足够的力量支撑同学们翻越障碍时，我瞬间流下心疼又欣慰的泪水，我的孩子长大啦！

看着孩子进入这么适合自己的学校，拥有每天快乐到要起飞的好状态，我们既为他骄傲开心，又要做好后勤保障工作。我每天至少给孩子带500毫升鲜奶、一个苹果、一瓶纯果汁，书包里随时备着牛肉干、巧克力和各种随机零食，定期补充。晚上我会准备好各种孩子喜欢的食物，孩子出校门上车就开吃。早餐更是重中之重，必备一荤一素一饮品。孩子说，他的早餐不要说在年级里，就是在学校里也绝对是数一数二的，只是他自己的学习成绩和早餐规格比有不小的差距。我都笑着和他说：“咱先要有个好身体，学习不用非要争先，别落下就好。”

儿子也的确是一直在用自己的方式平衡运动和学习的。高一开始，每天下午4：30下课后，是他雷打不动的运动时间。他是以专业运动员的标准来锻炼的——热身、分组练习、拉伸，这一套下来至少两个小时，晚上6：30再去食堂吃晚饭。结果就是晚自习他无法按时参加，他选择按照自己的节奏，找空教室或者去图书馆自习，我们也支持孩子按照适合自己的方式学习。

即使在全力冲刺高考的关键时候，孩子仍然会坚持每天运动，只是把平时的运动时间缩短到30—40分钟，周六周日再延长。他偶尔还会踢场足球或是玩玩飞盘，高三同学凑不齐，就和高一高二的同学玩。实在没有孩子一起玩，看体育馆的阿姨不忍心，就陪他打乒乓球。孩子很感恩，毕业还专门去看望阿姨，可惜阿姨退休了没见到，但他心里一直记得每一位曾经帮助过他的人。

我们一向支持孩子运动，认为玩得好才能学得好，在这么高压、高强度的备战中，孩子还能坚持运动是多么难得的好事。但我们也会再三提醒他别太拼，以免受伤。可孩子还是在一次踢球时又扭伤了脚踝，高中三年拄拐两次，这次还伤得比较重。班主任老师安慰我们说：也好，这下能好好在教室里不乱跑了。但这点伤是阻挡不住一个淘气孩子的脚步的，儿子仍然是生龙活虎，受伤也没耽误他想办法做别的运动。虽然有点担心，但我觉得体育带给他的快乐和自信是更重要的，尤其是在容易紧张焦虑的高三阶段。家长会的时候连老师都问我：他现在咋还能笑得那么开心啊！说真的，有了运动，我一点都不担心孩子会抑郁，会出情绪问题。

因为孩子热爱短道速滑，我们鼓励他考清华——清华有专业的滑冰场，这样他可以继续他的爱好。孩子在上清华暑期营的时候，还特意跑去认真考察了冰场。虽然最后无缘清华，但他被上海交通大学致远学院物理专业录取，圆了心心念念的物理梦，多年的努力结出了硕果。毕业旅行时，孩子选择了环青海湖徒步。过程很累很辛苦，但他说，就是要用这样的方式来磨练意志——独立行走在大自然里，可以放空思想，认真思考未来的科学之路。流水不争先，争的就是一个滔滔不绝！运动是砥砺身心、助力孩子人生长跑的基石，希望他永葆运动习惯，一路向阳成长！

假如可以重来

我依然会为保护你的学习热情而不去计较分数高低，

我依然会为了你喜欢的运动而选择买最好的装备，

我依然会在你遇到事情时和你站在一起共同去面对，

我只会更加珍惜陪伴你成长的时光。

走出游戏诱惑

◎ 韩丽娜

“爸爸，今天帮我做任务了吗？”“爸爸，记得帮我抽奖！”高考前的那几个月，这类话语成了女儿与爸爸交流时的高频内容。当游戏与学业的冲突摆在眼前，我们意外地成了女儿的临时游戏“管家”。

女儿真正开始独立接触电子产品是在初中，拥有自己的手机后，游戏的大门也向她敞开，她在游戏世界里逐日痴迷。与此同时，动漫也成了她生活的一部分，《排球少年》《灌篮高手》等众多作品，都是她的心头好。

一直以来，我们秉持的原则是，只要不影响学习，就支持她的爱好，该学的时候认真学，该玩的时候尽情玩。初中的时候，女儿在游戏和学习之间基本上可以游刃有余，每天完成既定任务后，她便能自行安排时间。她还常常向我推荐她觉得精彩的动漫。起初，我对动漫颇为排斥，但在孩子的带动下，我开始尝试接触，和女儿的话题自然也变得更加丰富。我们一起讨论动漫人物、情节，我甚至挑选了动漫人物图案的手机壳，而且至今仍在用。而游戏世界里，她则与爸爸结为“盟友”，极力向爸爸推荐自己玩的游戏，兴奋地分享攻略和见解。

步入高中，尤其是高三紧张的备考阶段，手机游戏和动漫在一定程度上打乱了孩子的作息节奏。白天学业繁忙，孩子根本无暇顾及；晚上回家又很晚。但不管多晚回家，她都忍不住抱着手机看，严重影响了晚上的休息时间，导致第二天上课犯困。家长会时，老师也多次提到她专注力不足的问题。为此，我反复提醒女儿注意把控时间，不要因为看动漫或玩游戏影响复习状态。她也意识到了时间紧迫的问题，主动把追看的动漫暂停了，却无法割舍游戏。

我尝试过各种方法，甚至提出代为保管手机，但都被拒绝了。直到某天深夜，我发现她关灯后躺床上还在偷偷摸摸玩手机，情绪失控之下，我一把夺过手机冲出卧室。女儿也很生气，险些追出来抢。这场冲突让我们的关系骤然紧张。

冷静下来后，我及时反思自己当时的处理方式，意识到强硬手段只会适得其反。于是，第二天我主动向女儿道歉：“妈妈理解你需要放松，但更担心长期熬夜会影响健康。我们一起想个更好的办法好吗？”经过多次深入沟通，女儿努力压缩玩游戏的时长，但始终不愿和其他同学一样卸载游戏、注销账号。“高考固然重要，但也不必决绝地屏蔽一切啊”——她始终在尝试寻找“两全其美”的办法，寻找学习与娱乐的平衡点。

有一次，我们又谈到这个问题，我问她为什么游戏非得每天玩。她解释说，有些游戏每天都有任务，比如在某个游戏里，每天登录玩五分钟就能领取 60 个原石（换算成人民币大概六块钱）。她总想每天登录领取，但一旦登录，就很难在五分钟后马上退出，毕竟游戏的吸引力太大了。这让女儿既难以抗拒，又因耗费时间而自责。

一次晚饭后，孩子爸爸闲坐着无聊，就打开女儿之前说的游戏玩起来。我灵机一动，心想或许可以让爸爸帮忙，缓解这特殊时期游戏与学业及作息的矛盾。经过协商，我们达成约定：爸爸成为女儿的临时“游戏托管”，每天负责登录游戏账号完成日常任务；女儿则化身“监工”，偶尔检查一下爸爸是否按时完成。如此一来，她对游戏的牵挂明显减少，对手机的依赖也大幅降低。原本剑拔弩张的家庭矛盾，也在全家人的配合中悄然化解。

这个看似玩笑的安排，收获了意想不到的效果。从最初因手机游戏引发的激烈对抗，到逐步探寻出相对满意的解决办法，离不开家长与孩子的共同沟通、讨论和尝试。在这个过程中，作为家长，我有几点体会尤为深刻：

第一，正视游戏价值，不能全盘否定游戏对孩子的意义。孩子在游戏中，不仅能获得短暂的放松，还能借此思考一些问题。我们得承认游戏具有两面性。有时，看到女儿痴迷于某个游戏，我会主动表达对游戏的好奇，询问游戏机制、独特设计、优缺点，以及游戏给她带来的成就感与挑战。通过频繁探讨，孩子能更客观、理智地看待各类游戏。

第二，拒绝简单粗暴，遇到问题时，切忌一刀切。单纯没收手机或者强制孩子卸载、注销游戏账号并非良策，无法从根本上解决问题，还可能在很大程度上伤害孩子，让孩子形成非此即彼的思维定式。孩子在成长过程中会面临诸多诱惑，需要不断权衡利弊，游戏便是对孩子成长的一次考验。积极探寻有效的解决办法，对孩子而言也是重要的锻炼。

第三，倾听孩子心声，发现问题后，要与孩子坦诚沟通。及时了解他们对游戏和学习的真实看法，弄清楚在高三这个关键时期仍放不下游戏的具体原因——可能是学习压力下的短暂放松，可能是虚拟世界的成就感，又或许只是想维持每日登录的习惯。只有理解孩子的真实需求，才能有的放矢地解决问题。在倾听的同时，既要向孩子表达家长的期望，让他们明白高三学习对未来的重要性；也要注意沟通方式，避免一味指责批评，要以平和、理性的态度交流，让孩子能够理解家长的良苦用心，以便达成双方都能接受的平衡方案。

第四，探索互助模式，家长不妨在特殊时期伸出援手，帮助孩子寻找适合自己家庭的共存模式。要让孩子感受到，父母是与他们并肩作战，共同面对学习困扰，而不是站在孩子与游戏的对立面。那些曾让我们如临大敌的“原石”和“副本”，也可以在协作中，转化为亲子关系的特殊密码。

这场走出游戏诱惑的“家庭教育实验”让我们明白：无论是游戏、动漫，还是其他诱惑，当它们与孩子的学习发生冲突时，家长不必过度紧张。教育的智慧不在于筑起隔绝诱惑的高墙，而在于为孩子配好自律的护具。我们应多倾听孩子的想法，引导孩子寻找解决办法，同时积极提供帮助，助力孩子克服困难。人生充满挑战，高考只是其中一个考验。只有让孩子学会理性面对，他们才能更好地应对未来更多的挑战与诱惑，从容通关。

假如可以重来

在允许孩子适当玩电子游戏的同时，要鼓励她更多地在现实世界中扩大社交圈，广交朋友，多参加线下活动，锻炼孩子的社交能力。在发展文科思维的同时，有意识地培养孩子的理科思维，实现文理兼备、全面发展。

舞台之上，梦想之间

◎ 青峥

女儿小升初时，如愿进入了十一学校直升班。十一学校是个什么样的地方呢？不管是身处其中还是离别回望，当这个问题浮现在脑海，心头闪过的一直是“梦校”二字。它是孩子和家长梦想中的学校——有不唯分数是举、全人教育的前沿理念，有爱学生、爱教育、专业精湛的教师队伍，还有精彩纷呈的社团、丰富多样的选修课、先进齐全的设备器材，这一切都给孩子们提供了追逐梦想、实现梦想的广阔平台。在十一学校这个既像桃花源又像避风港的地方，女儿度过了成绩起起伏伏却妙不可言的六年，她的性格、价值观和世界观也逐渐塑造成型。

经历过最初的成绩不佳、努力调整阶段，当成绩逐步稳定，课业的压力不再让人透不过气，女儿便迅速找到了自己的兴趣所在，走上了学业和爱好全面发展的道路。学生剧社和话剧演出在她的中学生涯里构成了浓墨重彩的一笔，为她编织了最好的成长梦。

女儿和话剧真正结缘，始于学校的中国文学传统高端课堂。在老师的带领下，孩子们了解到了一个真实的屈原——不止于端午节投江和粽子，而是一个戴高冠、佩长剑、挂兰草、有着深刻故国情怀的翩翩君子。女儿心中涌起无限的感动钦佩，她和有同样感受的小伙伴们一拍即合，大家一起着手创作原创剧本《离骚》。一群十几岁的孩子，凭借满腔热爱，利用课余时间，在老师的帮助下，克服意料之中和意料之外的种种难题，终于把原创话剧《离骚》搬上了舞台。看着孩子在热爱的领域熠熠生辉的样子，我们这些家长也感动不已。

《离骚》成功演出之后，女儿和好友决定创建学校第一个中文话剧社团——鹿鸣剧社。这是真正的一切从零开始，我见证了她们是如何吸引志同道合的小伙伴们，一步步把梦想变为现实的；也见证了她们为每一次社团活动、每一次排练、每一场演出，在台前幕后是如何默默坚持的。作为家长，我无法不心疼女儿投入了无数的时间精力，牺牲了休息；但当我坐在剧场，看到孩子们完美呈现出凝结着心血的演出时，心里满溢的除了赞美和惊叹，就只有感动和祝福——在最好的年华，遇见最好的同伴，一起筑梦，一起收获，何其美好！

虽然社团活动难免会挤压孩子的学习时间，但是看到女儿在成立剧社、组织演出的时候，交到了更多好朋友，学会了有效沟通、组织协调和团队协作，看到她渐渐积累起自信，谈起剧社就露出开心的笑，我们就由衷觉得要支持她。我们能做的就是当好后勤部长，在孩子需要的时候提供帮助，在精神上鼓励支持。

女儿也的确在这个过程中得到了极大的锻炼。首先就是学业和兴趣的兼顾。我曾问过女儿：社团活动和组织演出期间，课余时间被大量占用，是如何保证学习成绩不下滑的？女儿说，因为时间不够用，所以心中不由自主生出紧迫感，这种紧迫感会极大提升学习效率，让她能够在有限的时间内处理好学习和社团的方方面面。可见，热爱让女儿主动自发地提升效率，效率的提升让孩子能兼顾好学习和爱好，这种平衡又让她保持稳定良好的心情、心态。女儿用实际行动兑现了学习和课外活动两不误的诺言，也让我们放心了。

其次是学会不纠结与及时放手。话剧社的小伙伴们一度有感于“赵氏孤儿”的震撼与悲壮，想通过原创剧本来展现这个故事。他们写剧本花了很长时间，也各种切磋打磨；只是很可惜，编剧组的同学们风格不同，无法统一，付出很多心血的剧本最终付诸东流。心疼不舍是无法避免的，但孩子们在这个过程中学会了断舍离，我甚至觉得这是更大、更实在的成长收获——因为学会了及时放手，他们能够在《暗恋桃花源》之后，不再执着于大型剧目的完整呈现，而是转向短剧的形式，既节约同学们的时间和精力，又丰富了演出形式；因为学会了及时放手，他们能够在剧社组织后继无人的时候，清醒冷静地看待结束，能够和小伙伴们一起欢聚，用鲜花和蛋糕向剧社告别。

从原创话剧《离骚》到鹿鸣剧社，再到毕业大戏，剧社成为女儿成长最快的地方，带给她收获，也带给她无限的快乐。高二离开鹿鸣剧社时，女儿发了一条朋友圈：

> 我做过一场彩色的梦
> 梦里有最盛大的烟火
> 一场最好、最好的梦
> 因为我们身在其中

高三暑假，女儿如愿去了清华大学暑期学校。清华园是女儿从小到大去了无数次的地方，但住下来细细体验是第一次。经过那个夏天，她心中关于大学的梦变得具象化，呈现出立体生动、有血有肉的模样。

带着这样的自我期许进入高三，女儿蓦然有了紧迫感，好像背后有根指挥棒不停催着她向前。各种考试接踵而来，复习节奏特别快。高考报名、体检、听口测试……一个个时间节点压在心头，沉甸甸的。这时候，孩子自动把重心调整到学习上，社团活动、演出都让位于备考。高三压力大，学习困难多，好在有了之前的锻炼和积累，女儿有力量去攻克一个个障碍。

首先是选考科目变动。女儿最初的选考科目是物生政，但因为新规要求物化捆绑，她不得不中途改选化学，比其他一开始就选修化学的同学少上半年课。这让孩子对化学不太有信心，化学成为她的弱势科目。直到高三，她的化学成绩才在老师的大力帮助下提升到正常水平。我们陪她一起梳理总结经验教训：化学需要记住的内容很多，但是死记硬背完全不够，只有深刻理解，才能真正有效记忆；记住之后还需要分阶段复习巩固，这样才能把知识内化。

其次是处在高层班的压力。凭借高一高二不错的成绩，女儿在高三进入课程高层教学班。一轮复习开始后，同样的知识，不同的同学，带来的上课体验有天渊之别。老师尚未讲完，同学的答案就脱口而出；班级的各科平均分都居高不下；新老师的授课方法独特别致——这些都带给女儿不小的压力。面对这种压力，我们和女儿分析：高层班有压力也有好处，如果能在压力下适应和成长，对学习能力的提升、意志品质的磨练将很有帮助。我们建议她多和同学沟通，多向老师请教，试试调整自己的状态。经过一段时间的适应，女儿对新班级的认同感大大提高，终于扛住了压力，找到了状态。

最后，除了前面的障碍，女儿高三一年遇到的最大困难，还是成绩起伏不定，仿佛过山车。这是最影响女儿信心、给她带来情绪波动的问题。在这种关键时期，家长的作用很重要。我们一是要做好自己的心理建设，才能更好地鼓励孩子；二是要更实际地帮助孩子。好在我们从初中阶段就开始协助孩子做考后总结：考得不好就总结教训，考得好更要总结经验——经验比教训更有价值。每次考完试，女儿都和爸爸一起，对照卷子梳理错题，找出原因，然后从复习状态、考试状态等各方面分析，总结成文字，打印出来贴在书桌旁边的墙上。

有了这样的基础，面对高三的成绩起伏，我们和女儿一起寻找问题的根源。通过总结分析，我们发现最大的问题是考试状态不稳定、基础不牢、时间利用率不高。找到问题就心里有底了，孩子便开始有针对性地调整：首先是考试状态，她的考试状态和题目难度分布关系较大，所以在最后一段时间，我们建议她尽量练习高考题，高考题相对来说比模考题更科学、难度分布更合理，这样有助于提高孩子的信心和应对考试的能力。其次是基础不牢的问题，我们的办法是通过总结错题来补知识点，发现一道错题，就清理掉一两个欠缺的知识点，这样逐渐实现了各科知识体系的完善和提升。最后是时间利用率，在最后阶段，孩子坚持每天总结学习内容、制定各科目标并逐一完成，用任务清单督促自己提高了时间利用率。除此之外，我们还帮女儿建立了底线思维——如果最坏的结果都能接受，那么在考场上就可以坦然面对、挥洒自如。

这些办法帮助女儿提振了信心，即使经历了某次模考失利，她也能够迅速调整好状态。6月，女儿带着微笑走进高考考场，最终圆梦清华园。

回顾高中这三年，我们见证了女儿投身于她热爱的剧社，学会沟通合作，学会平衡爱好和学业；见证了她面对压力和困难，在失利中汲取养分，在挫折中学会坚持，在成功中保持谦逊。在鼓励孩子自由生长的十一学校，女儿得到了全面发展。作为父母，我们也一直在努力和孩子共同成长，反思因自身性格和认知局限而导致的偏差和不足，去纠偏、去改进。一路走来，孩子成长为她自己，我们也从手足无措的新手爸妈，成了处变不惊的父母。

当年入学十一，录取通知书上写着“十一学校，是你一生的荣耀”，迎新“列车”展板上写着“未来已来”。今天，女儿已从十一走进清华园，而十一这片沃土所滋养孕育的根系——自我探索的勇气、坚持热爱的纯粹、超越困难的韧劲，将支撑她奔向更远的未来。

假如可以重来

要更好地活在当下，更珍惜身为十一学校家长的时光，更珍惜和孩子朝夕相处的时光，给如逆旅的人生撷取更多美好记忆。

走出成长焦虑

健康的身心远比高分重要。教育不是塑造一个父母理想中的孩子，而是陪伴一个真实的生命找到自己的方向；是接纳孩子所有的情绪，与孩子共同抗压；是纵使心中万般焦虑，也要保持克制，不让自己成为孩子焦虑的来源。当家成为“情绪避风港”，孩子才会找到属于自己的成长节奏，获得战胜一切的勇气。

陪孩子走出抑郁焦虑的沼泽

◎ 刘静

我的女儿橙子在十一学校度过了初高中六年时光。这六年里，孩子既享受了非常丰富的课余生活，也在学业上承受了莫大的心理压力。初中时，橙子放飞自我，快乐游玩。到了高中，她紧张、焦虑、抑郁，对未来没有信心，常常情绪崩溃到无法安心学习——这些竟然成为曾经快乐的女儿的生活常态。作为家长，我们的痛心、煎熬是无法言表的。幸运的是，在无限的包容、爱、赞赏、鼓励、接纳之中，孩子在我们的陪伴之下从焦虑、抑郁中走出来，积极阳光地开启了人生新篇章。希望橙子的经历可以给正在压力煎熬中的家长与孩子们一点启迪。

从信心满满到害怕高考

初二那年，橙子考上了十一学校的直升班，我们都很为她高兴。

当时以为进入直升班意味着孩子高考无忧了，因为每年十一高中都有七八十个孩子考入清华北大，我们自认为以橙子的聪明，即便上不了清北，也肯定能上个头部 985 高校。没有想到这种喜悦没持续多久，我们就感受到分数的压力——橙子害怕高考了。

在十一高中直升班，孩子个个都是学霸级的。橙子高一时还信心满满，到了高二，学习的压力、同辈的压力已经让她每天 5 点半起床，晚上 12 点睡觉，没有休息，没有周末，每天都在做题背书中度过。但是越紧张焦虑、休息不够，她的状态越不好，每次考试都是年级 200 多名。她为此大哭过好多回，认为自己无论怎么努力都没用，整个情绪极其崩溃，面对高考非常恐惧。

现在回想起来，我们作为家长其实有很多失误。首先是分层选择上的失误。在孩子爸爸眼里，橙子是最聪明的，他常常以自己当年高考数学 110 多分（满分 120 分）为例，告诉橙子数学很简单。于是孩子最初信心满满地从数学一层换到了二层，但这却成了挫折的起点。因为她根本听不懂数二的课，就这样稀里糊涂跟着学，最后在数学上受到很大的打击。其次是选科上的失误。其实，橙子在文科上的优势潜能比理科强很多，但是我们当时没有深思熟虑，选择了以理科为主的生物与化学。三年来孩子花了大量的时间精力，却在“偏难怪”的题海里越陷越深，错误的选科更加导致她陷入焦虑的情绪中。

用爱接纳孩子所有的情绪

2020 年孩子因为疫情在家学习的 4 个月里，每天我都会与她交流半个小时，告诉她放宽心，没有什么大不了的，将来她一定会感谢这段经历。有一天她问我：“妈妈，你不生我的气吗？”我告诉她：“怎么会，妈妈相信你可以的，妈妈在等着你慢慢地长大，你是个有担当的好孩子！”

橙子当场流下眼泪来，她开始愿意相信自己是个好孩子，未来会是一个有担当、有作为的人，而不是现在这样与分数死磕的无力者。

这样一路煎熬地来到高三。开学后，我们与橙子进行了几十次谈话沟通，告诉她无论高考如何，都不影响她的优秀与能力，相信她以后必定会成为对社会有价值的人。终于在 4 月份的一天，橙子告诉我："妈妈，每个孩子都有自己的优点，我不能用自己的弱项和别人的强项比，对吧？"我听后简直太高兴了，她已经接受了妈妈的劝说，对自己有一些自信了！这让我对她走出抑郁与焦虑有了更多信心。

在高考前两个月，我建议橙子停止一切"偏难怪"题型的补课，回归课本，老老实实地背书，掌握课本知识，这样心里会更有底一些。橙子接受了我的建议，不再浪费更多的时间用于补习。就这样，我们帮她在努力调整学习状态的同时调整心态和情绪，终于陪她迎来了高考。说实话，高中阶段沉重的学习压力和孩子过重的心理负担，让我们已经逐渐降低预期，从向往清北到"有大学上"就好，孩子的身心健康成了我们的第一诉求。

高考分数出来，橙子看着 600 多一点点的分数又哭了。我赶紧鼓励她："妈妈帮你看了一所特别棒的大学，既是 985 又是双一流，离家还近，咱们可以上 M 大学。"力保能被 M 大录取成为我们的目标，最后橙子因为从小积累的英语优势，顺利进入了 M 大。

即便进入大学，橙子依然时常受到情绪的困扰。大学的学业及各种竞赛带来的压力常常会让她感到焦虑。好在我们一直以爱和接纳来承接她的所有情绪，给予她希望。当她遇到挫折时，我们鼓励她不要只看重眼前得失，要着眼于长远；她收获成功时，我们激励她相信自己的能力，人生有无限可能。每天只要她情绪好，我都会抱抱她、夸夸她。这种良好的亲子关系让她充分信任父母，愿意向我们倾诉她的压力和情绪起伏，还经常打电话和我们沟通。而我都会在电话结束前跟她说：“你对妈妈说一声：‘我可以的！’”橙子都会大声地在电话那头喊出：“妈妈，我可以的！”这一句句“我可以的！”伴随着她在M大拿到了无数荣誉，发表了许多篇论文，完成了很多个竞赛，并顺利地跨专业保研到A大。最让我高兴的是，她开始鼓励其他曾经有过焦虑、抑郁情绪的孩子树立信心，走向阳光。

前两天，橙子突然兴奋地喊我：“妈妈快过来，坐到我身边来！”待我坐下，她张开双臂：“我要给妈妈一个大大的拥抱，妈妈我爱你！”我们开心地拥抱在一起，我也大声对橙子说：“妈妈也爱你，感谢你来到我的生命里！”

在终于走过那段艰难的旅程、走出了内心的围城之后，橙子写下了她的感受，并主动聊起作为十一学校里所谓的“差生”是如何度过高三的：

从“我不行”变成了“我可以”

初二的时候我考进了十一学校的直升部，读大学的时候也直接保研了，唯一参加过的社会性统考就是高考。这唯一一次大考成了我人生中刻骨铭心的经历。

高中三年对于我来说就是噩梦一样的存在。我被困在了名为“我不聪明，所以我要比所有人都更努力”的枷锁中，从高一到高三，每天从5点半学到晚上12点睡觉；假期更是没有一天不在学习，因为所有人都说“寒暑假是弯道超车的好机会”。每一次考试我都希望能证明自己的优秀，正是因为太在乎，所以我没法发挥出自己的正常水平。高中三年，我恨自己、讨厌自己，认为自己只是一个没有价值的废物。

到了高三，我已经学不动了，甚至到了即使坐在图书馆也什么都看不进去的程度，我机械地抄着课本、整理错题，看似很努力却什么也没学会。高考那天，我依旧同过往的每一场考试一样，脑子里不断重复着“我是个废物，我考不好的，我不行的”——然后，高考失利，考到了一所我从未想过要去的大学（现在我非常感恩这所大学）。

好在我是个不会轻易放弃的人，大学的前三年我做好了一些事，也遇见了一些很好的人，我不再任由情绪摆布，从“我不行”变成了“我可以”。我还记得那个让我可以真正爱自己的瞬间——在大学时光中的一个刹那，我忽然与自己和解了：是啊，我不喜欢数学为什么要学理科？我那么聪明，为什么要假装努力？于是，我开始勇敢地追求一切我所热爱的事情，也越来越喜欢自己的每一面。

所以啊，亲爱的，如果你也正在和自己较劲，被“我很烂”的想法困扰，请勇敢地享受这个过程吧！黑白的底色终会成为灿烂的经历，因为它会让你成为你。就像逆光的时刻，阴影会笼罩我们，是因为我们正面向光明！

所谓“差生”该如何走过高考

有好多契机促使我写下这些文字，比如上个月开导了一位在“六小强”尖子班却学不动了的学妹，比如我忽然发现我高中学习很好的朋友并不能共情她那因为高考而焦虑崩溃的表弟。于是，我忽然想聊聊我作为一个十一学校“差生”是如何度过那噩梦般的高三的。希望所有人都能走向未来，而非困在高三。

首先，我想先聊一个题外话——“做题家”的身份。其实我们每个人一生中都会经历一段“做题家”的时光，因为我们需要通过机械化的学习，去了解自我的学习习惯，寻找合适的学习方法。有些人在小学和初中就已经懂得了如何学习，但大部分人是在高中。我们也许是慢了一步，但并不意味着我们的人生完蛋了。“做题家”是人生某个阶段的临时角色，而不是定义我们价值的永恒身份和标签。如果你现在正在为了高考拼搏，请不要为这份努力而羞耻，因为你正处在那个人生新阶段的起点，努力的意义不仅仅是那份高考成绩，更是那份对自我的了解和认识。

回归正题，我在高三面临的最大问题就是——恐惧高考。我害怕高考失败，更害怕的是家长的失望，这种恐惧使我无法正常完成任何一场考试，我陷入了“考前敏感—考试大脑空白—无法接受成绩”的死循环。在四年前的这个时候，我甚至想要放弃高考。然而今天，22岁的我再回看这场确实失败了的考试，我发现它真的决定不了什么，高考考差了真的不意味着我的人生完蛋了。我想说，请不要轻易决定放弃高考、来年再战，因为我遇到了太多再也没有勇气直面高考的学长学姐，他们的人生真的被困在了高三。咬咬牙去考试，你会发现高考远没有你噩梦中那么难。高考后的第二天，那些抑郁、焦虑、崩溃的情绪便会释然大半。等高考成绩出来后，再去定义考试是否失败，再去衡量自己是否有勇气从头再来，一切都来得及。

亲爱的家长们，请停止将自己的焦虑和过高的期待施加给孩子。高考本身就是压力所在，家长应该和孩子共同抗压，而非成为压力的第二来源，健康的身心远比值得炫耀的成绩更重要。

最后，请大胆地走向人生的新起点吧！祝所有高三生都能健康地完成考试，大学生活真的很美好！

橙子说，自己的文章并不是写给优等生的，而是给那些和她一样曾因为情绪问题想要放弃高考的同学，写给那些不知道如何沟通、如何帮助孩子的家长的。希望橙子这份真诚的心路历程回顾，能给更多相似的家庭和孩子以帮助。

假如可以重来

一定多带孩子到郊外山川游玩，多拥抱大自然，强健体魄，提升自信，不在分数的泥潭里挣扎，用更开阔的胸襟看待生命中的考题，交出更满意的答卷！

最好的爱是克制的爱

◎ 金小萤

“多做饭，少说话，不添乱。”每次回忆起女儿轩轩的高中生活，年级主任刘老师的话就在耳畔响起。她曾开玩笑说：有些家长比孩子焦虑，安慰焦虑的家长是她日常工作的一部分。我以前就是个习惯焦虑的人，尤其在孩子的事情上，更是关心则乱，所谓“由爱故生忧”。但我逐渐意识到，家长的焦虑只会给孩子添乱，于事无补。于是我努力扮演一个不焦虑的家长，把对孩子的爱化作抵御焦虑的铠甲，学习有智慧地陪伴、支持孩子，与孩子共同成长。当女儿以超出预期的成绩考入清华大学时，陪伴她走过的那些艰难时刻都涌入心头，百味杂陈。为人父母，是一场关于爱与克制的修行。这一路的经历让我相信，父母能给孩子最好的爱，是克制的爱。

降层是新的开始

高一时，轩轩的数学、物理、化学和英语都被分在高层。在高层学习的很多同学都是竞赛生，以数学班为例，当时 25 名同学只有七八个同学没有参加竞赛学习，老师也是竞赛教练，讲课有一定难度。轩轩不是竞赛生，学得挺吃力。十一学校倡导“不报课外班，不超前学习”的理念，面临课业困难，她依然拒绝参加课外辅导。当时她作业题不会做，小测成绩不理想，经常在及格线的边缘徘徊。物理的学习情况跟数学差不多。连续的学习挫折让她的自尊心和自信心备受打击，对学习提不起兴趣，甚至有了厌学倾向。

看着女儿日渐消沉，我强忍焦虑，开导她说：“适合自己的才是最好的。十一学校二层的学习难度足够应对高考，退一步海阔天空，咱们申请降层，打好基础，以后游刃有余了还有机会再考进高层，没啥丢人的。”

过了国庆节，轩轩主动申请数学和物理降层，并得到批准。这个决定成为转折点。在二层班级，数学老师杨老师教学经验丰富，讲课逻辑清楚，不但注重打牢基础，而且知识深度的拓展也恰到好处。物理老师彭老师是轩轩的导师，给了她很多鼓励和关心。轩轩信任彭老师，和彭老师建立起深厚的师生情谊。她找到适合自己的学习节奏，恢复了学习主动性，学习热情也被点燃。随着孩子二层的数学和物理学习步入正轨，留在高层的化学和英语成绩也稳定下来。

现在回头看，我很庆幸自己稳住了心态。当孩子遇到学习困难时，即使家长心里焦虑得一塌糊涂，表面也要风平浪静，共情孩子的痛苦和无助，不能指责、打压，要尊重孩子的选择，为他们提供解决困难的办法，这样才能让处于困境中的孩子感受到家长无条件的包容、接纳和爱护。

压力也是成长的动力

由于降层后学业表现优秀，轩轩高三时进入高手如林的理科课程高层教学班。这个班的物理老师碰巧是她高一时在高层的物理老师张老师，同时还是往届物理竞赛教练——当时物理降层就是因为她听不懂张老师的课。分班结果让她压力很大，我也忧心忡忡。

我警告自己要克制，不能把焦虑传递给孩子。开学后，我在开家长会时向当时的年级主任，也是孩子的英语老师刘老师表达了自己的担心，恳请刘老师允许孩子降层转班。刘老师说，在孩子没有明确表示想要降层时，要选择相信孩子，家长不能先打退堂鼓。作为直升区学生的家长，五年来家校沟通的点点滴滴让我对十一学校教师的专业水平和敬业精神充满信任。我虚心听取了老师的建议，鼓励孩子勇敢尝试这个新挑战。

事实证明，高三时张老师调整了教学重点，注重基础知识的讲解和物理公式的推导过程，深化孩子们对物理定律的理解而不是让他们一味死记硬背，教学风格也幽默亲切。高一时因课程难度而不敢提问的轩轩，高三遇到不懂的问题能主动向张老师请教了，这一点让我特别安心。最令人感动的是，张老师解答完孩子的疑问后，还会通过提问引导她融会贯通地深入思考，或者要求她复述解题思路。尽管高三期间轩轩的物理成绩时有波动，但她的学习热情丝毫没有受到影响，最后高考物理拿到94分，实属来之不易。

升入高三，进入新班级、新环境，新老师和新同学都需要轩轩去适应。朋友的陪伴对青春期的孩子至关重要，不巧的是，孩子的好朋友们跟她没分在一个班，这让她非常伤心和失落。我安慰她："以前走班时也不能保证所有的课都能跟要好的朋友们一起上。现在虽然不在一个班，你们依然可以相约一起吃饭、运动、自习。"那段时间，我格外关注她的情绪变化，询问她班级发生的趣事，引导她发现新同学身上的闪光点。

高三的最后一个月是自主查缺补漏的时间。轩轩看到同班挨着她坐的刘同学每天梳理以前的错题，总结知识框架，态度特别认真，受到很大的触动。在刘同学的影响下，她把以前做过的试卷带到学校，梳理各科知识的逻辑关系，反思自己的薄弱环节。我不禁惊叹榜样的力量！她在新的班级，遇到优秀的同学，不断受挫的同时，也认识到自己的不足，获得了诊断错题、自主学习的动力。

可见，在孩子面临压力时，家长要主动寻求老师的专业指导，而非仅凭主观判断做决定。如果没有刘老师的劝阻，我就让孩子降层转班了。现在回望那段学习生活，孩子留在理科课程高层教学班无疑是正确的选择——这个优秀的集体环境给了她压力，更给了她前进的动力。

少说话，不添乱

高三是充满压力的一年，孩子的成绩难免起起伏伏，而作为家长，无论心情怎样升升落落，都要控制自己的焦虑情绪，安抚沮丧的孩子，同时鼓励孩子找到失误背后的原因。开家长会时，年级主任刘老师也不止一次嘱咐家长："多做饭，少说话，不添乱。"轩轩午饭和晚饭在学校吃，根本不用我做饭，我能做的就是管住自己的嘴，周末带她出去吃饭，点她爱吃的菜品，换个环境聊聊天，帮助她调节压力，劳逸结合。

这样的觉悟来之不易。记得海淀一模时，孩子的化学成绩低得离谱——卷面成绩 58 分，赋分 70 分——她难以接受这样的结果，情绪非常低落。我和她爸爸没有责备她，不断安慰她：只要认真改错，理解试卷中暴露出来的知识盲点，进步的空间非常大，成绩自然触底反弹。轩轩自己分析，问题出在时间分配上——选择题花费了太多时间，导致最后做实验大题时只剩下 15 分钟，乱了阵脚。吃一堑长一智，她的应对方案是，提高对知识点的熟练度，严格控制选择题的做题时间，腾出宝贵时间合理分配给其他题型。

因此，我建议她晚自习回到家加练化学选择题，却遭到了她的拒绝。我没控制住自己的情绪，跟她争论起来。“在学校已经学了一整天，回家连喘口气都不行吗？”她激动地反问。看着她疲惫的眼神，我突然意识到，自己的焦虑正在变成她的负担。这场争执浪费了她的休息时间，却没有解决任何问题，得不偿失。于是，我试着放下执念，选择尊重她的作息，让她下晚自习回家后通过吃水果、喝酸奶、刷手机、听音乐、唱歌等方式放松。我也渐渐学会了在焦虑中保持克制。每当忍不住想催促她时，我便提醒自己：想开些吧，孩子在学校学习一天，回到家放松一下也合情合理；高考是她面临的第一次人生大考，随着考期的临近，她肯定有压力；只要她能顺利走进考场，坚持考完所有科目，完整地经历这场考验，对她而言，这就已经是一次了不起的胜利。

除了作息时间，我们在学习方法上也有过分歧。轩轩始终坚持直接在试卷上改错题，而非另备错题本。理由是在本上整理错题浪费时间，不如在试卷上改好，复习看试卷就行。以前我看过很多学霸的访谈，他们分享经验时都提到错题本的重要性——而她竟然没有错题本！我对此耿耿于怀，一度很难接受。后来我说服自己，每个人都有适合自己的学习方法和学习习惯，我不能把自己认为对的学习方法强加给她，她不会接受，我自己难受，两败俱伤。与其这样，尊重她的选择是更明智的决定。

我后来反思，高三孩子压力大，找到缓解压力的方式非常重要。在孩子成绩不理想时，家长固然希望孩子更加努力，但家长出于好意的建议，有时反而会成为孩子的负担。如果孩子不接受家长的建议，尊重孩子的自主选择远比强行干预更有效。当我们放下焦虑，给予孩子适度的空间和信任时，他们往往能在跌跌撞撞中找到属于自己的成长节奏。

给孩子多一个选择

在高三学部所有任课老师的印象中，轩轩是充满松弛感的学生。我跟她朝夕相处，却能感觉到她松弛外表下的紧张和焦虑。高考如同千军万马过独木桥，影响高考成绩的因素也复杂多变，临场发挥同样重要。为了让轩轩能轻装上阵，不陷入孤注一掷的境地，我希望让她拥有更多的选择。为此，考托福是必选项。高二期末考试结束的那个周末，轩轩赶上托福考试改版前的末班车参加了考试。因为考托福前是期末季，没有太多时间备考，她上了 6 次一对一辅导课就进考场了。令人欣慰的是，这次托福她考了 102 分，并凭借这个成绩，提前获得了香港大学多元卓越计划降 30 分的录取优惠，以及上海纽约大学的 A 档预录取资格——只要她高考成绩超过北京一本分数线就无条件录取她。轩轩松了一口气，跟我说:“这下不用担心啦，肯定有学上啦！”

有趣的是，当退路真正出现时，前进的路反而更加清晰。有了这些备选方案，轩轩的高考备战多了几分从容。她情绪稳定，每天按部就班地学习。高考时她的考场就在本校，第一场考试我们把她送进学校西门就回家了，之后的考试她不让我们送，跟平常上学一样每天自己步行去考场，午饭和晚饭照常在学校食堂吃，晚上还在学校上晚自习。她说感觉高考跟平时的模考区别不大，唯一不同的是有老师送考。保持平和心态的轩轩发挥得很好，取得了自己高三阶段的最好成绩。一个对自己没有过高要求、从来不曾以清北为目标、高中学习频频受挫但没有放弃的小孩，竟然走进清华园——或许正是那份“不求必得”的松弛，成就了最后满满的惊喜！

“十一学校是我的精神家园。”轩轩上大学后仍常回母校，在熟悉的校园走走，吃一碗小胖刀削面，就心满意足。这份朴素又深沉的依恋，源于她在十一学校的六年里获得的无条件接纳和关爱——允许她降层，包容她犯错，支持她按自己的节奏成长。“猛志逸四海，骞翮思远翥”，她从十一学校出发，飞向更广阔的天地！我在数次家校互动的活动中耳濡目染，也越来越领悟到学校所倡导的“成长比成才重要”的真谛。从女儿一模失利时的坐立不安，到高考时的从容目送；从执着于错题本的较真，到尊重她自主学习的决定——这条陪伴之路让我懂得：陪伴孩子成长，是把对孩子最本真的爱化作抵御焦虑的铠甲，永远做她最坚实的后盾，给她迎接挑战的底气，给她自由选择的勇气！

假如可以重来

轩轩读的幼儿园和小学，离家分别有 15 分钟和 30 分钟车程，我们担心放学后堵车，一般直接回家。到家后，她和小区里的孩子不熟，经常自己玩。感觉这段经历对她与人交往的能力有影响。假如可以重来，应该就近入学，或者租住在学校附近。

与数学的“爱恨情仇”

◎ 何茹

“连最后一问我都做了！考得挺好的！”这是女儿从高考数学考场出来跟我说的第一句话。那一瞬间，我真的是百感交集。“都做了”“考得挺好”这两个评价，在她整个中学阶段就没有与“数学”同时出现过。这是第一次，而且是在高考的考场上。

从懵圈到信誓旦旦

回首这一路的学习过程，数学就是那面目狰狞的“拦路虎”：小学的时候，女儿已经感觉到似乎只能应付课内；初中第一次年级周测，满分 120 分，考了 30 分；然后就是拼了命地往均分前进……这场持久战，贯穿了整个中学阶段。哭——学到崩溃大哭，看到考试成绩大哭，跟老师交流大哭……数学似乎陷入了一个死循环：努力学—忐忑考—崩溃哭。一年，两年……感觉倾尽全力却收效甚微。

这是一个煎熬的过程。作为妈妈，我从开始的懵圈、抓瞎到闭眼鼓励，然后焦急上火、沟通交流再到闭眼鼓励。记得第一次听女儿说课内考试只考了 30 分的时候，我其实是一脸懵的状态：30 分？什么概念？怎么会呢？是数学这科要完蛋了吗？以后怎么学？无数的问题瞬间冲进了脑袋，但好像一时又找不到答案。后来简单了解了一下考试的内容，知道涉及小学奥数的一些知识点，我又觉得松了一口气：那没什么大问题，反正高考又不考奥数。于是，我信誓旦旦地跟她说："没事儿，不会就不会，因为咱们确实没有学，很正常。你就把这个当成一次凤凰涅槃，只要后面跟着老师好好学，咱们就一定会涅槃成功！"后来再想想，可能当时我真的认为，她只是这个知识点没有学，所以不会，但却忽略了知识点背后的思维方式、学习方法以及相关数学知识体系的构建。所以，这个涅槃，好艰难。

从崩溃到冷静

整个中学期间，数学成了我俩的主要话题之一。开始的时候，女儿无边无际地吐槽，我无穷无尽地追问；她濒临崩溃地自怨自艾，我同样濒临崩溃，已经找不到合适的鼓励话语；她祈求上天的保佑，我恨不得自己就是上天。每次关于数学的聊天都有可能是"一念天堂，一念地狱"，也许上一句还阳光灿烂，下一句就阴云密布：

她：我只考了 38 分。

我：没事儿，咱们继续努力就行！

她：你为什么不先肯定我？

我：……（无语中，冒火中）

这种时候，接下来往往就是或争吵，或冷战；一边自己气到头上冒火，一边还得担心她能不能调整好状态，自己有没有哪句话说得太过了。

但，也就是在这样的挣扎中，我俩慢慢更加靠近彼此，慢慢成长。

有一次，我与一位家长微信聊天，讨论了一下孩子的数学成绩。不巧，这个聊天记录被女儿看到了，母女冲突就这么猝不及防地爆发了。她直接就怒了，质问我：“你为什么要把我这次考了多少分告诉她？为什么要把我的名次告诉她？凭什么说我考得不好？凭什么说我没有她家孩子学得好？”这些问题“砰砰砰”就向我砸过来，我的火就“噌噌噌”往上冒：“我说的都是事实，我又没编造，这有什么不能说的？考得好就好，不好就不好，我又没说考得不好就怎么样！我就是简单聊个天而已！”我觉得我也有一肚子的委屈和难受。绝大部分时间我都控制好自己的情绪，坚持做到“败不馁”，坚决做一个温暖而又有力量的妈妈。但我确实也有有情绪的时候，就这么跟同道中人吐槽了一下，怎么就像犯了天大的错误一样？她和我，谁也不让步，我在这屋哭，她在那屋哭。

第二天，冷战继续，她上她的学，我上我的班。但冷战不解决问题呀，思索许久，我还是选择在双方冷静之后，坐下来，好好聊。

我说：“我确实是觉得数学成绩不是很好，作为妈妈，我有焦虑、担心，这也是正常反应，如果我真的一点点担心都没有，那反而不正常。但，我真的也看到了你的努力，从来没有否认过你的努力，即便是与别人交流时，也肯定了你的坚持和努力。”

女儿说：“我其实只是不想把自己弱的那一面让别人都知道，而且我觉得你在把我与别人进行比较，你在用这个比较结果评价我。”

我说：“首先，我承认我比较了；其次，我觉得我们生活在一个社会之中，比较其实是很正常的事情，谁也不可能真的做到什么都不比较，但‘比较’这个东西要有一个合适的度以及合适的对象；再次，这几天我也想了一下，就数学成绩这件事情来说，咱们确实不应该总跟别人比较，咱们就跟自己比较。”

在反思中远离焦虑

至此，这次关于数学的争执告一段落，当然，并不是彻底的结束。这样大大小小的争执其实一直存在，但一定会有冷静之后的沟通。其实争执不是最可怕的，可怕的是只有争执，没有沟通。这个沟通要尽可能坦诚、客观、就事论事，适度加入情感牌。冷静下来之后，我都会问问自己：孩子说的有没有道理？如果有，是什么？如果没有，为什么？认为有，就向孩子承认；认为没有，我会思考问题出在哪里、如何求同存异。当然，我也会把我为什么担心、为什么焦虑适度地告诉孩子。

渐渐地，在争执与沟通中，我意识到女儿其实既坚强又脆弱，既自信又自卑，既阳光明媚又孤独寂寞。她其实也在尽她所能寻找解决问题的各种办法，化解学习中的各种压力，而这些努力，我可能没有完全看到。同样，家长所担负的压力、努力控制的情绪、隐藏的担忧，也可能是女儿所不知道的。每次争执之后的坦诚交流也让我们对彼此的内心又多了一点了解和体察。所以，我觉得争执不一定是坏事，就事论事，坦诚沟通，我们也在更好地了解彼此，共同成长。

同时，作为家长要有韧性。弱势学科的提升不是一时半会儿就可以见到成效的，我们一定要有长期作战的心理准备。我们要面对的不仅有孩子成绩的长期低迷，也有孩子状态的起起伏伏，还有心理上的各种调适。中学六年里有将近五年的时间，女儿的数学成绩都在全年级后 20% 的排位徘徊。虽然成绩也偶尔会闪一闪，但绝大多数时候带给我们的都是无力感。说完全不焦虑，那是假的，很多时候我都不敢看女儿的数学成绩，生怕是因为我多看了一眼而导致成绩不好。每一次我都先给自己做心理建设，告诉自己：女儿努力了，不能强求她擅长所有的科目，自己当年也没做到呀。与此同时，还要努力接住她的坏情绪，让她有一个合适的发泄出口，只有这样，才能有后续的聊天和探讨呀。

于是，我俩关于数学的聊天向着这个方向发展：她看似没心没肺地说着每一次考试成绩，我尽力从成绩的背后找到夸她的地方；她反反复复地复盘重构，我一遍又一遍地跟进反思；她把我的建议放进心里，我把她的努力看在眼里。

她：
我数学 58
我满足了
虽然大家都 90 多
我只比上次进步了 13 分
嘻嘻
而且二项式定理我都没来得及复习
我以为我只能考 30

我：
对你来说这是进步呀
人家之前就 80 起步，你恨不得 0 起步
你进步很大呀
不是单纯进步多少分
而是对这个知识点的认知

她：
今天课上进行了一次小测
我得了 45 分
我们班最低分
除了我之外
全部在 70 分以上

我：
没事儿，这个咱们就是不擅长，咱们努力学就行
做好自己该做的每一步，不用想结果
接受自己的不足，而且在这个基础上还努力做好所有要做的每一步，我觉得这是勇敢，是值得赞扬的
你在学数学这件事情上是一个很勇敢的孩子，应该向你学习
这种勇敢和韧性是人这一辈子需要的

其实对我来说，高中数学已经超出了我的能力范围：题目看不懂，解题更是不可能。但我可以多听、多夸——听她讲学了什么内容，怎么学的，问了老师什么问题，问的时候她想什么了，老师评价什么了，听完老师的讲解和评价她又想了什么，下一步打算怎么学……这些是女儿经常会对我说的内容，也是我听的重点。当然，只有听是不行的，一定要有反馈。我反馈的内容大部分时候是肯定，是夸奖，是鼓励；比如肯定女儿在考试后主动找老师分析试卷的做法，夸奖女儿能越来越快地调整自己的状态，鼓励女儿通过某次考试又为构建数学知识体系添砖加瓦了。在这些的基础上，我也会延伸一些内容，主要就是结合自己的所见所闻举例子，告诉女儿：你做得很好，要相信自己。

获胜

就这样，与数学的战斗向着有利于我们的方向发展。到高三的时候，女儿的数学已经能稳定在年级均分了。但，战斗不会这么容易结束，因为毕竟有高考这座大山在前方，而女儿的目标是山之顶峰。走到这时，我已经真的不纠结、不多想了。每天做的事情就是夸，拼了命地夸。在她考得不错的时候，跟她说："你现在都能考出这样的成绩了，你比妈妈强多了。"在她考得不太好的时候，跟她说："你能从 30 分考到年级均分，这就是奇迹了，当年我是做不到的！"当女儿因为压力很大，对我的夸奖不屑一顾时，我仍然坚持夸："现在通过考试暴露出来的问题，都是好问题，都是可以想办法解决的问题。所以，无论什么分数都是好分数，你要感谢自己现在就把薄弱的地方展现出来，这样才能在最终的考场上披荆斩棘。"

从分数来说，在高考的战场上，女儿真的赢了，中学数学最高分献给了高考。回看这一路，其实最大的感慨并不是最后的分数，而是在这个过程中，女儿、老师和我们的坚持。很多时候我们都被成绩裹挟着往前，心情因成绩跌宕起伏，甚至暴躁易怒，信心也因成绩时有时无，甚至荡然无存。不可否认，面对高考，成绩很重要，但面对漫漫人生路，坚持做的每一分努力更重要。女儿坚持不断寻找、实践更适合自己的学习方法，坚持想各种办法从每一次考试的泥潭中爬出来，坚持如女娲补天般一点一点补上数学的漏洞。就算很久都没有亮眼的成绩，但这份坚持已经足矣。数学老师在女儿考 30 分的时候就告诉我："她的状态很好，放心，高考不会有问题的。"老师们坚持帮她寻找更为合适的学习方法，坚持发现她一点一滴的努力和进步，坚持近乎随叫随到的答疑解惑。这些坚持让女儿喜欢待在数学教室，并一点一点找回学好数学的勇气和信心。当然，我也庆幸自己坚持了——坚持在各种争执中不断调整自己的心态和方法，坚持沟通，坚持去发现、去肯定那些成绩背后的努力，坚持相信她。所有的坚持汇聚在一起的力量才是强大的，也正是这份坚持让我们渐渐远离焦虑，激发出更为坚韧、持久的内心力量。

花开有时，但静待不是无为，也不是乱为，而是内心的执着与不屈。成长路上，父母给予孩子的便是这份力量，这力量也是绽放的伏笔。

假如可以重来

孩子考 30 分的时候，我不会跟她说“一定会涅槃成功”。我会认真倾听她的吐槽，思考她的问题来自哪些方面，不预设目标，帮她减压。

一名理科生的语文突围战

◎ 知棠

又是一年高考季，我驻足街头，一位身着北京十一学校校服的少年骑着单车从我面前飞驰而过。他背着略显沉重的书包，却骑得轻盈而坚定，衣角被晨风微微掀起，背影很快消失在街角。那一瞬间，我的思绪被拉回几年前，眼前浮现出那个同样意气风发，却又在高考路上跌跌撞撞的少年——我的儿子。

2019 年，儿子如愿考入十一学校高中部。这所名校的光环带来喜悦，也带来无形的压力。走班制教学让初来乍到的他有些迷茫无措。但儿子从小骨子里就有股倔劲儿，他努力适应全新的学习节奏，紧跟教学进度，刻苦攻读。无数个夜晚，台灯下是他伏案疾书的身影，草稿纸堆成小山，笔尖与纸面摩擦的沙沙声持续到深夜。半年后，他学习成绩稳定了，尤其在理科上崭露头角。

高二的学习更加紧张。文化课难度持续攀升，各门功课要求的知识面不断扩宽，每日旧内容的温习、新知识的学习，以及各科模拟测试接踵而至。儿子依旧全力以赴。然而就在一切看似顺利时，科目的分水岭悄然降临。他理科成绩名列前茅，但文科却成了他的“阿喀琉斯之踵”。几次语文测试，儿子的名字总在成绩单末尾徘徊，甚至出现过班级垫底的情况。他攥着试卷的手指微微发白，却仍强作镇定地说：“下次会更好。”那一刻我知道，他需要的不是安慰，而是破局的方法。

家长会后，我向语文老师咨询儿子的问题，老师详细分析了儿子的学习弱项：首先是语文基础知识不够扎实，尤其是在做“大阅读”题时，常将简单问题答错，老师也觉得匪夷所思，不知答题时他是如何思考的；议论文写作层次欠清晰，文字描述缺少文艺性。老师要求孩子跟紧课程的教学步伐，希望家长能给予积极配合。老师的提点如雪中送炭，我除了鼓励儿子不要丧失信心，更传达了老师的指导，帮助他定位自身的短板，以便在日后的学习中明确方向，查缺补漏。

根据老师的指导，儿子自己也做了梳理总结：作为理科生，他习惯用理科思路做语文题，注重逻辑推导，解题时偏好拆解问题并验证每一步的合理性；他擅长将具体问题抽象为数学或科学模型，并依赖归纳、类比等思维工具，快速匹配解题套路。但在语文学科里，这种理科思维的直接移植，反而导致答案易受框架限制，缺乏对非常规路径的探索。儿子意识到，必须调整思路，才能真正提高语文成绩：首先是夯实基础知识，比如文言文阅读题目，要积累虚词、实词、固定搭配等在文段中的用法，每读完一篇文段，就能够真正理解所有词的含义，这样在下一篇文段中看到同样的词，就能迅速知道其正确含义；而且文言文中有很多一字多义的现象，要善于总结，发现某一个常用字有新的含义，就熟记下来，争取下次能正确理解；把文段读懂了再去做题，准确率肯定会提高。其次是多练习现代文阅读题，比如先找自然段，分析前后文，从文中寻找答案。再次是平时积累好文好段等作文素材，以提高文字描写的生动性……

有了改进思路，儿子更加用功了。经过日复一日的努力，他的语文成绩有所提高，但仍不够稳定。高三伊始，倒计时牌上的数字像沙漏般无情流逝，儿子面对自己的文科短板，焦虑情绪与日俱增。他开始自发加码学习语文，课外时间全扑在阅读理解与作文训练上。然而命运总是爱开玩笑，就在儿子对语文学习重拾自信之际，发生了一件让他崩溃的事情。

高三下半学期的一次语文考试，他自认为发挥完美，结果却惨不忍睹。当天晚上我到学校接他下晚自习，透过夜色，我看见儿子不像往日一样雀跃地走来，而是缓缓地、低着头默默拉开车门，静静地坐到车座上，一声也不吭。车内充斥着压抑感，他低落的声音打破了沉静："今天语文测试了，成绩特别差，我答卷的时候特别顺利……"随后是一阵沉默。儿子闭着眼睛、头靠在座椅枕上，我既心疼又焦急，一时竟不知用怎样的语言安慰他。到家后，儿子终于控制不住自己，把头靠在爸爸肩上放声痛哭，一边抽泣一边诉说着此次语文考试的经过和感受，一脸委屈和无助。我和爱人都因他这次的举动惊呆了。

爱人抱着儿子，我轻轻拍着孩子的背，像安抚幼时摔跤的他，只是这次，伤口不在膝盖，而在心里。儿子属于"无需扬鞭自奋蹄"型学生。他了解语文是自己的短板，因此付出了无数额外的精力，然而在他自己感觉发挥很好的测验上，却遭遇这样的结果，孩子沮丧的心情我完全理解。我们只能尽力陪伴、安慰、鼓励他，让他知道爸爸妈妈和他站在一起。那晚我没有睡好，半夜，我轻轻走到他的卧室门前，门缝透出微弱的灯光，他依旧在努力……第二天清晨，儿子依旧准时起床，眼底有血丝，神情却平静。临出门前，他回头对忧心忡忡的我笑了笑："妈，我没事儿。”那个笑容像破云而出的微光，让我欣慰又心疼：高考就像一场修行，锻炼学子的毅力、心智，促他成长成熟；也磨练家长的耐心、承受力——这样的艰难时刻，父母要做孩子最坚实的后盾。那次之后，除了照顾好他的生活起居，我们更加注意倾听他的心声，及时疏导焦虑情绪，帮助他缓解压力。

儿子在短暂的情绪崩溃后，迅速振作起来，制定了更周密的学习计划：每天清晨用10分钟温习语文——周一、三、五是文言文高频词；周二、四、六是作文金句朗读；周日是复盘本周错题。晚上用20分钟做专项突破，包括文言文翻译、实用类文本、古诗鉴赏、作文提纲训练、病句、成语专题等。每周完成一套历年真题，先对比标准答案，了解错题原因；再研究解题步骤和思路，形成解题体系，以便套用到以后的解题过程中；最后归纳各类题型，反复多次练习。针对高考语文的重头戏——作文，儿子也专门做了研究和调整：高考作文不是文学创作，而是“戴着镣铐跳舞”；理科生通常会选择写议论文，需要格外注意“结构清晰、案例精准、有一定文采”。就这样，在迎接高考的最后几个月，儿子为了理想，日复一日地坚持学习语文，日子过得快速又平静。

在这个冲刺阶段，我成了“后勤部长”兼“心理辅导员”。餐桌上总摆着儿子爱吃的菜，家里的氛围营造得温馨、松弛，沟通都以鼓励为主，避开涉及语文成绩的话题。高考前，同事送来印着“金榜题名”字样的年糕。平时儿子对这类食品毫无兴趣，但此刻看到年糕上的字样，他眼里闪过一道光亮，破天荒地拿起来品尝。看着他大口地咀嚼，我内心莫名涌起一阵心酸：对尚未成年的儿子来说，高考在他心里代表着坚持、奋斗、未知，儿子太需要正向的精神暗示了！

高考首日，阳光如锦，微风习习，校门口的红毯通道像一条荣耀之路。我和爱人送考，第一门考试科目就是语文，我不敢给儿子压力，轻声说："认真审题，提高书写速度，要有信心。"儿子点了点头，拿着笔袋融入人流。目送着他的背影，我脑海中如同过电影一般闪过他高中语文学习的点点滴滴，以及成绩上下浮动时的情绪起伏。考试结束后，儿子表情严肃，有些沮丧："太难了，作文写得也很仓促。"我心疼不已，但表现得风轻云淡，立刻搂住他的肩膀说："扔掉这一科，下一门才是你的主场！"下午的数学考试是他的强项，他脚步轻快地跑出考场，眼睛亮得像星星："妈，完胜！"一门门考试接连结束，送考、接考，陪伴、鼓励、安慰交错进行。终于，高考落幕，学子们如鸟儿展开了翅膀。

放榜那天，儿子的语文成绩竟是他高中三年来的最高分！他终于如愿以偿地考入了心仪的理工科高等学府。至此，儿子的高中学业圆满落幕，他跌宕起伏的语文学习经历也从此停留在岁月里。见证了他这一路走来的过程，我想，高考馈赠给学子的，不仅是最后的结果，更是在挫折、高压中的拼搏、坚持、不轻易言败以及与失败和解。这是孩子人生成长的必修课，也是他迈向未来的稳固基石。

如今回望，十一学校的校训"志远意诚，思方行圆"早已融入儿子和其他十一学子的血脉。一届又一届骑着单车的少年少女，迎着风奔向自己的理想——永远向前，永远斗志昂扬。

假如可以重来

培养孩子多读书、读好书、拓宽知识面，帮助孩子这个理科生提高准确表达思想的能力，从而全面提升人文素养。

和孩子一起打赢“心理战”

◎ 琬洳

高考结束，回望孩子青春岁月的这个重要里程碑，我最大的感触是，教育远不只是知识的传授，它本质上是一场复杂而微妙的心理战。在这场漫长的陪伴与角力中，学生、家长、教师如同三个不同的支点，前行的轨迹是三股心力共同作用的结果。

养育儿子的过程中，我明显感觉到他的心理需求有阶段性的特征。第一个阶段需要给孩子足够的安全感。在怀孕六个月的时候，我辞掉了工作，开始了有计划的胎教。当时我最重要的一件事，就是保持愉悦的心情不停地和孩子说话。儿子出生之后，我也坚持这样做，只要他醒着，就不停和他说话。孩子对于妈妈的怀抱和语言沟通，是相当渴望的。他每天都会瞪大了眼睛看着妈妈，听着妈妈的声音，也会努力应和着咿呀学语。多和孩子沟通，不但能给他安全感，也能激发他的思维和语言能力。儿子在十个月的时候，就能有意识地叫爸爸妈妈；一岁的时候，可以用简短的词语表达他想做的事情，比如饭太烫，他会说：“妈妈，吹吹！”三岁的时候，他已经可以绘声绘色地说一段十分钟的故事了。

第二个阶段主要是帮助孩子认识不同的情绪，并学会管理情绪。儿子两三岁时，我通过简单的绘本故事来帮他识别基本情绪，如快乐、悲伤、愤怒和害怕。例如陪他读《我的情绪小怪兽》这本书，书中有不同的颜色，它们代表不同的情绪，能让孩子直观地理解情绪的多样性。在日常生活中，当孩子出现不同情绪时，我会及时为它们命名。比如，孩子因为玩具被抢走而哭泣，我会说：“你现在很生气，因为小朋友拿走了你的玩具，对吗？”这样的反馈能让孩子将自己的感受和情绪词汇联系起来。

识别情绪之余，还要帮助孩子逐步认识自己，在优长之处建立自信，也接受自己的不足。首先是如何建立孩子的自信。我会关注孩子的小成就并及时给予表扬。当孩子自己穿好衣服、画了一幅画或者完成一个小拼图时，我会用具体的语言赞美他：“你自己把衣服穿得这么整齐，真厉害！”“你画的太阳颜色好鲜艳，你真有创意。”我会给孩子提供尝试新事物的机会，但不给他太大的压力。比如，让孩子尝试新的运动项目或者手工活动，在过程中引导他，让他在成功后获得自信。如果孩子遇到困难，就鼓励他再试一次，比如说：“你刚刚搭积木没有成功，我们可以一起再试一下，你一定可以的。”

其次是让孩子接受自己的不足。当孩子出现错误或者不足时，我会注意用正确的方式引导他，不去批评孩子的能力，而是强调努力的重要性。例如，孩子在跑步比赛中没有跑完，我会说：“你这次没有完成没关系，我们可以多练习，下次就会做得更好。”

第三个阶段始于踏入校园的那一刻，孩子们就此开启了短暂离开父母、进入小型社会的心理之旅。他们带着对世界的好奇走进教室，眼中的一切都是新鲜有趣的。然而，这个过程同时也伴随着恐惧——离开父母的不安、陌生环境带来的紧张。这个阶段的教育心理战，是帮助孩子们克服恐惧，激发他们对学习的兴趣。老师亲切的笑容、生动的教具、有趣的故事都成为引导孩子们适应学校生活的武器。孩子会在兴趣的驱动下，不知不觉地记住老师上课教的那些生字，而不是在恐惧中抗拒学习。每次儿子放学回来，我都秉承了一个原则，就是我和爱人都当好听众，很谦虚地让孩子给我们当老师，请他把上的课再给我们大概讲一遍。一般情况下，我们绝不会挑毛病，而是纯欣赏地听课。儿子为了能高品质地给我们讲课，就要在学校全神贯注地听课。这样就形成了良性循环。他学得高兴，我们听着也高兴。

就这样，通过我们和孩子共同的努力，孩子进入北京十一学校，开始了六年的中学生活。本以为这六年会是一帆风顺，没想到其实是波涛汹涌。孩子进入了叛逆期，开始有自己的想法，对爸妈的权威产生了质疑。此时，我们和孩子之间的心理战更加激烈。

在这个叛逆的第四阶段，孩子会因为老师的一句批评而产生逆反心理，故意在课堂上捣乱或睡觉来反抗老师。在家里，他和父母的矛盾也日益增多。焦虑驱使我不停地督促他学习，他却想要更多的时间自己支配。这个阶段也是一个寻找自我认同的时期，但成绩的下降、同学间关系的波动都影响着他的心理。就在我和他爸焦头烂额的时候，学校老师发挥了非常大的作用。

年级主任把我和爱人叫到了学校。一进会议室，发现一屋子的老师，以为“批斗大会”要开始了，我非常紧张，孩子也被吓坏了。但老师一开口就温柔地说：“孩子是非常聪明的孩子，品德上也是非常好的，但是最近成绩下降得非常快，我们来一起找找原因。”最后找到的原因就是上课睡觉，课后写作业的时候不会，就不写了；越听不懂越睡觉，越不会写越不写，形成了恶性循环。老师们一句批评的重话都没说，最后年级主任说："孩子，你在这么多老师中先挑一个，就在他课上不睡觉，行吗？"我儿子想了一下说："那就挑物理老师吧！"我当时都差点笑出声来了——学校和老师也太宠学生了吧。

就这样，在周一的物理课上，儿子如约没睡觉。过了一周，物理的周测，他就考了一个全班第一。接下来，年级主任又让儿子承诺在另外一科上课不睡觉，孩子也非常配合。在期中考试的时候，孩子的排名上升了 20%。解决了上课睡觉的问题之后，老师们又开始解决他不写作业的问题。最后老师们抓住了孩子性格仁义的特点，给他弄了一个签字本：每天上课的科目，如果写完作业，老师会在本子上签字；如果不交，老师就一直不回家，直到他交了作业再回家。儿子心疼老师，为了让老师早点回家，就利用课间写作业。就这样到了直升初三期末，孩子的成绩又上升了 20%。在这一年里，孩子也逐渐恢复了自信和好的学习习惯。回顾这段曲折的经历，我只有一句话，就是相信学校，相信孩子，不焦虑，给孩子充足的时间，不着急，慢慢让孩子爬起来。

第五个阶段就是最关键的高中阶段，这是这场心理战的高潮。高考的压力如一座大山，每天面对堆积如山的作业、频繁的考试，孩子们的心理承受着巨大的考验。儿子在高中前两年参加了化学竞赛学习，每天都要拿出至少三个小时来学习竞赛内容。孩子从早到晚在学校学习，作为家长，我的参与度已经很少了。但其实，这个时期心理上的自我调节和外部的支持都至关重要。我的问题也出现在这个时期，没有保持与老师的及时沟通，没有发现孩子在这两年并没有尽全力——这是他后来自己承认的。等我明显感觉到儿子变得焦虑时，很多时间已经错失了。到高二，儿子的竞赛成绩不理想，需要回归高考。这时候我们坐下来，告诉孩子塞翁失马焉知非福，帮他重新梳理、审视了自己的问题，调整学习态度。孩子自己也意识到再不努力就没机会了，高三开始全面冲刺。这种积极的心理转变让孩子从沮丧转变为自信，也为未来的心理承受能力夯实了基础。

进入高考复习阶段后，面对每天早上 6：00 起床、晚上 10：30 才能回家的高强度学习，儿子才真正体会到，“努力学习”这几个字说起来容易、做起来有多难。但是之前竞赛失败的教训让他更珍惜最后冲刺的机会。他一遍一遍地复习、刷题，一点一点补上之前学习的漏洞。感到很累的时候，他会在网上找朋友聊天来缓解学习的压力。就这样，他每次考试的成绩都比上次要好一点，名次也逐步提升。在高考前最重要的一次模拟考试中，他居然考出了全年级第 32 名的好成绩。

孩子在努力拼搏，家长就更要做好后盾。我一方面想为孩子做好一切后勤保障，另一方面又担心给孩子增加压力——高考对家长来说又何尝不是一场心理考验呢。我努力在这个时期找到陪伴与放手的平衡：在生活上细心照顾孩子，但在心理上给予孩子足够的空间。在孩子备考期间，我不会频繁询问学习情况，而是和孩子聊聊轻松的话题，缓解紧张氛围，让孩子感受到家庭的温暖和支持，而不是被监视的压力。高考前的最后一个暑假，为了给孩子增加学习动力，也是为高考出分后报志愿提前预热，我带着他走访了很多 985 大学，深入了解了各个大学的详细情况。

经历了诸多曲折、磨砺，儿子的心理韧性得到了很好的锻炼。真的要上考场时，孩子反而一点不紧张了。虽然他说如果再有两个月时间，复习就更稳了，但其实他整体状态很不错，顺利考上了心仪的哈尔滨工业大学机器人与智能装备专业。

回顾儿子 18 年来的教育历程，我们陪他共同经历了一场漫长而复杂的心理战。孩子在其中经历了探索、叛逆、压力下的成长；我和他爸爸在焦虑与爱之间寻找平衡；老师则用智慧引导他的心灵。尽管我们做得远非完美，但我们在这个过程中越来越认识到：教育的本质是培养全面发展的人，而心理的健康成长是其中的关键；学生、家长和老师需要协同作战，当三方形成合力时，教育才会事半功倍。高考只是孩子人生的一个节点，而教育对一个人健康心理的塑造将伴随一生。希望我们的孩子不仅拥有知识，更拥有足够的心理韧性，去穿越一切风浪、探索自我的边界。

假如可以重来

我不会让孩子学那么多奥数，不会在小学阶段透支孩子的学习能力。应该多带孩子去感受大自然，多让孩子感受人间烟火气，多让孩子接触老祖宗留下来的传承。不会潜意识里要求排名和成绩，要有原则地、无分别地爱孩子。

高考倒计时：为孩子筑造“情绪避风港”

◎ 明锬

转眼又到一年高考季。两年前，儿子小张也曾是这些“十年寒窗苦读”的考生中的一员。在高考倒计时阶段以及考试那四天，我们与孩子共同经历的点滴仍记忆犹新。如何在最后冲刺阶段给予孩子最有力的支持？我们做的最重要的事，就是为孩子打造了一个温暖的“情绪避风港”。

“大战”在即

面对这场人生大考，每个家庭都承受着不小的压力。其中，孩子的压力最大，因为他们才是要冲锋陷阵的士兵；我们家长则要做好协同、配合和支持，提供物质和精神上的双重保障。

而构筑这个“情绪避风港”的关键，就是让孩子感受到：无论外面的风雨多大，这里永远是他可以安心停泊的港湾。越是临近高考，越要为孩子减压、减压、再减压。只有这样，他才能轻装前进，达到最佳的作战状态，发挥出最佳的战斗力。

那么，我们具体都做了什么呢？一共有六大关键点。

第一，平时在家里，注意营造愉快的家庭氛围。

对孩子而言，欢乐的家庭生活就是最好的减压、助力与赋能。除了对他生活上的关注，我们会注意保持足够的边界。我们刻意避免主动提和复习、学习有关的话题，不人为制造冲突；多关心他“累不累”，给他做喜欢吃的美食，和他聊开心的事情。

同时，最重要的是每天都关注他的情绪变化。如果看到他心情不佳，我们就会问他是不是遇到了不开心的事情，然后听他倾诉，安慰他并积极开导他。对正值青春期的孩子来说，这一点尤为重要。

第二，提醒孩子每天进行适度的体育锻炼，保持良好的身体和心理状态。

小张酷爱篮球，原来有段时间打起球来就全情投入，不管不顾。但之前的受伤经历，让他学会了在享受篮球乐趣的同时，优先做好自我保护。临近高考，无论是老师还是我们家长，都会经常提醒他要“适度”锻炼——既要通过运动增强体质、释放压力，又要保证安全、避免受伤。

我们始终认为锻炼不是浪费时间，适度锻炼能让孩子劳逸结合、张弛有度。运动的好处太多了，它不仅能促使大脑分泌多巴胺，帮助缓解高考带来的压力，还能让人保持心情愉悦，以更积极的状态投入学习，进而提高学习效率。有时孩子说脑子太累了，我们就会鼓励他去打打球或者下楼活动活动，孩子爸爸有时还会陪他一起。只有会学习，避免无效的学习，才能取得好的学习效果。

更重要的是，我们希望让他明白，不管高考有多重要，在人生的任何阶段，身心健康永远是第一位的，这是一切奋斗与梦想的根基。

第三，创造亲子“品质时间”。

在临近高考的一个风和日丽的周末，我们一家三口选择去逛公园。从小张幼时起，我们就非常注重亲子关系的构建，如今这份用心化作了亲密无间的相处模式——三人像朋友般勾肩搭背，欣赏宜人美景，欢声笑语不断。我们聊着他想聊的一切话题：听他对高中生活的感悟，共同回忆他小时候成长的趣事，也认真探讨他遇到的困惑。我们也会跟他分享自己学生时代的趣事，甚至是糗事，气氛轻松又和谐。

为什么要选在风景秀丽的公园呢？因为，目之所及的美丽景色，能让他感到放松和愉悦；再加上彼此间温暖的话语和自然的肢体语言，更能让他感受到爸爸妈妈深深的爱。这种环境与陪伴的双重作用，能让他从眼睛到心灵、从身体到精神都得到“按摩”与放松。

第四，就高考期间的一些细节安排，提前征求孩子的意见并做好准备。

这些都是比较具体的事情，比如高考期间穿什么衣服合适？妈妈要不要像网络上说的，穿上寓意“旗开得胜”的旗袍？小张告诉我们，穿着得体就行，不要那么夸张。

另外，我们还沟通了父母是不是每场考试都要去接送，高考期间的饮食怎么安排，以及他期望我们注意的其他事项等。对于这些事情，我们处理的原则是既表示出家长的用心，更要表示出对孩子意愿的尊重。任何形式都是为目标服务的——核心是为了帮孩子减少压力，并且为他赋能。

第五，除了公开的准备，我们还“偷偷摸摸”地做好了其他重要的准备。

高考之所以重要，不仅因为它是孩子未成年阶段学业的一个句点，更是其以成年人身份开启人生新阶段的一个起点。在这样一个关键的人生节点上，仪式感自然必不可少。

当时，我和孩子爸爸悄悄商量了一下，给孩子提前准备了一件他喜欢的篮球明星球衣和一束向日葵花，并附上写满鼓励和爱的小卡片。我们希望他在考完试后，能从父母充满仪式感的精心准备中，感受到比考试和成绩更重要的东西——爸爸妈妈无条件的爱与支持。

第六，调整对高考成绩的预期，自己做到不焦虑，也不向孩子传导焦虑。

我们深知，考试结果除了跟孩子平时的学习能力相关，也受很多偶然因素的影响。比如，考题的难度和范围，考场当天的情况甚至天气条件，以及孩子当天的心理与身体状态，这些都是无法预见的。

所以，我们通过调整对高考成绩的预期，来避免自身焦虑，也避免向孩子传递焦虑。我们了解自己的孩子，回想他从小一路“升级打怪”的全过程，以及我们陪伴他经历的那些困难和挑战，对他就更多了几分理解，我们家长的心态也更从容了。

作为家长，我们唯一的希望就是孩子可以平稳、愉快地完成高考，别无他求。实现了这一点，我们全家作为一个密不可分的作战团队，在高考这场战役中就实现了真正的胜利。

正式“战斗”的那四天

经历了大战前平静而忙碌的准备阶段，终于在6月7日迎来了“战役”的打响。

考场就在家附近，我和爱人一起送小张到学校门口。临进场前，我们轻轻拥抱了他：“就像平时考试一样，放轻松。”看着小张大踏步走进考场的背影，我的心情格外激动，32年前的记忆突然鲜活起来——那年18岁的我，也是这样独自走进高考考场，对未来充满期待。那一刻，“长江后浪推前浪，一代更比一代强”的自豪感溢满胸膛；那一刻，穿越不同的时空，我成了小张，小张也成了我。

生命的价值和意义、生命与精神传承的幸福感和成就感，在接下来的四天时间中，成为我们陪伴小张完成全部考试的情绪底色。每门考试结束，我们都会第一时间观察他走出考场的情绪状态，并用积极的态度迎接他。不论最终的考试结果如何，我们都能以平和的心态和他共同面对。我们一直鼓励他，肯定他为之付出的巨大努力，并告诉他一切都是最好的安排。

特别在最后一场考试结束时，看着儿子自信走出考场时挺拔的身姿、洋溢的笑容，我更加坚信：相比高考结果，父母陪伴他成长、陪伴他共同经历高考的每个瞬间更为重要。

高考看上去的确举足轻重，但放眼未来几十年的人生之路，它又并非不可承受之重。因为，人生从来不是一场与他人的角力，而是一场属于自己的马拉松。那些共同经历的温馨时刻、相互支持的真情流露，远比分数更值得珍惜。每个孩子都需要这样一个“情绪避风港”，让他们能够带着安全感和自信心奔赴考场，怀揣着对生活的热爱继续前行，开启属于自己的精彩人生。

假如可以重来

以前，我曾经反思过哪里做得不好，也曾为之前的错误做法向小张道歉。他却告诉我：“妈妈，你已经做得很好了。”我们都不完美，但我们在爱中彼此接纳与包容，不断成长为更好的自己。这是现实，也是真实的生活。谢谢我的孩子，小张。

那些“不说”的时刻

◎ 梅子

我一直相信，最好的教育不是填满，而是留白——给孩子空间去经历，去选择，去成长。然而，在陪伴女儿准备高考的日子里，这个信念产生了动摇。她在埋头苦读，我的焦虑却与日俱增，让我总想“做点什么”。这时我才真正懂得，高考不仅考验孩子，也考验家长——考验我能否管住自己总想帮忙的手，学会安静地待着，只在她需要时出现。

从高考前三个月开始，我总是早早地去十一学校门口等女儿下晚自习，我明明知道早去也是在门口等，但我就是想这么做。我开始在手机、电脑上搜索“高考食谱”“如何缓解考前焦虑”，专家的备考建议排山倒海般涌来。我开始失眠，深夜隔着门看着女儿房间透出的灯光，我会不由自主地贴着门，听听里面的声音。直到这时我才意识到，我的焦虑已经超出了应有的界限。

意识到这一点，我开始调整自己的状态。是啊，高考固然是孩子成长中重要的里程碑，但归根到底，它也只是人生无数考验中的一个。在这场考验中，孩子需要学会的不仅是知识，更重要的是自我管理的能力——管理情绪，管理学习，管理生活。过度的担忧不仅无法帮助孩子，反而可能成为她高考路上的负担。就像园丁懂得“花朵需要自己经历阳光雨露才能绽放”，我们也应该认识到，真正的陪伴不是事无巨细的干预，而是回归爱的本质——用信任取代担忧，用支持代替控制。因为爱是最原始也最强大的力量，它能消解恐惧带来的束缚，让彼此在默契中寻得平衡，放下焦虑。

于是，我克制住想要给女儿报最后冲刺班的冲动，不追问模考失利的缘由，不干涉女儿复习计划的安排。我能做的就是时常在她书桌上放一碟时令鲜果，或一杯温热的牛奶，或用几粒核桃、杏仁、开心果排成小小的笑脸。有时女儿会吃掉，有时原封不动，我都不会追问。这种克制让我备受煎熬——作为母亲，我多希望能为女儿解决学习上的所有难题，但理智告诉我，有些路必须女儿自己走。

我为四天的高考准备了四件彩色T恤——红、黄、绿、紫，色彩不语，却传递着我真挚的祈愿。高考期间每餐的饮食，我也是反复斟酌。第一天，我穿着红色T恤站在厨房时，手都有点发抖，以致面包的火候烤得有点过了，这些平日绝不会有的失误暴露了我内心的紧张。但女儿吃了却说：“妈，今天的面包好吃。”我一下子就放松下来。我想，成长最动人的模样，莫过于双向的接纳：我接纳女儿的紧张和疲惫，她也接纳母亲的焦虑和不完美。

进考场前，我没给她多余的叮嘱，只轻轻拥抱她：“加油，妈妈在这儿等你。”那天一直下着雨。我撑着伞在考场外站了三个多小时。雨水打湿了我的鞋和裤脚，凉意从脚底蔓延上来，我却固执地站在原地，想让女儿出考场时第一眼就看到我。现在回想，这种近乎偏执的坚持，可能是在缓解我内心的焦虑紧张吧。我现在还清晰地记得，女儿走出考场钻进伞下时，她发梢的水珠滴在我手上，凉凉的，却让我心里暖暖的。我想那场雨，那个等待的身影，或许比任何说教都更深刻地告诉女儿：无论晴雨，总有人为她守候。

最后一场考试结束，我捧着一束向日葵等女儿。这束向日葵是在高考一周前订下的，我挑了整整一个上午，跑遍了小区附近的花市和花店。综合考虑女儿出考场的时间和午饭时间，我选择了离家最近的一家。女儿开心地抱着向日葵说："谢谢妈妈，为什么选向日葵？"我答她："因为它永远朝着太阳生长，就像你，永远朝着自己的梦想前进。"

高考成绩公布那天，久违的焦虑又来造访，我的手心全是汗。当屏幕上跳出那个预期的分数时，女儿欢呼着抱住我，我俩都泪流满面。"妈妈！妈妈！"女儿一遍遍唤着，声音里带着颤抖的喜悦。

接下来的填报志愿又是一番纠结。客厅地板上摆满了各校的招生简章和厚厚的专业介绍。某个辗转难眠的深夜，我忍不住对女儿说："医学发展前景很好，对生命的研究很有社会价值……"话没说完，女儿就打断我说："妈妈，我从没设想过学医，用短短七天决定报一个陌生的专业方向，是不是不够理性？信息学的交叉性更让我心动。"于是我硬生生转了口风："最重要的是你喜欢。"

接下来的那一周，我带着女儿走访了北大医学部、北航、北理、人大等几所大学，咨询了招生老师和行业前辈，我把笔记本记得密密麻麻，把各专业的课程设置、发展路径做成表格对比。我注意到北大医学部老师提到"临床实习、实验室"时女儿微微皱起的眉头，也注意到女儿追问北航老师人工智能的课程细节时闪闪发亮的眼睛。这些细微的表情变化，让我清晰地认识到，教育不是塑造一个父母理想中的孩子，而是陪伴一个真实的生命找到自己的方向，让孩子选择她的路吧。

当女儿最终在志愿系统里按下“确认”键时，我的心情无法言表——从此，女儿的人生将主要由她自己书写。这份简洁的电子志愿，是我们母女 18 年来最美妙的留白。其中没有我的意志覆盖，全是女儿的自主选择。那一刻，我眼里含着泪水，泪水里既有欣慰，也藏着不舍。

回想陪伴女儿高考的那些“不说”时刻——不追问模考失利的缘由，不干涉复习计划的安排，不强加我对专业的偏好——我相信这些留白不是缺席，而是一种更高级的在场；不是放任，而是更深层的负责、更深沉的爱之形态。我们终将明白，在适当的时候留白，才能让孩子去创造独属于自己的人生——这或许就是教育的意义。

假如可以重来

我会对时间流逝保持更多的敏感，备好“成长密码本”，记下那些照亮生命的成长密语——天真的追问、自创的词汇和稚拙的涂鸦。少说“你应该”，多问“你想怎样”。

披荆斩棘竞赛路

竞赛是艰苦的，抗压是竞赛生的必修课。唯有热爱才能让孩子们在日复一日的学习、高强度的集训和反复的磨砺打击中坚持住。而竞赛经历带来的锲而不舍、能吃苦、能战斗的精神，深度思考能力，专注力以及从容心态，是孩子一生的财富。家长要做的，是给热爱和天赋以时间，去见证孩子在一次次挑战中长出飞向远方的“翅膀”。

给热爱以时间：被孩子“带飞”的滋味

◎ 斯秀

2021 年 7 月，全国青少年信息学奥林匹克竞赛在浙江余姚举办。我儿子作为北京市信息学省队一员参加了此次比赛。身在北京工作的我们，一直焦灼地追踪比赛消息，直到得知孩子跻身前 50 名，锁定保送清北的资格，悬着的心才终于落地，那一刻的五味杂陈真是难以言表。

说实话，我们从没想过孩子能通过竞赛升学进入名校。我和爱人都是从县城中学通过传统高考路径考出来的，奥林匹克竞赛对我们是遥不可及的存在。工作后，我们家的理财连股票、基金都未曾涉足。这般“保守求稳”的观念，自然而然延续到了孩子的教育规划中。我们自认普通的基因没法遗传给孩子天才的头脑，所以从未设想让孩子走奥赛这条路。孩子小时候，“放养”“顺其自然”是我们育儿的主旋律。能够通过竞赛升学，可以说是“非标准”的孩子“带飞”了我们这对普通的父母。

从游戏玩家到编程少年

小学时，儿子课余的大部分时间是在家中度过。身为双职工家庭的独生子，无人陪伴的他常在平板电脑上沉浸于游戏世界。直到小学四年级，命运的轨迹悄然转变，孩子不再满足于只玩游戏，而是开始用可拖拽的软件 Scratch 编制游戏，并将作品上传到网上供别的小朋友玩。

当时，孩子爸爸从事软件开发，看到孩子乐此不疲，就好奇地问："这是什么东西呀？"孩子骄傲地说："老师推荐的编程语言，可以编游戏。"孩子爸爸乐了，说："这是编程语言？不是吧，编程语言不该是这样。"孩子仰着小脑袋问爸爸："那什么是编程语言呢？"他爸爸说："改天给你买本书看看。"于是孩子获得了关于编程语言的第一本书——《父与子的编程之旅：与小卡特一起学 Python》。通过看书，孩子无师自通，逐渐可以用 Python 编程语言编制各种游戏。我们虽然赞叹他在这方面的能力，但并没把这个爱好和学习联系起来。直到小升初阶段，儿子的这个特长意外发挥了作用。按当年的政策，孩子得以报名参加北京十一学校的现场编程考试，我们那届录取了五个孩子，儿子就是其中之一。

取舍之间：机房与教室的拉锯战

进入十一学校后，作为特长生，儿子每周要上一个晚上的信息学课程，内容聚焦于 C++ 语法学习。当时我们和孩子都没把这事放在心上，认为这不会过多侵占其他学科的学习时间。但随着信息学学习的深入，也随着孩子在这个领域崭露头角，竞赛这条路径逐渐铺展在我们面前。

初一上学期，儿子提及全国青少年信息学奥林匹克联赛将至，老师推荐他报考联赛普及组。在首师大附中门口等候孩子考试时，目睹许多家长围着我们学校的老师虚心求教，我们才大致拼凑出信息学奥赛的完整赛制：联赛、省选、全国赛，环环相扣，成绩优异者有望保送清北。和这些已经掌握很多信息、经验丰富的家长比，我们对自己的不上心有点汗颜。

这次比赛，孩子拿下了普及组一等奖。随后，他从普通班升入提高班，上课时间也增加了。初一下学期，孩子的导师南老师将我们叫到学校，神情凝重地和我们说：十一学校学习压力很大，而我家孩子似乎学习压力更大，除了上卫生间，孩子几乎寸步不离座位，埋头做作业；在学校跑个 1000 米，孩子气喘得不行，体育锻炼严重缺失，长此以往，身心健康堪忧。

听完后，我们心疼不已，与孩子进行了一次长谈。孩子说，虽然学校的信息学课占用时间不算多，但是老师介绍了一个信息学网站，上面有很多题。为了有更多的时间去做题，孩子就需要争分夺秒地在学校把作业完成。心疼孩子之余，我们和他商量是不是放弃信息学，毕竟竞赛路不好走，我们对此也毫无认知，还是希望他以学校的课程为重。但是孩子很坚决地说他不想放弃，这是他的兴趣和能力所在。他自己做出了取舍，牺牲了与同学们交往以及体育锻炼的时间。看他这么目标明确、立场坚定，我们只能尊重孩子的选择并提供力所能及的帮助。我们买了一些体育锻炼工具放在家里，有空就督促孩子运动。

虽然我们尊重孩子的选择，但当时仍然觉得竞赛升学比较遥远，走高考路径的可能性更大。因此孩子在学校期中期末的成绩排名，始终牵动着我们的心弦。即使我们算是“躺平”式家长，也会被孩子的学科成绩排名“带飞”，期望值水涨船高——从认为能考上 Y 大学就不错了，提高到也许能考上 H 大学，甚至还专程跑去 H 大学门口张望了一下。

和我们的胡思乱想不同，儿子是一直坚定地在竞赛路上越走越远。初二那年，孩子又获联赛提高组一等奖。此后，晚自习他都奔赴机房练习。有一次，教语文的任老师来电说：全班同学除了你家孩子，都完成了白居易的《长恨歌》背诵，他的背诵单也没有家长的签字，这个事情你知道吗？我自然是不知道的。但凭借对孩子的了解，我知道孩子在信息学与常规学业间，已然做出了第二次取舍。其实我对孩子的选择是否正确毫无把握，甚至感觉考Y大学都有点悬了，所以内心非常焦虑。但退一步想，不管走哪条路，孩子都在努力学习拼搏，我就一定知道哪条路是对的吗？所以我极力克制住自己干涉的欲望，不去拖孩子的后腿。孩子其实很敏锐，能感受到来自老师和家长的无形压力，所以这个时候，我说话也小心翼翼，避免影响他。当时我们家有两个书包，一个是装笔记本电脑去机房的书包，一个是装学校的书本去正常上学的书包。孩子晚上背上去机房的书包，我会小心翼翼地说："去机房呀？"他会敏感地回复："你不用试探我了，你就是希望我背上另一个书包吧？"我赶紧否认："不是不是，只是问问。"其实内心当然希望他的选择是"雨露均沾"，但我反复说服自己，对不懂的领域要学会闭嘴，给孩子时间和空间。

初三起，竞赛课程难度升级，孩子购入《普林斯顿微积分读本》《线性代数》等大学高等数学教材，自学之路充满艰辛。同时，集训成为常态，动辄停课一周甚至半个月，时间主要用于与外校信息学同学联合集训，进行考试和试题讲解。频繁切换学习模式，让孩子在校内课堂上出现"水土不服"——有时，刚补上落下的课，又逢停课集训；最棘手的是，孩子学业考试排名首次跌至100名开外。焦虑如潮水般将我吞没，我四处向任课老师求助，得到的反馈却让焦虑雪上加霜：英语老师抱怨孩子时常缺课，不背单词，上课进度不可能停滞等他，成绩自然落后；生物老师坦言，接手班级后，对孩子的样貌都记忆模糊，因为他很少出现在生物课堂上。竞赛与校内学习的矛盾达到了前所未有的高度，怎么办呢？

顶住压力，做好后盾

每个竞赛生在这条路上都承受着巨大压力。如果最终拿不到保送资格，前几年的投入失败，孩子不仅会沮丧受挫，还需要马上调整心态，争分夺秒补上落下的功课。竞赛失利的孩子一般要用一两年来补完传统高考生四五年的课业，这是多大的强度和压力！我既不忍心让孩子退出深深热爱、久久投入的领域，又担心他多年努力错付、受挫承压。

相比大人的愁思百转，孩子反而是坚定有力的那一方。他反过来安慰我："妈妈，如果竞赛受挫，我回归学科也不难的。相信我！数学我已经比高中课程学得更深入。物理我已经把高中课程全学完了，如果回归学科学习，我可以利用重积分、概率分布的知识再重新学习一遍。英语方面，我学习信息学会阅读大量外文书籍，语感没问题，只需要再加强单词背诵。化学、生物这两门课需要多花些功夫记忆知识点，语文也要下大力气，但'退役'后给我一年时间，一定能迎头赶上。"听了孩子这番话，我深深意识到，关于风险与机遇的权衡，孩子已在心中反复推演，早已比我想得更深入细致。他的坚定乐观、全力以赴，不光来自少年心气，也来自日渐成熟的智慧和意志。我的儿子，早已比我们走得更远。

孩子选定了道路，作为家长，我们更是要顶住压力，做好后盾。孩子的爸爸在这方面比我做得好，他一直在为孩子解除各种后顾之忧。他对孩子说："鱼和熊掌不可兼得。既然你的兴趣在此，就全力以赴吧。即便竞赛失败，回归高考，你大学是肯定考得上的。也许学校不一定那么理想，如果你能接受，我们就能接受。你不能接受，完全可以复读一年嘛。老爸把北京市能复读的学校都考察了一遍，放心吧。"

就这样，我们全家统一了认识。进入高一，停课成为家常便饭。尤其进入省队后，孩子基本不再踏入学校课堂，全力备战奥赛。幸运的是，儿子高一便收获了令人欣慰的成绩，锁定了保送名校的资格。事后我问孩子："你没有担忧过万一竞赛失利，高考也失利吗？"他笃定地回答："机房里的每个同学都心无旁骛，只专注于竞赛。至于高考，那是'退役'后要考虑的事情。"我想，搞竞赛的孩子，可能就需要这样的专心致志吧。

儿子取得成绩后，许多家长打来咨询电话。我只能说，我们其实是被孩子"带飞"的，如果说我们做对了什么，也许就是不乱指挥，不拖后腿，给他的天赋以生长的空间，顶住压力支持他的梦想。每个孩子都有自己擅长的，也许这个特长不是学习，甚至会有点耽误学习；但时代不一样了，现在的社会能容纳更多的选择，一技之长也许比通才更有发展。有的孩子喜欢篮球，想走体育特长路线，家长百般阻挠，认为将来很难找到工作。但我想说，不能因为我们不熟悉、不了解，就替孩子妄做判断，我们终究有自己的局限性，怎么知道自己的判断就一定对呢？孩子有明确的热爱和天赋，愿意为之竭尽全力，是一件多么可贵的事！家长要做的是控制住自己的控制欲，解决好自己的焦虑，给孩子的热爱以时间。即使尝试暂时受挫，我们要做的也是做好备选方案，尽量为孩子兜底。

回头看，从多年前那个摆弄 Scratch 的小男孩，到今天有理想、有能力、有热爱的少年，我很庆幸我们没有用自己的见识去局限孩子的未来。孩子用代码劈开一条荆棘之路，我们能做的就是做好他的大后方，让他有底气去探索更广阔的世界。

假如可以重来

我们会培养孩子阅读各种书籍的习惯。没有接触代码前，他还阅读一些书籍；后来走入竞赛赛道，没有时间读"杂书"了；上大学后更是偏科得厉害。文科思维弱，在一定程度上也影响了他的社交和性格。

一个竞赛生的清华之路

◎ 子衿

我的儿子是一名化学竞赛生，他从小就对各类科学现象感兴趣，喜欢做各种生物化学小实验，喜欢用电子积木拼搭收音机、声控门铃、飞行器、报警器等。或许是科学启蒙早，儿子初中物理、化学成绩一直名列前茅，通过了十一学校物理和化学读书会的选拔，进入了学校这两门课程的竞赛预备营。直升初三时，儿子开始跟着学校的两科竞赛老师学习，高一时选定了化学科，在化学组王老师的指导下进行了长期的学习和训练，最终通过化学竞赛进入国家集训队，保送至清华大学计算机系。

结果说来简单，过程其实不少曲折磨砺。在此记录下我们一家走过的路，希望能够给有志于竞赛的朋友们一些借鉴。

选择：双竞赛如何取舍

直升初三起，孩子是物理和化学双竞赛并驾齐驱。直到高一时，两科竞赛老师分别打来电话，告知竞赛课必须要二选一。因为竞赛比赛难度大，孩子时间精力有限，同时搞两门，学习和训练时间不够，必须全力以赴努力攻一门才能有胜算。由于儿子当时两科竞赛成绩在北京市还算不错（初三物理力学竞赛获得北京市一等奖，高一化学竞赛获得北京市二等奖），因此我们面临两难选择，不知舍谁留谁，担心选择错误留下遗憾。作为从事理工科工作的家长，我们在权衡利弊后，更希望孩子能选择物理。但学习毕竟是孩子自己的事，需要他额外付出更多的学习时间和努力。几轮家庭会议下来，孩子依然坚持选择化学竞赛，因为他觉得化学竞赛能做各种实验，更有意思，而且还有好朋友和他一起并肩努力。游说失败的我们只能尊重孩子的决定，转而选择全力支持他，同时对孩子提出了要求："不管选哪门，既然选择了，那后面就必须坚持下去，不能半途而废。"因此，从高一下学期开始，孩子放弃了物理竞赛，全力以赴开始了化学竞赛的学习。

平衡：竞赛与校内学科如何兼顾

虽然选择了化学竞赛这条路，但能够凭竞赛升学的学生少之又少，这条路存在太多太多的不确定性，最终能否出成绩谁也无法预料。在高考综合成绩裸分为王的现状下，我们一路携手共进的几位家长始终坚持，除了比赛前需要临时停课备赛外，不能让孩子为了竞赛过多耽误校内正常学习。

对于化竞生来说，春秋两季的清北学科营、每年的全国化学竞赛初赛及后期的决赛最为重要，不能错过。具体来说，孩子首先需要通过校内选拔赛，才有资格参加全国化学竞赛初赛。初赛一般在 9 月初，每个省大概前 20 名的学生能获得决赛资格，具体名额要看各省当年的政策。进入省队后就有资格参加决赛，决赛一般考两场，考试内容为化学知识和实验。决赛成绩分为一等奖（金牌）、二等奖（银牌）和三等奖（铜牌）。根据当时的国家特殊类型招生政策，化学竞赛决赛一等奖中的前 50 名能够进入国家集训队，并获得保送清华、北大的资格。后期将再从这部分人员中选拔出几位，代表中国去参加世界化竞比赛。50 名之后的孩子后续也有希望通过破格强基或普通强基加高考成绩的方式，进入自己心仪的大学。权衡上述情况后，儿子的化学竞赛备赛时间安排如下：

直升初三至高二校内学习期间，儿子在时间规划上以课内学科学习为主，每日完成各科作业后，会利用晚自习空余时间自己看竞赛书籍或做题；周末跟着校内竞赛老师上课——如此坚持了一年又一年，逐步搭建起完整的化学竞赛课程知识体系框架。周末上完竞赛课后，该做的课内作业必须完成，然后他会去运动——拥有一个健康的体魄才能支撑住后面高强度的学习。

期中和期末考试前两周，一般竞赛课都会停课。这时孩子会把所有时间（包括晚自习及周末时段）全部用来复习课内学科，暂停与竞赛有关的内容。期末考试结束后，除了运动和休假，其余时间孩子会紧跟校内竞赛老师的节奏，不是在校内封闭训练，就是外出参加校外封闭训练——校外训练强度大，难度大，师资力量强，受训人员是来自全国各学校的竞赛生，与之同场竞技，更容易发现自身的不足以及同高手之间的差距。

虽然儿子的时间安排总是在课内学习和竞赛之间频繁切换，但可喜的是，他的竞赛水平在持续提升，校内的期中期末成绩也一直名列前茅——年级综合成绩排名前三十，有时还能进入前十几名。这也给我们增添了信心，能够坚持竞赛与校内学科两手抓、不偏废。当然，这种思路不一定适用于所有竞赛生，还是需要根据个体情况权衡利弊，及时调整。

抗压：竞赛生的必修课

直升初三起，随着儿子化学知识的积累达到了一定程度，在校内化竞老师的推荐下，家里的化竞书籍从开始的两三本，增长到后来的二三十本：有机化学、无机化学、物理化学、分析化学、结构化学等领域的书一本本一套套地搬进家中。只要是孩子觉得能帮他提高成绩的书籍，我们基本都会买回家；中文版、英文版，不断地添加，最厚的一本英文版甚至有800多页。曾经空荡荡的书架越来越满，孩子对知识的理解也从量变向质变突破。这些也体现在成绩上，直升初三时儿子的化竞成绩从二十多分逐步提高到四五十分，高一时从四五十分发展到六七十分，高二高三时逐渐攀升至八九十分。至此，我们终于对进入省队有了想法。

当然，化竞能力成长期间，儿子也遭遇过无数次打击。有勇气走竞赛这条路的，大多是在该学科卓有天赋的孩子，因此这个领域内高手如云，大神辈出。所以抗压能力也成为竞赛生的必修课。高二前的暑假，儿子和同学们外出参加全国化竞集训营的培训学习。当时他们的知识体系尚未构建完成，基础知识也不扎实，营内成绩被高三学长和高二大神们吊打——大神们八九十分，儿子二三十分，还有孩子考几分、十几分。孩子们每天从早上8：30学到晚上9：30，成绩还惨不忍睹，可谓被虐得“身心受创”。作为家长的我们只能在后面不断地给予鼓励。好在孩子们是有韧性的，几个孩子看着分数一言不发，眼眶发红，但没有一个人想过退出，全咬紧牙关坚持跟了下来。到集训快结束时，孩子们的成绩也从最初的二十多分一点一点进步到六十分出头。

通过这次集训，孩子们看清了自己的不足以及与塔尖大神们的差距，这种差距促使他们从营里回归学校后，把心沉下来，努力从书本中汲取知识的养分，不断扩大自己知识体系的厚度与宽度。回头看，儿子的抗压能力也是在那时得到了极大的提升。受到打击后，孩子虽然伤心难过，但并没有被情绪影响行动力，而是第一时间找出自己的不足之处进行补漏。在这样的不断打磨下，他的抗压能力变得越来越强，知识体系的漏洞也越来越少。我想，正是有了前期的这些磨砺，到最后的关键时刻，他才能扛住高压，放松心态，考出自己应有的水平。

坚持：波折中拿到保送资格

高三前的暑期，知识体系储备已完善，儿子除了参加校内的培训，也继续外出参加集训。当第二年再次与全国竞赛大省的顶尖大神们同场竞技时，去年饱受打击的儿子不免心里忐忑，但实际学习、考试下来，他的成绩与去年相比实现了大幅进步：近 600 人的大营里，儿子的排名从开始的三十多冲到了十几名，最好时进了前几名。去年的吊车尾一跃成了今年的种子选手！此时，孩子和家长忐忑的心终于落地了，我们终于具备了冲击省队的能力和勇气，梦想之花开始绽放。

9 月初的全国初赛考试上，儿子毫无悬念地实现了第一个小目标，顺利进入省队；下一步就是努力夺取金银牌，争取获得破格资格。初赛过后，由于考进了省队，我们暂时停掉了校内常规学习，紧急进入竞赛封闭学习。而孩子的状态也越来越好，不管是班级训练还是外出培训，成绩一直名列前茅。但随着决赛日的迫近，或许对自己期望过高、想得太多，孩子突然紧张了，考试前一晚失眠了。紧张的心态导致决赛第一场发挥失常，虽然获得金牌问题不大，但名次跟校内外集训时的排名相差较大。考完后孩子很沮丧，打电话告诉我们：“没办法，发挥就这样了。”我们安慰孩子：“没关系，我们的第一目标（金牌）基本已实现，第一任务完成；第二场放松考，如果你不会，别人也不一定会，稳住不要多想。”或许是第一场考砸后，孩子不再设想太多，放下了心里的重担，第二场反而超常发挥，成绩和名次出奇地好。综合两场得分，孩子最终险胜，获得了全国化学竞赛金牌并进入国家集训队，同时获得保送资格。

感悟：竞赛是成长中的财富

现在回头看儿子的竞赛之路，个中曲折纠结、泪水汗水，无法尽数，真是冷暖自知。也正因为我们陪伴孩子走过这样一程，深知其中滋味，所以想和其他有志于此的家庭分享一点心得体会，希望对大家有所助益。

从高三前的暑假开始，往后的一整年对高考生是非常重要的时间段。竞赛很重要（知识储备已完成，容易出成绩），校内综合学习更加重要，因为要准备开始高考前的第一轮复习。这个时候，家长和孩子一定要根据孩子的竞赛能力来决定是否继续参与：竞赛很有希望拿奖（尤其是大奖）的，比如初赛估完分有望进入省队的孩子，可以脱产参加封闭训练，在决赛前继续补漏，快速提升自己的能力，争取拿下破格资格乃至保送名额；对于平时竞赛成绩一般的孩子（初赛获得省市级一等奖但排名靠后，且近期进步不大），尤其是初赛估分成绩不理想的，建议第一时间回归校内学习，抛掉与竞赛有关的所有内容，跟着校内老师快速切换到高考赛道。

对半道回归高考的孩子，很多人可能会觉得他们白费了之前的投入，还耽误了校内综合学习。但其实根据我的观察和了解，通过这几年的竞赛学习，孩子们的抗压能力和自学能力都得到了切实的锻炼，这些孩子往往比较会学习，并且知道怎样快速提升自己的成绩。比如我们这届9月初化竞初赛结束后，最快回归课内学习的孩子，在高三第一学期期中（10月份）就取得了年级前十的好成绩；而拼到10月底决赛结束，拿到破格资格的化竞、物竞孩子们，回归高考复习后，最终高考成绩都很亮眼，有凭裸分考入清北的，也有不少靠强基政策进入清北的。所以回归高考的竞赛生和家长们，完全不用失望焦虑，学到的知识和能力不会浪费，时间也还来得及。

无论是竞赛还是高考，学校和老师都至关重要。十一学校给孩子们搭建了公开公平参与竞赛的平台；十一学校的老师们更是真正的教育家和心理学家，他们的无私奉献和鼓励给孩子们无尽的动力——尤其是竞赛老师，长年牺牲自己的寒暑假和平时大量的休息时间，给孩子们讲授竞赛知识、分享竞赛资讯，是孩子们的定海神针。作为家长，我们能做的就是相信学校和老师，做好沟通和配合，根据老师的科学指导，及时协助孩子调整状态。除了学校和老师，在竞赛路上并肩同行的其他家长和孩子们，也是我们的战友。只有走在相同道路上的人，才最知道彼此正在经历什么。大家一起熬过各种焦虑、纠结和状态起伏，一起分享信息、互相打气，帮助彼此坚持下来，孩子们和家长们都结下了深厚的情谊。

最后，关于竞赛，我们和孩子最大的感受是，成功来源于热爱。唯有热爱才能让孩子们在日复一日的学习、高强度的集训和反复的磨砺打击中坚持住，并在过程中获得快乐。而竞赛锻炼了孩子锲而不舍、能吃苦、能战斗的精神，成为他们继续前行的精神底色和不竭动力。

假如可以重来

我会建议孩子在直升初三升高一的暑假，就去参加校内校外的高强度化竞集训，为后面一轮又一轮的冲刺留出更多备战的时间；同时，我也会提醒孩子多加强体育锻炼，有一个健康的体魄，未来的人生将会越来越美好。

竞赛小白叩开燕园之门

◎ 陈晓颜

初中学科竞赛零基础，高一投身化学竞赛，次年获中国化学奥林匹克初赛省级一等奖，两年后摘得全国决赛银牌，最终以 700+ 的高考成绩进入北京大学——这份成绩单背后，藏着许多人关心的成长密码：如何平衡竞赛与校内常规课程学习？结束竞赛回归校内，如何顺畅衔接？竞赛能力如何迁移，助力高考取得理想成绩？在学校与家庭的温暖托举下，儿子通过持续三年的“双线作战”，不仅完成了从竞赛新手到全能选手的蜕变，更探索出了一条适合自己的学习进阶之路。

“断舍离”中寻求竞赛与学业平衡

平衡学科竞赛与校内常规课程是每一个竞赛生和家长都要面对的课题，稍有不慎，就会由于决策偏差产生大量沉没成本。儿子竞赛学习的两年间，我们在纠结中摸索，在权衡中妥协，在放弃中释然……

儿子对化学的兴趣始于初中，但他当时所在的学校没有竞赛支持。考入高中后，他报名了学校的化学竞赛班。学校常规课程根据学生能力和意愿实施分层教学，儿子入学考试除语文外，其他科目均在三层，同时他还参加了周末的物理和数学强基课。三层课程的深度与广度超过常规高中课，再叠加周末强基课，这导致他无法在化竞课上投入太多精力。开学初，辅导老师及竞赛教练建议他把个别三层课程降为二层，以便能更好地平衡竞赛和校内常规学习，这让我们陷入纠结：赌竞赛，前路未卜，周围有些同学已经在竞赛领域耕耘了至少一年，而儿子才刚起步；但若放弃，儿子不甘心，我们也怕挫伤了他的学习热情。怎么办？

我们与儿子沟通，他说："首先，我喜欢化学，想通过竞赛学习，拓展眼界，挖掘潜力，看看天花板在哪里；其次，我觉得当下这种状态，正好能锻炼一下自己的时间管理能力。"于是，我们决定尊重他的想法，先保持现状，试着学学看，后续根据实际情况再随时调整。

第一年是在探索中忙碌，为了样样兼顾，儿子并没有向化竞倾斜太多时间。同时，我们与儿子达成一致，先不参加校外机构的培训，跟着老师的节奏，按部就班学基础，搭建初级知识架构。升入高二，儿子迎来第一次化竞初赛，他在没有任何预期和压力的情况下获得了一等奖。

初赛过后，化竞班大部分同学退出竞赛回归了校内学习。我们再一次走到选择路口——是继续化竞学习，还是回归课堂？高中生涯已经度过三分之一，高二相对关键，身边不乏竞赛强手失利回归后艰难补课的案例，更何况他这样的竞赛小白？如果最终能有幸进入省队并取得银牌以上的成绩，则高考可能会获得加持；但如果不能取得理想成绩，高三再冲刺高考，难度可想而知。此时儿子由于初试牛刀结果超出预期，信心大增，不想就此放弃。是选择冒险，还是走一条家长认为稳妥的道路？孩子爸爸理性分析说："儿子高一综合成绩在校内 5%—20% 之间，高考如果正常发挥，大概率下限不会很低，更何况通过两年的学习，孩子会得到全方位的成长，尊重他的想法吧。”于是，我们继续支持他的决定。

随着儿子在竞赛课程上投入的时间逐渐增多，兼顾数学和物理强基课似乎也有些困难了。高二寒假，他果断选择退出这两门课：“与其样样兼顾而顾此失彼，倒不如接下来的时间专攻化学竞赛。”听着儿子条理清楚的分析，我逐渐从惊讶转为释然。孩子爸爸拍拍他说：“也好，那就轻装上阵，结果不重要，既然热爱，就享受过程！”

学校为竞赛生配备了强大的师资力量，竞赛课程的密度和强度也有所提升。尽管儿子的成绩稳步上升，但与身边竞赛大神相比，还有不少差距。幸运的是，他结识了几位志同道合的化竞同伴——他们既是相互学习的榜样，更是携手共进的伙伴，经常聚在一起切磋、共享竞赛信息。老师也时常邀请通过竞赛进入清北的学长返校分享经验、辅导交流。在这样良好的学习氛围中，儿子像海绵一样不停地汲取知识，在北大化院组织的春季联赛中获得“优秀”认定，在后续的“金秋营”活动中获得“优异”认定，这为他通过“强基破格”进入北大奠定了基础。

回望孩子在竞赛之路上的“断舍离”，我们愈发懂得：孩子的成长需要自主探索的土壤，家长则需要成为这片土壤的守护者。孩子是自己人生的第一责任人，在守好底线的前提下，家长要深度了解孩子的能力边界，尊重他的选择，同时实时进行阶段性评估，及时提出建设性意见。当孩子在人生岔路口面临抉择时，我们以“支持者”的姿态，既守护了他对化学竞赛的热爱，也最大限度降低了机会成本。

专注自我，在挑战中成长

儿子的竞赛突围之路也不是一帆风顺，在强手如林的竞赛中直面挑战，他也经历过迷茫和焦虑，但他用亲身经历印证了：只有“专注自我成长”才是破局关键。

高二暑假，儿子参加了两场封闭培训，与来自全国各地的竞赛顶尖选手同场竞技。最初，面对竞赛强省选手碾压式的优势，儿子在电话中沮丧道:“他们太强了，还很努力，我追不上啊！”爸爸开导他:“把关注点放在自己身上，每天进步一点点，跟这么多高手一起学习是难得的机会，享受过程就好了！”有了爸爸的鼓励，儿子沉下心来，把对强手的敬畏转化为学习动力，考试排名也从中游向中上游匍匐前进。培训结束，儿子意气风发，兴奋地说:“这几周真是功力大涨！”8月中旬，他结束了竞赛培训回归校园，由学校化竞老师带着进行考试前最后的查漏补缺。儿子一边抓住最后的机会复习错题、总结规律、攻克薄弱点，一边调整状态，继续以享受过程的心态迎接考试。

进入高三，学校开始分班，全力冲刺高考，坚持下来的二十余位各学科竞赛生组成了一个班。与其他按部就班开始第一轮复习的同学不同，竞赛生们辗转于外地进行封闭训练——等待他们的可能是希望，也可能是遗憾，但路已至此，只能往前走。

2023年9月3日，儿子迎来高三最关键的一役——中国化学奥林匹克初赛，成败在此一搏。这次考试题量较往年有所增加，综合难度上了一个台阶。儿子发挥得不错，顺利进入省队。他随后立即投入更高强度的培训，与各省顶尖选手切磋较量，这又是一次学习的好机会。虽然培训中遇到的选手越来越强，但自从把关注点放在自我成长上，儿子学会了笃定地享受学习过程，能力也稳稳地提升。同年11月的决赛中，大家普遍反映题量大，计算要求高，考试难度不小。作为首次闯入决赛的新手，儿子缺乏成熟应战的经验，最终取得了银牌。

决赛的银牌虽然可以为升学提供一定助力，但竞赛带给儿子的收获远不止于此。在爸爸的引导下，他逐渐学会用成长型思维替代横向比较来看待比赛：主动学习顶尖选手的思维模式，总结错题规律，将注意力从排名数字转向学习过程中自身能力的提升。每一次挑战或挫折都会转化为向上攀登的阶梯，他在自我精进中开拓出更辽阔的成长空间。

回归校内，目标管理下的高效复习策略

结束竞赛回归校内高考复习，面对学业差距与备考压力，如何通过科学拆解目标与精准调整策略实现逆袭？儿子的这段高考突围经历或许可以带来一些启示。

11 月中旬儿子重返课堂时，已错过了学校的第一轮高考复习。我们同他进行了一次深入沟通，爸爸说："你比别的同学少了 4 个月的复习时间，要接受并正视目前已存在的差距，但不用焦虑，两年多竞赛历练赋予你的学习能力是独特优势。现在需要做的，是把所有关于竞赛加持的期待'清零'，全力以赴投入高考复习，超越自我。"经过几天的休整，儿子逐渐进入了高考复习状态。他先向每一位任课老师请教，制订了最适合自己的追平差距计划。初期确实存在跟不上课堂进度或完不成作业的情况，但这反而激起了他的斗志——他稳扎稳打，一点点攻克难点，把在复习过程中新掌握的每一个知识点、每一种方法都当作新的收获。他的月考成绩不断进步，但是期末考试尚未完全恢复到高一高二的水平。

寒假期间，我们与儿子从知识漏洞、考试心态、做题策略三个方面综合分析，找到了可以提升的方向。他与老师深度交流后，认为物理和生物还有上升空间。针对物理做题少的问题，他聚焦学校自编教材题册，制订了做题计划。随着题感逐渐增强，他开始系统重做历次月考和统考的错题，深化对知识点的理解。在生物复习中，他重读教材，并对着考试题反查教材知识点，用这种方法逐渐梳理出考试大致涵盖的知识图谱，便于在有限时间内更有针对性地复习。这番努力很快显现成效：儿子高

考一模成绩进入学校年级前 20 名，区排名 110 余名。结合此前获得的国赛银牌、北大“金秋营”优异成绩，以及一模较好的排名，他获得了北大“强基破格”入围审核“优秀”认定，这意味着若报考北大，他具备了享受适当降分录取的优势。

然而，二模数学的失利，让儿子一度陷入迷茫。那场考试他状态不佳，犯过的错重复犯，还出现新失误，分数创历史新低。这种挫败感甚至影响了他的备考节奏——为避免重蹈覆辙，他尝试改变以往的做题节奏，反而导致一段时间内做题正确率和速度都受影响。二模家长会后，我找到年级主任刘老师，还没开口，刘老师就主动说：“这次低谷很正常，告诉孩子，不用担心，他数学具备 140+ 的实力。”当晚，我们开车带他到郊外，走进大自然放松心情。第二天，爸爸又陪他去爬山，聊起了那次考试：“其实，这只是你日常考试的一次失误罢了，每个人都会有状态起伏，关键是要学会面对问题、解决问题，可以通过日常的校测、作业尝试各种解题策略，大胆试错，从而摸索出更适合自己的节奏。”在师长的共同疏导下，儿子很快调整心态走出了低谷。经过一次次考试历练与经验总结，加上“强基破格”的优惠政策，儿子状态松弛地走入高考考场，发挥出理想水平，以 700+ 的优异成绩裸分考入北京大学。

主动沟通、分层突破、通过权威反馈锚定信心，最终在高考中实现超水平发挥——真正决定逆袭效率的，不是单纯的时间堆积，而是将竞赛培养的深度思维与精准补漏机制进行耦合转化的能力。

考场稳定“输出”背后的力量

回顾儿子三年来的各类考试表现，我们发现，他在关键性大考中往往都能稳定输出，甚至超预期发挥，被老师们亲切地称为“场面型选手”。从他的成长经历中，我们尝试总结出几条值得借鉴的经验：

一是宽松的家庭环境——用眼界拓展与心态建设奠基成长韧性。我们始终认为，培养孩子获得幸福的能力是教育的终极目标，而名校只是实现这一目标的路径之一。基于此，在基础教育阶段，我们没有早早把他送入培训机构，而是经常带他去各地游历，让他开阔眼界、认识世界。同时，我们特别注重培养儿子积极的心态。面对考试中常常出现的低级失误，爸爸总是告诉他："人都有状态不佳的时候，要允许自己'犯错'，不必过于自责懊恼。"这种接纳式沟通，让他逐渐学会与失误和解，避免了因多次失误而丧失信心或陷入自我怀疑。在成长过程中，儿子的每一次选择都源于热爱，这让他能够乐此不疲地投入时间和精力，效率也能最大化。日常生活中，爸爸善于把握教育契机，利用每次接送儿子上下学的时间，与他聊竞技比赛，潜移默化地教他如何在紧张的氛围中调整心态：好的心态需要足够的自信，自信来源于实力，实力则是在平常的点滴中铸就的；平时就是战时，战时自然就是平时，要把日常的作业、小测、考试等都当作高考，养成专注认真的习惯。这种润物无声的言传身教，培育了儿子在关键时刻能够稳定发挥的心理素质。

二是适度的运动和睡眠保证——以生理节律调节赋能学习效能。孩子爸爸一直强调运动的重要性，儿子也由此养成了每次关键性考试前一个月，坚持每天晚上八九点钟到学校操场跑步的习惯。他用跑步对抗学习疲倦后想刷手机、玩游戏的冲动，让汗水冲洗掉一天的疲惫，缓解考前压力，消除长期坐在教室带来的倦怠。也因为跑步，他能够让自己保持松弛的状态，遵守着晚上 11 点上床、早上 6：40 起床的作息时间，而且基本能够保证良好的睡眠。高考前两个月，他甚至把就寝时间调整到晚上 10：30，充分的休息确保了他在考前身心都处于一个良好状态。

三是丰富的童年经历——淬炼逆境应对能力。儿子五岁开始学钢琴，从一级考到八级，这过程犹如爬山，需要不断攀登，极大地培养了他的逆商。他五六岁时就坐在偌大的考场里面对考官独自演奏，这样的经历也锻炼了他应对“大场面”的从容心态。他还参加学校的金帆行进管弦乐队；寒风中、烈日下的一次次训练，到不同城市参加比赛，都是对儿子耐力的锻炼。三年级开始，我们利用寒暑假送他去不同国家参加夏令营、夏校。在完全陌生的环境中，他需要独自与来自世界各地的孩子们交流、上课、玩耍、研讨，遇到困难后只能自己想办法解决，这也在无形之中练就了他应对复杂环境的能力。

四是竞赛学习培养了思考力和专注力——将特殊训练转化为普适能力。在我们看来，竞赛经历对高考最大的帮助并非成绩带来的优惠政策，也不是知识本身，而是在这个过程中获得的深度思考能力和专注力，以及在大考中面对难题时的从容心态。回归课内以后，这种习惯帮助他有定力和耐心去补齐短板、啃硬骨头，也让他能在高考考场上更冷静地面对试卷上的难题，寻找突破口。

教育不是单向的知识填充，而是让少年在无数次的跌倒中淬炼出生命的韧性；成功并非简单的目标达成，而是持续突破认知边界的自我革命。教育最动人的风景，莫过于一个少年在一次次挑战中长出翅膀的过程。教育没有标准答案，每个孩子都有属于自己的花期，我们相信，大学之门一定会向那些为梦想全力以赴的学子敞开，因为大学所求的从来不是完美的解题机器，而是永葆热忱的追光者。

假如可以重来

我希望能够早一点开始儿子的博物馆启蒙之旅，陪他走遍国内外著名博物馆，真正享受待在其中的时光，带着探究的心态，与珍贵文物对话，认识世界、感知历史。

“攀登”去清华

◎ 路未然

2024 年 8 月，我们家小杨同学在十一学校度过充实而难忘的中学时光后，终于步入他心仪的清华大学，开启了在物理系的求学之旅。回顾过往，从赶“末班车”参加物理竞赛班，到最终通过“攀登计划”圆梦清华，这中间的困难其实非常多。总结来看，小杨的求学历程中，他自己的选择、自律和坚持起了最大的作用。我们作为家长，能够勇敢地把方向盘交给他自己，也起了正向的作用。如今回想，真是感慨万千。

选择：强扭的瓜不甜

这个过程中，第一个关键词是“选择”。2019 年夏天，小杨进入十一学校学习。十一学校没有固定班级与教室，“选课走班制”取代了传统班级授课，学生像大学生一样自主规划学习路径。学校氛围自由，老师给予学生足够的尊重和包容，非常适合小杨这类自我管理能力强的孩子。初一时，小杨学习成绩中等；初二上学期，他开始适应中学生活，学习成绩直线上升，进入年级前 20%。

但直到初三之前，小杨自己对学竞赛是没有热情的。我们因为深信未来计算机领域将大有可为，所以一直期望孩子能参与计算机竞赛，于是早早为他安排了相关课程。然而孩子似乎对此提不起兴趣，这导致他在多次考试中成绩不尽如人意。初二的时候，他明确表示："我之所以学习计算机竞赛，是因为你们的安排，这并不是我自己的选择。继续这样下去，我感到毫无意义。我愿意再尝试一次考试，但之后请不要再为我安排任何竞赛。"尽管在最后一次计算机竞赛考试中他勉强入围，但距离最终目标仍有相当大的差距。经过深思熟虑，我们虽然感到惋惜遗憾，但还是决定放弃这一计划。

在放弃计算机竞赛的这个空档期，小杨没有任何的竞赛学习，他报的主课也并不是高层课。总的来说，就是怎么轻松怎么来。他就这样放飞了一段时间。作为家长，我们心里其实有点焦虑，总感觉他这样下去也不是办法。但我们还是多次按捺住了干涉他的想法，有了计算机竞赛的前车之鉴，我们也意识到"强扭的瓜不甜"。虽然父母负有教育子女的权利义务，但我们反复说服自己，我们经历的时代和孩子已经不一样了，当年的教育方式对他们可能真不适用了。能够解开这个心结，与自己的固执和解，不是件容易的事，好在我们做到了。

事实证明，家长放弃不符合孩子意愿的干涉安排，可能更有利于孩子自我驱动。小杨同学主动转变的契机，出现在他和同学的对话中。直到现在，他还很感激那位同学。在初三的一次班级考试里，小杨超常发挥，考得不错。一位学物理竞赛的同学对小杨说："小杨，你物理学得不错，为啥不去试试物理竞赛？"同学的建议在小杨的心中埋下了一颗种子。小杨当时课内学习压力不大，应付自如。听到同学的建议后，他开始考虑：是这样没有压力、按部就班地参加高考？还是多给自己一个选择，参加物理竞赛？小杨拿不定主意，找我们商量，我们建议他去尝试竞赛。他自己也觉得：如果以当前的状态继续下去，没有目标牵引，高考成绩未必很理想；参加竞赛，能够让他有不一样的学习体验，对他提出更高的要求；当然，不管走哪条路，他其实都要努力。我们跟他说："如果决定了，就大胆地去尝试，我们支持你的决定。"小杨想了大概一天时间，就决定参加物理竞赛。

但是，这时他已经错过了物理竞赛班的报名期。而且很多同学已经在竞赛班学了两年的时间，他去了能不能跟得上？最终能不能考到好成绩？这些都是未知数。他刚做这个选择，就面临了困难，感到不可知因素多，成本巨大。怎么办呢？我们鼓励他坚持自己的选择，遇到困难就解决困难，并帮他分析利弊：哪怕最终竞赛考得不行，试上两年时间，这段学习的经历对高考也有好处，反正最后高考也要考物理；过了竞赛班的报名期，就主动去向老师求助，心诚则灵。后来的事情，真就随着小杨的坚定选择柳暗花明了——他克服面子上的障碍，主动找竞赛老师申请旁听课程；为了留在竞赛班，在短短一两个月时间里努力冲刺，终于获得了好成绩而留下。这些都让我们既感动又骄傲。

现在回头看，最终小杨能够进入清华学习，和他主动做出的这个选择密切相关。因为主动选择了，所以奋力坚持了；因为奋力坚持了，所以有所收获；因为有所收获，所以获得了成长：这是很好的正向反馈。有时候人的变化是悄然发生的，如同细雨无声地滋润大地。每个人今天的成长，都是被以往一系列小小的选择所塑造的。作为家长，我们的体会是，不要盲目地为孩子安排，而要尊重、支持、鼓励他自己做选择。我们的少干预，反而能让他产生真选择，并为自己的选择而坚持。

自律：运动与学习

有了明确的目标，剩下的就是方法和意志。小杨同学成长的第二个关键词是“自律”。因为工作原因，我经常出差，很少有大段时间陪他学习和玩。为了更有效陪伴，我给自己定了个行动计划：在有限的能陪他的时间里，我想和他一起去完成更多有意义的事。我在工作多年后，因为体重大要减肥，逐渐养成了跑步的习惯。通过跑步，我感受到运动的好处。小杨从小喜欢吃零食，稍微有点胖。我想要帮他培养运动的习惯。

跑步这个运动，有一个门槛期：在门槛期之前，每个人都会非常不情愿，腿都不愿意迈一步；但过了门槛期，就会分泌多巴胺，让人心旷神怡，释放压力。我从带小杨跑 1 公里、3 公里、5 公里起步，让他知道自己能够参与运动，还能够跑这么远；而且跑完了，出点汗，很舒服，再学习起来就更有效率。最远的一次，我带他跑了 10 公里，这是他人生第一次跑那么远，他自己也挺自豪的。除了跑步，我还带他去爬山、骑自行车、滑雪，锻炼他的意志力和自律能力。他每次都在我们的鼓励下有小突破，比如爬山、徒步能够坚持 20 公里等。这些小小的运动轨迹给他增加了自信，也让他养成了自律的习惯。他认识到运动的好处，开始关注自己的身体健康，为了身体健康开始延迟满足，不乱吃零食。而且，后来他每周都会主动安排出运动的时间，直到上了大学也是如此。

这种自律作用到学习上也有很大的好处，小杨比原来更关注时间了，会安排好自己每天的学习时间。尽管他一般不写学习时间计划表，但他都会把安排刻在自己的脑海里。他会严格按时间、计划学习，把一两个月的长期竞赛准备拆解到每个小时的安排中。比如在准备物理竞赛期间，他会规定好自己每天要看多少课件、视频。如果当天任务没完成，他宁可熬夜也要完成，或者第二天一早务必完成。这种坚持需要比较强的体力和意志来保障。他为了按时完成自己的计划，便主动控制自己看手机的时间。他看手机一般就十来分钟，主要在累的时候放松一下，其他时间基本都是按计划学习、运动。在学习的过程中，他也会保持很高的专注力，甚至周围人说话他也经常听不到。在这样严格的自律之下，小杨这个“晚上车”的竞赛生跟上了大部队，甚至有所斩获。但他的竞赛之路绝非一帆风顺，他起步较晚，又并非天赋异禀，能够坚持到最后，主要归功于他的幸运与坚持不懈。

坚持：向清华“攀登”

第三个关键词是“坚持”。2022 年秋，小杨参加物理竞赛，只取得了省级二等奖，接下来的一年时间里，他放弃节假日，放弃娱乐活动，全力备战 2023 年第 40 届全国中学生物理竞赛。其间的各项模拟比赛中，他的最好成绩排在竞赛班第四名，再难突破。那段时间，小杨压力很大，晚上做梦都在算各种竞赛题。2023 年秋，小杨获得物理竞赛省级一等奖，但没达成进省队的目标——他在一道送分题上失了分，与省队资格失之交臂。

两年来，小杨全力投入物理竞赛学习，课内成绩逐步下滑，从年级前 20% 逐渐下降到 30%。但最终物理竞赛的结果却不理想，他的难受和沮丧是不言而喻的。但让我们欣慰的是，他很快就从负面情绪中抽身。他思考了一天时间，最开始甚至想完全放弃竞赛，但后来又鼓起勇气，开始考虑尝试清华的攀登计划。攀登计划是清华大学物理系为了选拔物理水平比较出色的孩子特设的一个计划，每年全国招生 60 人；非高三生取得资格后，可以降一本线录取。物理竞赛是这个计划的敲门砖，入围选拔通过后，还要参加多次考试才能获得最终的入场券。我们注意到他有了一丝积极的念头，便鼓励他积极尝试，当然我们没有表现得非常迫切和期待。毕竟，孩子走到这一步，已经承受了相当大的压力。

经过深思熟虑，小杨决定再给自己一次机会，挑战清华攀登计划。这意味着他要从头开始，但时间只剩下一个月左右，可谓时间紧、任务重。为了抓住这次难得的机会，他选择全力以赴！这时候，他之前养成的自律和良好学习习惯发挥了作用。他也用顽强的意志力，把近乎苛刻的备考计划，一小时一小时地坚持了下来。最终，他成功获得了清华大学的入场券。回顾这个过程，他最终的成绩或许与他在竞赛失利后的坚持有关，一个人能够在失败后迅速恢复，重新设定目标，并且坚持不懈奋战到最后一刻，是难能可贵的。我想这也是幸运之神眷顾他的理由。

从小杨的经历中我们感到，孩子的人生充满无限可能，学校与成绩也不是决定他未来道路的最大因素。孩子的成长，最终还是依赖于他自身的热爱和选择，依赖于他的努力和坚持。作为家长，我们应平和看待孩子成长中的起伏。虽然我们难免想凭借自己的人生经验指导孩子，但其实我们很难靠说教来改变孩子；反而是以身作则去引导，才可能真正地促成孩子的改变。如果我们想让孩子跑步，那就自己先养成跑步的习惯；如果我们想让孩子阅读，那就自己先培养阅读的习惯：榜样的力量是无穷的。有了这些人格力量的塑造、支撑，我们就能放手让孩子自己去面对成长路上的每一次挑战，去探索属于自己的人生道路。

假如可以重来

我会少给孩子灌输我的思想，而是多听听他的想法。孩子上大学后有过迷茫期，但经过大量阅读和思考，他逐渐形成了自己的思想，变得越来越乐观自信。我想，他们的年代和我们毕竟不一样了。多倾听，才能激发他的独立思考，而独立思考在未来的生活中将非常重要。

无缘保送之后

◎ 刘晓静

竞赛还是高考，对很多家长和考生来说都是比较纠结的选择。初二时，儿子便萌生了通过竞赛保送进入心仪高校的想法。高中三年，他两次斩获竞赛金牌，但却在关键时刻发挥失常，与保送资格失之交臂。回归高考赛道后，他迅速调整状态，全力冲刺，最终成功圆梦燕园。在此借儿子这段双轨并行的成长经历，分享一些关于选择与突围的思考。

成功夺二金，遗憾失保送

· 牛刀小试

中考结束后的暑假，儿子就计划着高一的第一学期要参加中国化学奥林匹克竞赛。所以他利用假期时间，对无机化学、物理化学和有机化学等化学核心课程的知识体系进行了复习和梳理。

高一阶段，儿子以课内学习为主，每周五晚上参加学校的化学竞赛班进行训练。高一上学期，他参加第35届中国化学奥林匹克（初赛），取得北京市第50名的成绩，但遗憾未能晋级决赛。赛后，他在学校竞赛老师的指导下进行复盘，发现在有机化学上丢分较多，包括粗心丢分和没学过的知识点丢分，这反映出他有机化学知识掌握得不够全面、细致和深入。于是，他把之前买的一本英文原版牛津经典有机化学教材拿出来细致地学习，以填补知识上的漏洞。

高一结束的那个暑假，儿子只休息十天就投入了竞赛学习中。他参加了两个化学竞赛培训班，巧合的是，在长沙培训期间，恰逢“北京大学2022年中学生化学研讨营”同期举行，一位在化竞生中享有盛名的老师给他们做了有机化学的授课并精心准备了练习题，这次难得的学习经历让儿子备受鼓舞。

· 一路高歌

高二上学期开始直到12月，孩子把课内课程全部停了，全程封闭训练打竞赛。化竞初赛一般于9月初举行，省选（复赛）在10月上旬，省选成绩公布约在10月中下旬。孩子成绩名列前茅，入选了北京市化竞集训队，开始了为期约20天的集中培训。2022年的化竞决赛，孩子荣获金牌（全国排名第83名，北京市排名第2名）。这次决赛，孩子赛前备考比较充分，考试时的状态很好，发挥得也不错。

回头复盘，我们认为此次取得好成绩主要有以下三个关键因素：首先是扎实的知识储备。儿子啃下了厚达1260页的有机化学英文原版教材，不仅夯实了基础，更幸运地押中了竞赛中的一道有机大题。其次是优秀团队的支持。打竞赛的过程绝不是一个人的孤军奋战。儿子所在的高中有一个很优秀的竞赛生群体，他们朝夕相伴、一同学习、互相鼓劲，这种良性的竞争氛围和情感支持，极大地提升了学习效率和备考质量。

最后是稳定的心理素质。决赛的第二场考试中，孩子误将整个第二大题的答案写到了第三大题的答题卡上，所幸检查时及时发现并进行了修正。面对这样的突发状况，他保持了难得的冷静，倘若当时心态崩溃，恐怕难以交出满意的答卷。

虽然儿子在这次竞赛中表现优异，但化学竞赛的保送资格通常在全国决赛的前 50 名中产生，所以儿子这次并没能获得保送资格。这一结果也为他高三是否继续参加化竞埋下了异常纠结的种子。

· 向左还是向右

转眼进入高二下学期，孩子在追赶校内课程进度的同时，仍坚持每周五晚上参加竞赛班的课程。到了 5 月份，是否参加化竞封闭训练的难题摆到了孩子面前。继续参加化竞，意味着要暂时放下课内学习，孤注一掷地去争取化竞保送的资格——若能争取到，就是皆大欢喜；若不能，则要回归学科学习备战高考。对于如何抉择，孩子咨询了竞赛老师和数学老师，两位老师都给出了非常好的建议，特别是数学老师，列举了身边的真实案例来帮助孩子厘清思路、打消顾虑。最终，孩子下定决心继续投身竞赛。十一学校的老师不仅专业素养过硬，更以开放包容的态度支持学生的个性化发展，为学生们营造了良好的成长环境，使他们在遇到问题时能及时获得老师的帮助，这些宝贵的建议往往能起到举足轻重的作用。

· 学习与身体健康的平衡

高三上学期的 9 月至 11 月，儿子仍然在封闭训练，备战第 37 届中国化学奥林匹克（决赛）。这段时间里，紧张的备考氛围与秋冬季节的呼吸道疾病风险交织在一起。10 月份儿子两次发烧，更令人担忧的是，在决赛前两天集训结束回家后，他再次出现高热症状。可能生病还是一定程度上影响了考试发挥，虽然孩子这次决赛仍旧拿到了全国金牌，但却再次与保送资格失之交臂。

这次决赛失利，主要有两方面的因素：一是在备考过程中过度依赖竞赛机构的刷题模式，而本届决赛出题方反套路而行，出其不意地避开了竞赛机构从历年竞赛题中摸索出的题型。孩子在遇到非常规题型后，内心发慌，一些通过正常思考可以完成的题目也受了影响。二是忽略了对身体素质的提升。身体是学习的“硬件”。孩子将全部精力投入备赛，长期处于高压状态却缺乏运动调节；作为家长，我们也未能督促孩子坚持锻炼。另外，营养的摄入当时也不够。学习紧张会增加身体的消耗，如果营养摄入跟不上，身体抵抗力变差，更容易生病。反思这些导致失利的内外部原因后，在后续的高考备战过程中，我们及时进行了调整。

回归高考，竞赛优势如虎添翼

11 月 8 日上午在清华大学参加完决赛闭幕式后，儿子当天下午便返回学校，开启了备战高考的新篇章。此时距来年 6 月高考，只剩 7 个月时间。如何在语文、英语相对薄弱的情况下，全面提升成绩，最终经受住高考的考验？我们总结了以下四个方面的经验：

· 心态调整

化竞决赛失利后，我本以为儿子要经历一段消沉期。但出乎意料的是，他迅速从竞赛的失利中抽离，展现出惊人的心理韧性——上午刚参加完竞赛闭幕式活动，下午就迅速向年级组长进行了汇报，与学科老师进行了对接，并规划好了回归课内课程的学习计划。当我们送他返校时，从他脸上看到的是斗志昂扬和坚毅果敢。这个干脆利落的转身，甚至让作为家长的我们都有些没反应过来。

事实上，这种心态调整在他考完决赛的两场考试后便已启动。他感到决赛发挥得不是特别好，于是在等待成绩出来的两三天内，便紧锣密鼓地规划好了不能获得保送资格的应对方案。

· 优化时间分配 提升学习效率

语文和英语是孩子的薄弱科目，要在短短几个月里将拖后腿的两门成绩赶上去，对时间分配和复习方法是极大的考验。孩子制定了严格的时间规划：每天早 8：00 到晚 10：00 为学习时间，各科学习时间的“黄金分配比”为——优势科目如数学、物理，投入 30% 的时间保持题感；弱势文科科目如语文、英语，投入 50% 时间重点突破；剩余 20% 时间用于应试技巧训练。晚上 10：30 准时睡觉，雷打不动。

更难得的是，孩子对时间的高效利用堪称极致——餐厅等餐时背单词，地铁通勤时记文言文，就连拔智齿前的候诊时间都不放过，专注默背古诗文。这种见缝插针的学习方式，让每一分钟都产生了最大效益。学科老师的专业指导也为他突破短板提供了关键支持。每周针对性的知识梳理和难点辅导，使孩子的复习效率成倍提升。在时间管理与专业指导的双重加持下，原本令人焦虑的“短板”科目，逐渐呈现出稳步提升的势头。

· 让竞赛思维优势充分发挥作用

孩子在竞赛中培养的深度思维和抗压能力，成为学科学习的独特优势。他将竞赛思维巧妙迁移到高考备考中，制定了梯队提分策略：第一梯队是竞赛学科化学，冲刺满分；第二梯队是数学、物理和生物，争取少丢分；第三梯队是英语和语文，争取不拖后腿。刚回归高考赛道时，儿子在 11 月和 12 月的全年级统一月考中排名在 100 名之外。但随着这套备考策略的有序推进，他的排名迅速提升：1 月份提升到 83 名，2 月份到第 67 名，3 月份海淀一模更是跃居年级第 14 名。这种借鉴竞赛"专题突破思维"的非均衡发力策略在实践中被证明行之有效。

考海淀一模时，是儿子状态最好的时候，用他自己的话说就是"超水平发挥"。随后的二模和高考成绩虽略有回落，但我相信，这种从竞赛中淬炼出的思维能力早已内化为他应对挑战的底层能力——这种能力不仅让他在紧张的备考中依然能保持逻辑的清晰性，更会成为他日后应对人生各类难题的"通用解法"。这种从竞赛场到高考场的能力迁移，正是最宝贵的成长收获。

· 家长找准定位，智慧陪伴

作为高考生的家长，我们既要明确自己的重要责任，也要清楚自己的定位，不要多管、乱管，打乱高考生的节奏，做到智慧陪伴而不越位。在实践中，我们主要从以下三个维度给予支持。

首先是心理支持与情绪疏导。儿子保送失利后，我们主动避开与保送相关的话题，转而鼓励他调整好心态、抓紧复习，通过高考来证明自己。我们告诉他，有任何需求随时告知，我们会第一时间跟进。在日常沟通中，我们对儿子也是采用肯定、建议与鼓励的模式，让他在轻松的氛围中感受到信任和支持，从而更有动力直面挑战。

其次是后勤保障和生活支持，这是家长最擅长的领域。从饮食营养搭配到良好家庭氛围的营造、安静学习环境的打造，我们都全力以赴做到最好。此外，我们还提前准备了一些助眠小妙方，以备考试期间不时之需。

最后是做好特殊情况的应急预案，即便没有预案，家长也要镇静地应对，第一时间聚焦问题的解决。比如，高考第三天早上，儿子突然说身体不舒服。当天八点开始考物理，下午考化学，第四天还有最后一门课要考。我们迅速商定方案：先服用止疼药，确保不影响物理考试；考完后立即带他去医院检查，不耽误下午的考试。当天晚餐后，我们又陪儿子去公园散步赏荷花、观水禽，帮助他把身体和心理尽快调整回正常状态。这种沉着应对的处事方式，有效化解了突发状况对考试的影响。

无论是选择竞争激烈的竞赛路径，还是直面千军万马的高考，都非易事。儿子也曾站在竞赛与高考的分岔路口徘徊纠结，也曾因错失保送资格而遗憾惋惜，但在转战高考后，他用锲而不舍的坚持交出了一份满意的答卷——如愿考入了心心念念的北京大学。那些在竞赛中打磨的思维和技巧，在备考中沉淀的努力，最终都化作了照亮前路的星光。这段经历印证了一个朴素的道理：只要保持专注和坚持，无论选择哪条路，都能走出一片属于自己的天地。

假如可以重来

我想引导儿子适度锻炼，强健体魄。另外除了学习，希望儿子也是个多才多艺的文艺青年。划出 20% 的时间做志愿者、参与红窗汇这样的课外活动，既有意义，又能提高学习效率，大有裨益。

从竞赛折戟到燕园花开

◎ 江雪

高考对于每个参与过的孩子和他背后的家庭，应该都是重要又难忘的，因为它是12年漫长努力后所交出的答卷。从拼竞赛到回归高考，我们一路陪伴儿子，见证了他历经挫折考验、重整旗鼓、最终以不错的成绩被北京大学信息科学技术学院录取的全过程，所以对此感触尤深。

回顾这段曲折的旅程，我们收获了很多经验教训。竞赛为何失利？如何在竞赛失利后平稳回归高考？如何提升不擅长学科的成绩？我们在此总结过往心得，与大家分享，或许能给正在走类似道路的家庭一些启发。

物理竞赛得与失

从初中起，儿子便表现出对物理的浓厚兴趣。初二，他开始学习高考物理内容；初三暑假，他成功进入了十一学校的物理竞赛班；高一开始，他步入了系统学习竞赛物理的道路。三年来，他为梦想坚持不懈，高三那年终于在全国中学生物理竞赛复赛中获得了北京赛区一等奖，成绩名列前茅。可惜的是，他与省队名额擦肩而过，无缘决赛。

纵观三年的竞赛学习，儿子经历了基础知识搭建、理解普通物理和竞赛思维以及后期大量做题的完整过程。其间虽有多次想放弃，但最终他凭借坚持和自省，取得了不错的复赛成绩，同时也在高考所需的数理能力上取得了长足的进步。我和儿子总结了一些阶段性经验和注意事项，并将他自己制订的物理竞赛学习计划整理为表格放在文末，方便感兴趣的家长和同学参考。

第一，一步一个脚印，不要跳进度。有时同学之间会存在相互比较的心理，如果沉不住气，紧赶慢赶地往前推进度，就容易导致学过的东西不牢靠，背后的数学本质和物理原理也说不清楚。这种情况儿子也存在，这使他后期常常需要重新学习一些较为基础的内容，影响拔高。所以不要试图和其他同学比较进度，这只会带来焦虑，影响自己的升级之路。

第二，真理越辩越明。多和同学讨论，尤其是和强于自己的同学讨论。讨论的过程很有助于彼此跳出原有的思维框架，走出过去长期存在的思维误区。这一过程能够有效给自己纠错。

第三，三思而后行。审题非常重要，即使时间不充足，也要想清楚再动笔。儿子没进省队，很大程度上就是因为一道光学题审题失误。审题既要正确理解题目要求、物理情景，也要梳理好做题思路。对于一些复赛难度以上的题目，动笔前先做好规划、选定分析路径，是非常重要的。

第四，切勿妄自菲薄，要客观评价自己的水平。在学习过程中觉得备受煎熬的时候，往往是提升实力最快的时期。这时候不要轻易放弃，也不要因为困难就降低学习标准，坚持住就会迎来学习能力的升级，除非觉得竞赛内容已然难以理解，或是已经显著影响了课内学习和日常生活——这时候就可以去和教练聊一聊，共同决定要不要调整学习重心。

回归高考，奋力赶超

物理竞赛复赛结束后，儿子申请参加北大物理金秋营未成功。于是他彻底和竞赛告别，回到高考赛道。由于之前参加物竞的封闭训练，儿子落下了两三个月的校内课程，回归后的第一次月考，他的成绩不到600分，年级排名100多，距离自己的理想大学还颇有差距。但好在他的心态比较稳定，为了在短时间内提升成绩，他制订了详细的高考备考计划，针对不同科目的问题各个击破。到一模考试的时候，他的成绩超过了700分。能在这个阶段提升100多分，实属不易，回望这个艰难的过程，千言万语难以尽述。下面是我和儿子一起总结的些许高考经验：

· 学科备考经验

第一，在语文备考方面，我们重点突破了作文这一难点。儿子坚持把每篇作文都改到一类中上，在修改中，他逐渐能够自己总结出高分作文的构思、写作方法。我们特别感谢教语文的刘老师的悉心指导，她耐心帮孩子修改每一篇作文，从立意到结构，再到语言表达，逐一讲解，使孩子的作文水平从二类稳步提升到一类，甚至在高三下学期，孩子有多篇作文入选优秀范文集。通过反复练习，儿子逐渐掌握了快速审题立意的技巧，能够在有限时间内构思出既有深度又新颖的作文框架。

第二，英语学习上，我们走过一些弯路。儿子每天坚持刷题，却发现正确率提升不明显，尤其是在考查词汇量的题目上表现不稳定。我们认为，英语学习不能仅依赖题海战术，词汇量的系统性扩充才是突破瓶颈的根本。频繁因为词汇问题导致离目标排名差两三分的情况，更说明不能单纯纠结选择题技巧和陷阱题，还要重视词汇积累。

第三，化学对儿子来说是一个大挑战，特别是在题目难度提升之后，他常常“掉链子”。一次诊断考试后，有老师建议孩子增强体质，缓解考试时的大脑疲劳。事实证明，规律锻炼的确能够帮助他在考试中保持清醒、专注。哪怕到了高三这种紧张时期，适度的体育锻炼依然是保持高效学习与良好精神状态的重要保障，不能一味压缩其时间。

第四，生物学科上，孩子投入了大量精力，总结了许多知识点与解题方法，但效果却不如预期。尤其是高三下学期，他曾一度丧失信心。每当遇到瓶颈，我们都会鼓励他主动和老师沟通，分析问题，制订应对计划。生物是一个细节密集、要求高度耐心与精确度的学科，对于课本内容的任何粗心忽视都可能带来丢分。课本是法宝，生物书里的每一个字都值得用心去看、去理解。

· 学习方法的探索

第一，考后复盘。每次大考后，我们都会陪儿子全面分析各科得失。在海淀区期中考试后，儿子发现生物和化学的主要问题在于基础不够扎实。于是他立即调整策略，先不急着拔高，而是回归课本，把教材吃透，同时保持与任课老师的密切沟通。这种针对性的调整很快见效，儿子在期末考试中就取得了明显进步。

第二，学会面对瓶颈期。多数孩子在高三都会经历一次或多次瓶颈期，在这个阶段，知识的积累和时间的付出往往不会反映在成绩的提高上了。这个时候，我们特别注意保护孩子的信心。高三下学期成绩提升放缓时，我和孩子聊了“量变到质变”的道理，其实这些道理孩子都懂，但作为家长，我们还是要在适当时候点出来，坚定他的信心。

第三，鼓励孩子向老师求助。十一学校有先进的教育理念和强大的师资力量，在高三备考过程中，儿子的各科老师全部展现出极高的专业素养，总能一针见血地指出问题所在，并提供切实可行的改进建议。所以我们十分鼓励孩子向老师请教，有时老师的一两句话就能起到醍醐灌顶的作用。比如数学的最后一道压轴题难度极大，据说能完成高考压轴题最后两个小问题的学生，在北京市是个位数。儿子在数学考试时经常放弃最后两问，后来教数学的许老师说："其实你再探究一下，结果就出来了。"做题确实要有信念感，因为许老师这句话，儿子在后来的数学考试中坚定了信心，开始能够在实操中拿下压轴题了。我们还要特别感谢李老师，他既是年级主任又是物理竞赛教练，在孩子每次遇到瓶颈时，他都会给予专业指导和心理支持，同孩子站在一起，是孩子的强大后盾。

写在最后

孩子进入大学后，很多家长问我：竞赛省一（省级一等奖）有什么政策？竞赛是选还是不选？我每次都回答：选不选竞赛无关对错，重要的是选择适合自己、自己喜欢的事，并且全力以赴，努力了就没有遗憾！

儿子高中前两年的主要精力都放在竞赛上，虽然取得了省一的好成绩，但是未能获得保送资格；同时在课内的一些学科，特别是语文上，花费的时间和精力有限，这也影响了他高考的语文成绩。但是在学习物竞的过程中，孩子培养了良好的自学能力和深入思考的能力；由于物竞需要大量的计算，他也提高了计算能力，特别是计算的准确性。这些能力的提升，对于课内的学习也是非常有益的。而且长远看来，物竞学习对大学学习是很好的铺垫，帮助儿子进入大学后实现了无缝衔接；竞赛培养起来的各种能力，也让儿子在大学顺利考入了实验班。

高三这一年，儿子体重减了大约 20 斤，成绩也几经波折。他和每个为理想咬牙坚持的学子一样，坚持到了最后，收获了属于自己的成果。对所有努力拼搏过的孩子而言，这是充实、纯粹的三年，是记忆中闪闪发光的日子；他们执着追梦的姿态，闪亮动人。

附：

表1　物理竞赛自主学习进程

时间	学习内容＆参考书籍	学习情况
初二	高考物理基础：力学、电学	粗略搭建知识体系
初三	力学基础学习	接触微积分，适应竞赛节奏
高一上学期	力学一轮：《力学（物理类）》（舒幼生）、《中学奥林匹克竞赛物理教程·力学篇》（程稼夫）	知识挑战大，刷题困难，计划做完的两本竞赛书均未完成；重在坚持与适应
高一寒假	《中学奥林匹克竞赛物理教程·力学篇》	靠看答案学习题目解法
高一下学期	电学一轮：《普通物理学教程·电磁学》（梁灿彬等）、《中学奥林匹克竞赛物理教程·电磁学篇》（程稼夫）	自学中反复思考，独立消化概念
高一暑假	力热电一轮：《热学》（李椿等）、《新概念物理教程·光学》（赵凯华）	开始缩小与直升同学差距，重拾信心
高二上学期	光学一轮＋二轮：《物理学难题集萃》	难度高、节奏慢；开始建立普物思维，面对难题不轻易放弃
高二寒假	《物理学难题集萃》	练习做题技巧，积攒经验
高二下学期	普物题，含《物理学难题集萃》《奥赛物理题选》；课外机构提供的模考题	从普物题转向复赛风格题目，知识范围小，思维量大，贴近实战
高二暑假	历年复赛决赛真题，含《奥赛物理题选》《奥赛物理试题选》；计时模考	封闭集训；逐个扫清知识盲区，在模拟考试中看到成果并建立信心

假如可以重来

我会带着孩子多读书，帮他培养文学、历史等人文学科的素养。此外，还想让他练一个体育项目，如篮球或足球，既锻炼身体，又能从中获得责任感和领导力。

一个数竞生的断舍离

◎ 李丰发

在强手如林的十一学校考上直升班之后，儿子似乎就被贴上了“清北预备役”的标签，亲友们常说：“这孩子肯定能上名校。”儿子的成长轨迹似乎也符合传统“学霸”的设定：幼儿园时期展现出数学天赋，小学开始接触奥数，初中成为十一学校数学竞赛生。然而天赋既让他被寄予厚望，也让他一度迷茫。从竞赛到回归高考，我们陪伴儿子走过了一段曲折的路，更见证了他的自我突破与成长。我深深感到，所有的路都不会白走，那些所谓“弯路”都自有它们的意义。

第一个曲折是最出乎我们意料的，儿子在初一这个年纪不大的阶段，却深深陷入了存在主义危机。那一段时间，利用家长志愿者身份，我多次透过教室后门玻璃窗找寻儿子的身影，每次都会看到一个伏在课桌上放空自我的他。作为老父亲，我是有一些慌的。每天想着哲学问题，高考这种所谓的小事根本入不得他的“法眼”，更遑论数学竞赛了。当同龄人还在为考试排名焦虑时，他却在学校图书馆啃读《理想国》与《时间简史》，追问着人生意义这样的哲学命题。我为了转移他的注意力而慌乱购置的足球和排球，至今仍塑封如新，成为那段思想风暴期的无言见证。那段时间，我们努力贴近孩子的心，哪怕通过一些并不充分的论证、并不高深的所谓哲理，甚至俗不可耐的社会实践，也坚持陪儿子聊“人生意义”。聊着聊着，他就度过了这个迷茫期。这个转变，或者说是对探寻“人生意义”的搁置，也许是我们与时间共同作用的结果吧。回顾儿子中学阶段所遇到的困难，我认为这是让我最惶恐的一个，正所谓涉及三观无小事。虽然我们也讲不清楚哲学问题，但是一定要参与到这场思想风暴中去，去了解他的真实想法，为他提供社会实践的机会，指正并帮他摒除掉一些显见的错误想法。

第二个曲折来自竞赛。如果说高考是走独木桥，竞赛就是在更窄的独木桥——平衡木上跳舞。高考与竞赛既有联系又有区别：竞赛成绩优异，例如取得全国中学生数学奥林匹克竞赛（决赛）前 60 名、进入国家集训队，有直接保送进入名校的机会；或者取得比较优异的竞赛成绩，例如决赛 60 名以外的金银铜奖牌得主，也有望入围名校的强基计划，实现最后的升学。但其中的风险是很大的，竞赛学习的内容与高考大纲存在比较大的差异，未能通过竞赛获得保送的学生，要在短时间内重拾常规综合学习、迎战高考，压力巨大。所以，只有对某一学科有强烈兴趣且学有余力的学生才适合学习竞赛。

从升学的角度来看，竞赛生的最优解是进入国家集训队，进而被保送到名校。但这个成绩是很难达到的，光有天赋是不够的，必须结合努力！儿子在数学学习上的天赋，很快就被数学竞赛教练发现。但是他不够努力——儿子在学习上是有一定迷惑性的，他看起来踏实稳重，但是对于学习，他是靠着所谓的“耍小聪明”长大的：仅完成少于 40% 的硬性作业，对拓展题视若无睹。每到重要考试，他大概率会露出马脚：第一次数学竞赛班的选拔考试，儿子由于学习不努力不扎实，成绩不理想，未被正式录取，好在数学竞赛教练给了他一个旁听资格。后面他的竞赛成绩忽高忽低，但他的学习模式并无太大改变。于是这种“不勤奋”在他第一次参加全国中学生数学奥林匹克竞赛（预赛）时又显露弊端——预赛一试简单题的无谓失误，预赛二试过程分的大量流失，让本可闪耀的数学天赋蒙上阴影。

也许这种学习习惯是家庭教育理念的博弈失衡所引起的。我们始终在“虎妈式管教”与“自主觉醒”间寻找平衡点：从不监督作业完成度，却在每个深夜为他留一盏书房的灯；放弃强制性的错题整理要求，转而通过共读《数学之美》激发内驱力。现在想来，我仍然认为，对于孩子既要进行适当的管教，正如为幼苗剪枝驱虫、拔草施肥，又切不可拔苗助长，给孩子的成长留白是非常有助于他们的自主觉醒的。管教与留白平衡点的把握需要在教育实践中不断摸索与调整，这个过程难免会走一些弯路，遇到一些挫折，但多一些耐心，给他一点时间，他自会从中获得成长。

到了直升初三，儿子又在暑期数学竞赛集训中暴露了很多问题，其中最主要的问题还是基础题目无谓失误过多。经过与老师深入沟通，孩子终于认识到，缺少努力只会辜负自己的天赋，踏踏实实地刷预赛一试题目才是最佳解决方案。他找到了历年的真题与模拟题，认认真真地做了十几套题，全面总结易错点，明确区分解题习惯造成的失分和基础知识掌握不牢造成的失分，并分别找出解决方案。从此儿子的预赛一试成绩有了很大提高。

解决了学习方法问题，我们又遇到第三个曲折：要不要坚持搞竞赛。儿子高二再次参加预赛，取得了不错的成绩，顺利入选北京队，获得参加全国中学生数学奥林匹克竞赛（决赛）即国决的资格。由于疫情原因，国决的时间推迟到 2022 年 12 月底，采用线上考试的方式，在各省分别设置考场。决赛成绩于 2023 年 1 月公布，儿子获得了银牌，虽然是很大的荣誉，但也让我们面临两难抉择：这个成绩不错但不足以保送名校，如果继续坚持数学竞赛，取得保送资格的概率并不高，毕竟在竞赛的平衡木上跳舞，是有很大的失误率的；又因为国决比赛时间推迟，孩子就要进入高三了，一旦失误，留给他的高考备考时间将会非常短，无异于让他再次在高考的独木桥上跳舞;但如果退出数学竞赛，儿子会甘心吗？从搞竞赛之初，他就是出于毫无功利色彩的热爱在坚持，虽然他一度不够努力，但是我们没有权利剥夺他的热爱啊。

难、难、难——为了做好这个重要抉择，我们全家于 2023 年 2 月召开了家庭会议，重点围绕四个维度展开理性推演：

第一，若继续竞赛，国决保送是小概率事件（约 15%），而强基计划需高考分数达 660+（较当前水平需提升 90 分）。

第二，时间成本核算，选择竞赛将压缩高考复习时间至 6 个月，退赛则可获得 16 个月左右的备考期。

第三，评估目前综合学科水平，通过追踪各科错题发现：儿子的数学、物理、化学解题正确率不稳定，忽高忽低；英语单词量远远不够；语文的作文很不稳定，有时较好，有时会偏离主题。这些都反映出他的知识体系存在结构性漏洞。事实上，物理和化学等科目的学习，甚至是高考数学的学习，都被孩子有意识地忽略了。

第四，回归教育本质，在清北情结与学术热爱之间，是选择追逐功利还是守护那颗纯粹的数理之心？

起初，孩子妈妈主张退赛专心备战高考，而我与儿子则倾向于坚持竞赛。虽然这次家庭会议没有做出最终抉择，但我们答应给彼此再多一点时间思考。几天以后的一个傍晚，儿子骑单车沿复兴路直奔天安门，归来时满头大汗却目光灼灼：“我想继续竞赛，否则会后悔。”经过几次家庭会议和不断与竞赛教练沟通，我们达成共识：与其在功利计较中磨损学术热情，不如尊重孩子的自主抉择，让他在竞赛征程中完成精神成人礼。这个决定不可谓不艰难，作为家长，我们深知其中的风险，但最终下定这个决心，是出于对教育本质的回归。更何况人生充满变数，即使是功利的选择，也很难保证在长时段内就是正确的。所以在关键的抉择中，我们选择尊重孩子的本心。

做了继续打竞赛的决定后，儿子的状态让我们惊喜：在遇到数学难题的时候，他从不会轻言放弃，而是会陷入长考，习惯性地左手揉着头发，右手执笔，一个思路一个思路地验证。有一天晚上，儿子很不甘心地带着未解的数学问题入眠，早上醒来他兴奋地大喊：“我做出来了，我在梦里做出来了！”我想，这样的成就感让儿子感受到的价值与幸福，应该能够为他的存在主义哲学问题提供一个不错的答案吧。风险与机遇的量化评估给不了的答案，发自本心的热爱能够给他。到现在，我仍然记得孩子在与同学讨论数学问题时神采飞扬的样子，记得他为了一个解题思路的对错，同竞赛教练热烈辩论的勇气。这就是青年该有的样子——无畏、热烈、富于创造。当他们勇于在独木桥、平衡木上跳舞的时候，我们要给他们真正成长的机会。即使孩子在学习上的一些坏习惯不能在短期内改正，我们也要给他们输掉比赛的机会，让他们在实践中完成自我教育、自我成长。

高三再参加数竞预赛，儿子发挥得还不错，以比较靠前的成绩再一次进入北京队。当年的国决是在武汉举行的，赛前我们沿着武汉东湖环湖路散步，儿子兴奋地告诉我，他又想明白了一道往届压轴题。国决的前夜，由于酒店空调故障，儿子休息得不好——这就是竞赛路上的不可控变量，我们要尽力解决遇到的诸多困难，但对于猝不及防的困难要有一个处之泰然的心态。这次决赛，儿子获得了他的第二块国决银牌。这块沉甸甸的银牌虽然没有保送效用，但对我们而言，它镌刻着拼搏的印记，是某个生命阶段的庄严注脚——那些为解题熬红双眼、为数学之美目眩神迷的时刻，远比奖牌更能定义青春的价值。

至此，我们也迎来了第四次不算曲折的转折，因为这一次，儿子早已做好了在高考独木桥上跳舞的准备。他从容地与我们全面分析这次的竞赛成绩，深度总结这些年学习数学竞赛的得失。正如李希贵校长所言，“教会孩子从追求赢到学会输，决定孩子一生的命运”。真正的教育应让孩子在失败中看到希望，而非单纯追求胜利。这次竞赛失利，让孩子意识到了做任何事情都要认真准备、科学规划，仅仅靠灵光乍现是不行的，要把基础打牢，要做必要且充分的练习。孩子能够主动发现问题并寻找解决问题的方法，就是一次真正的自我成长。

在仅剩的6个月高考备战期中，十一学校教研组开出的“全科诊疗方案”和孩子的奋起直追创造了教育奇迹：老师们筛查定位孩子的各个知识盲区、“对症下药”，孩子调整状态、全力冲刺，共同将他各学科的成绩成功提高到了一个比较理想的水平。最终，儿子收到了山东大学泰山学堂的数学取向录取通知书。这场高考独木桥上的舞蹈完美谢幕。

回望这段旅程，可能比结果更珍贵的，是途中那些微小却深刻的成长：儿子在国决现场为对手的巧妙解法真诚鼓掌，在高考前自发整理“易错题分析手册”……这些瞬间让我们看到，比分数更重要的品质正在“破土而出”。所以尽管曲折重重，但我们没有动摇和后悔。十一学校以包容的土壤，让家长能以超然的心态陪伴孩子成长。而走过这一路之后，我们也更加相信：“孩子是一颗种子，不是一张白纸。”当我们放下对孩子强行涂抹或塑造的欲望，教育便回归其本质——提供适宜的环境，见证独特生命的绽放。而在守候孩子成长的过程中，我们也获得了成长，上了“断舍离”的生动一课：如何断绝功利主义的裹挟，舍弃对安全路径的依赖，最终在心灵自由中抵达远方——这不仅仅是孩子的课题，也是我们永恒的课题。

假如可以重来

一定会多做几次举高高、骑大马；一定要多带儿子跑跑步、打打球；一定会耐心地陪着儿子读读书；一定不会在儿子吃冰激凌的时候，做出所谓“培养数感”的荒唐行为。

高考不是独木桥

今天的大学升学路，已经不再是“独木桥”。国内的强基计划、综合评价、中外合作办学高校、港澳地区高校，以及海外留学，都为孩子提供了多种途径。帮助孩子提前做好规划，就能给孩子多一点选择，孩子面临的就是升学“立交桥”。多了点选择，孩子就少了些“不得不”“迁就”和“凑合”。

化解“路径纠结”：上大学有多条路

◎ 谭晶

是留在国内读大学，还是出去读大学，这是不少高中学生和家长面临的“路径纠结”问题。路径的选择决定了孩子高中三年该怎么度过，对家庭的影响也很大，这都是要考虑到的因素。

抓住必须明确路径的时间节点

我家孩子在高一的时候，想去十一学校国际部，然后本科出国留学。在国内读大学的经历也决定了做父母的我们的眼界和想法，我们坚持要孩子在国内读大学，读硕士时再出国。一方面，我觉得中国人要在中国安身立命，需要熟悉国情、了解中国社会，最好读完大学本科，本科后再出国读书；加上当时中美关系、疫情等因素，我们更不愿意孩子本科就出国。另一方面，如果孩子出国读本科，家庭经济压力大，学习成本太高，不是最优选择。

好不容易劝说孩子同意走“高考—在国内读大学”的路径，但后面他不断听到以前的同学走国际路径提前拿到入学邀请函的消息，心思不断动摇，反复多次闹情绪，以至于影响了正常学习，学习成绩下滑，和父母的关系也变得很僵。

强扭的瓜不甜，当处在青春期的孩子特别坚持的时候，多么坚定的父母也会感觉特别无力。在经历了多次争论之后，眼看孩子不安心学习，有点“摆烂”的趋势，我们只好退一步，同意他转国际部，这时候已经是高二了。但孩子又不愿意了，说：“同年级国际部的学生都已经考完标化考试，做完活动，很多都已经拿到好学校的录取通知，现在转过去也赶不上了。”我内心窃喜：这不就不用去国际部了吗？我故意说：“我们支持你去国际部，留一级的话，都来得及。”孩子也不愿意：舍不得离开现在的老师和同学，要和同学们一起毕业。后来回想，家长有时候故意退却、让步，反而可能让孩子按照家长的意见走，如果我们当时继续坚持反对孩子出国，固执地要求孩子走高考路径，一旦孩子“摆烂”下去，后果很难想象。就这样，孩子自己表示要继续参加高考，用高考成绩申请出国或者去中外合作办学学校。

决定参加高考后，全家又开了一次会。我和先生继续表达希望孩子留在国内读大学的想法，儿子也做了一点妥协，最后达成了一致：如果能考上清华、北大、人大，就上（梦想和高目标总是要有的，按照孩子的一模、二模成绩，这是跳起来可能抵达的目标）；没考上，就选择另外的路径。这个路径彻底清晰的时间是在高二快结束的时候。我心里是很着急的——哪有到高二下学期还在左右摇摆、忽上忽下、胡思乱想的呀！好在从此之后，儿子基本上安心学习了。

虽然人生可以有很多选择，但高二是孩子升学路径选择最晚的一个时间节点，错过了这个时间节点，很多准备工作就来不及了。

当然，能早点做出决定更好。

提前准备才能有更多选择路径

确定路径之后，我们先考虑了去美国的可行性，发现用高考成绩太难申请到靠前的学校，决定放弃。结合孩子平时的学习成绩，按照高考成绩摸高（超常发挥）、正常发挥、托底（考试失误）的结构，我们将升学目标确定为除清华、北大、人大之外的四所大学，包括港校。

申请国外大学以及国内的中外合作办学大学、港校，必须有外语成绩，尽管儿子英语学得不错，一直在十一学校英语高层，但他之前没有考过托福，必须赶紧考。语言考试有很多种，比如多邻国英语测试等，很多学校也认可。

报考这些学校不仅要考试成绩，还需要有各种活动经历证明学生的能力，比如志愿活动、获奖等，我们这方面也不太丰富。为了尽快弄明白、做好准备，我们带着孩子一起和从事出国留学工作的朋友交流，还找了一个专门机构做辅导咨询（后来发现找中介是典型的“鸡肋”之事，不找心里不踏实，找了又没有什么大作用，钱基本白花；当然不排除有特别专业且服务到位的中介，收费应该也不菲）。这些事情很繁琐，很花时间和精力，但是为了孩子的规划，只能花费精力去做。

我们不得不抓紧时间做几件事：

一是抓紧时间考托福。进入高二，孩子学习特别紧张，实在没时间从容地去上托福课，只能沿袭“恶补”的思路。幸好我们找到了一位厉害且负责任的老师，一对一上课大约 6 次，孩子就参加了考试，顺利获得了 100+ 的不错成绩。这里要强调一下，语言成绩很重要，是必需的敲门砖，有的学校托福 90 分就可以申请，100 分以上的话，基本大多数学校都可以申请了。

二是抓紧时间上各校官网了解报考要求，特别是时间节点。各校都有自己报名和提交材料的截止时间，这个不能错过。孩子们学习紧张，根本没时间弄这些。我从官网上把各校报名时间和要求找出来，整理成表，大字打印贴到墙上，想起来就看一眼，生怕错过；同时赶紧准备各项资料，先找孩子以前参加志愿活动、社团活动、获奖的情况，不管是校内还是校外的，能找到的尽量都整理出来。这个时间点是非常重要的，错过就是真的错过了，网络通道关闭就报不上名了。

关注官网，也能及时了解到学校有哪些招生政策。比如香港大学有多元卓越计划，需要提前申请并提供有关材料，还要盯住面试时间，做好面试准备。通过多元卓越计划，学生可能获得录取加分。很多学校都有类似的录取优惠政策，不能错过。

三是查缺补漏，看看还有没有来得及参加的项目和活动，特别是各种赛事。如果没有，别的品牌活动也争取参加一下，不获奖也搏个经历。这个需要花孩子的精力，高二特别是高三的时候再琢磨确实太晚，社会服务类的活动，参加一下不费很多时间和精力，但是要参赛就很难了。我家孩子幸好有几个体育项目获奖，加上英语获奖的经历，再把校内获奖“含金量”高一点的经历加上（十一学校是一个特别擅长鼓励学生的学校，校内奖项很多，名称也五花八门），申请表上总算没有“留白”。

孩子怎么获得参加社会活动的经历？网上能查到各种建议，但很多是要花钱的。有专门针对出国学生设计活动的机构，目标明确，收费也高，但不建议高考的学生去做——没必要花这钱，也没时间。从申请国外学校的角度看，学生参加活动并不是越多越好，但是没有的话不行。家长要协助做好规划，仅靠孩子自己解决不了。

四是保持良好的家校沟通。尽量别错过可能的机会，比如校推（有的高中校有向大学推荐学生的资格，一般只有大学发出邀请的时候，高中校才能推荐），需要提前和学校老师通气，告诉老师我们想报考哪些学校，这样学校在有推荐机会时才会考虑推荐。比如我们获得了校推港大，但因为没有及时沟通错过了港科大的校推。所以大家一定要保持和老师的联系，高考升学的路径选择一旦确定，要提前和年级主任、导师或班主任打招呼，让他们知道咱们的孩子想参加哪些项目。二是要找学校准备高中三年的英文成绩单，有的还要请老师写推荐信。这个比较简单，也不太费功夫，注意别错过材料截止时间就行。

同时，要多和其他有同样选择的家长、有过类似经历或者有专业经验的人交流，多交换信息。个人感觉十一学校家长是全世界最好的家长群体之一，大家互相帮助，互通信息，彼此都受益良多。

五是琢磨写文书。比如上纽大（上海纽约大学）要求用英文写四五百字的陈述，相对简单，港大、多伦多大学得多写一点。写文书是有技巧的。刚开始我们想请机构帮忙，后来发现太贵，而且费劲。在与多家机构的咨询顾问交流之后，我决定协助孩子自主完成文书。我们认真研究了几篇申请优秀大学成功的文书，结合孩子的个人特点，捋出了几条主要内容，就基本定稿了。写完先请专业的朋友提出指导意见，然后借助 AI 翻译成英文，孩子自己修改后再请英文老师审定。文书贵在真诚、真实，要展现孩子的独特个性和独立思考。写作过程中，我们一起参加讨论，但全程由孩子主笔，这样写出来的文书是个性化的。

找人帮助写文书，一是人家不了解孩子，要经历反复的磨合、沟通，占用孩子紧张的学习时间，效果还不一定好；二是要价实在太高了，对普通家庭是一笔不小的负担。国际部学生申请的方式，我没经历过，没法提供个人意见。我们的经验是：孩子自己的事情，尽量让他自己做，哪怕做得不完美。有了这次写文书的经历，此后孩子又遇到各种申请，全是自己负责。

足球场居然成了影响决定的关键

孩子在经历面试等环节之后，于高考前的4月份拿到了国内中外合作办学的上纽大的“A”，这意味着他只要高考过了一本线就可以被录取，这让全家舒了口气——有了孩子心仪的“托底”学校，不用太焦虑了；不久，又被通知获得港大15个专业的15分加分录取优惠；国外的多伦多大学也发来了录取通知并承诺提供部分奖学金，要求5月1日前交留位费确认。考虑到学校实力、性价比和家庭经济承受能力，我们果断放弃了多伦多大学。

孩子高考大三科成绩不错，正常发挥的同时，达到了自己的最高水平；但小三科意外失利，特别是平时成绩优异的科目，居然大大低于预期，这使得他自己的目标校从7个变成了3个：上纽大、港科大、港大。报考路径已经很清晰了。

在高考分数公布后，我们分别向这三所学校上传了高考成绩。上纽大招生办很快来电，让尽早告知是否决定去。随后两天我们又接到港科大面试通知，面试当晚收到录取通知。港大提供的录取优惠专业没有孩子最想去的专业。

最后变成了在港科大和上纽大两所大学之间抉择。两所学校都很好，孩子都很心仪。孩子还去上纽大校园实地参观过，很喜欢。

面对两所都不错的学校，我们没有进行多么深入和专业的考虑，没有非要分个高下。我让孩子把复杂问题简单化，做了个简单的思维导图，看自己更喜欢去哪儿：

上纽大是中外合作办学，师生比很低，课程非常国际化，专业少但都比较前沿，只是校园不大，没有专门的足球场……

港科大比较而言，学科门类更齐全，师生人数更多，校园更大，有很好的标准足球场，已经录取的专业很满意……

上纽大离家近，港科大离家远……

两所学校都很好，但总得放弃一个，影响最后结果的关键居然是足球场。港科大的海边足球场对孩子和我们都充满了吸引力，我们最后选择去港科大。入学港科大之后，酷爱踢球的儿子每天都要在足球场跑步、踢球。送孩子上大学报到的第二天，晨曦初露，我特地去海边足球场跑了6公里。海风吹拂，天清气朗，每一步迈出都脚感分明，想象着孩子在如此美丽的绿茵场上奔跑，我边跑边觉得："选对了。"

人生就是不断选择、不断放弃、不断得到、不断失去的过程。记得高二的时候，孩子的老师让我别着急，说以孩子现在的水平考上某大学没问题。我一听，能上某大学也很好，校园那么大，樱花那么美。因为最终决定去港校、中外合作校，也因为高考成绩，未名湖水、荷塘夜色、满园樱花和其他的风景，孩子都只能作为过客去看了。

可以不做选择，但要避免"没有选择"

到底该上国内的普通高校、中外合作办学高校、港澳地区高校，还是赴海外留学，每个孩子的情况都不尽相同，没有哪一种选择适合所有的孩子。我觉得在路径的设计上，家长要注意的是，尽量给孩子创造多种选择——

孩子可以不做选择，但是不可以没有选择。

没有选择往往意味着"不得不""迁就""凑合"。孩子的好友小E成绩优异，是能冲清北的好苗子，因为高考失利，被一所外地名校录取。这位同学特别后悔当初只认准清北，没有报更多学校作为备选，准备选择复读。

高考分数出来之后，不少家长纠结于志愿填报高不成低难就，后悔没有给孩子做好提前规划，在“如果当初那样，现在可以这样”的感叹中懊恼。如果提前多做点路径规划，这样的懊恼也能少一些。在高考前，帮助孩子提前做规划，给孩子多一些选择，高考之后孩子面临的就不再是“独木桥”，而是“立交桥”。孩子多点选择，也能少点压力和焦虑。

高考之后，高考分数相近的考生，因志愿填报策略、专业选择差异等因素，最终录取结果可能大相径庭。这是一个警醒，后面几年的高考录取中也可能会不断出现这样的情况。家长帮助孩子早规划、早准备，确实特别重要。

当顶尖梯队的学子在竞赛、强基中拼搏努力的时候，其他梯队的孩子最重要的是早规划、早做准备、早点进入角色——比如，规划语言考试、规划成长经历、规划特长，只要准备充分，同样能有很好的收获。

机会只给有准备的人，早规划、早行动尤为关键。这方面我们也有几点遗憾，可以供大家引以为教训：

一是在孩子初三、高一的时候，没有让他考个运动员证。孩子跑步速度快，得过区百米、60 米冠军和校园马拉松冠军，但是没考运动员证书，在申请大学填表的时候，就没法填写。以孩子当时的速度，提前考个证并不难，但是没有及时考，很遗憾。

二是孩子在上了几次强基课后，说听不懂，周末想睡觉，不肯再去。我同意了，但后来才知道，很多同学刚开始都是听不懂，熬过一阵就好了。我们差了“熬”这一步，轻易就同意孩子放弃了。大多数孩子都是有惰性的，有时候家长督促一下、坚持一下太重要了。我们有过几次类似的经历，孩子要放弃某项学习，我们虽然不太愿意，但是出于尊重孩子的想法同意了。过一段时间之后，孩子自己后悔，说：当时你们要是不同意我放弃，推我一把就好了。十一学校的化学老师王笃年说过这样一句话：“培养人，是培养他对前途的希望。要尽可能多地尊重一个人，也要尽可能多地要求一个人。”确实如此。

三是没有做到活动早规划。学生到高三时间特别紧张。我们孩子参加了一个语言项目，拿了省级获奖证书，但没时间再参加全国赛，就到此止步了。孩子虽然没有长歪，走得还算顺利，但是和那些成果累累的同学没法比，这样在升学路径上的选择空间相对有限，在申请顶尖的学校时也缺乏竞争优势。

人生的道路漫长，孩子的路径很多，未来还会面临各种选择。高考之际，孩子多一点选择，成长的压力和焦虑可能就能少一点。怎么做好支持，考验家长的精力，也考验家长的智慧。多花点时间、多了解信息、多请教专家，都是必要的。

假如可以重来

会让孩子考个运动员证。机会只给有准备的人。在孩子跑得最快，而时间又相对宽松的高一、高二，没有给孩子报考国家运动员考试，导致孩子只能是校园里那个“跑得最快的人”，而不是那个“国家二级运动员”。孩子只管奔跑，善于支持孩子的家长应该广泛留意那些孩子自己没有时间去关注的信息，帮助他做好规划。

关键抉择：从选科选校到奔赴港岛

◎ 宇文

阿灿从小就是个一做奥数题“CPU”就会烧掉然后开始睡觉的孩子。进入十一学校之后，阿灿的成绩稳稳的，中学前四年的成绩总是卡在平均分上，在两百多人的直升学生中，永远在一百多名的正中间位置。

每次考完试，十一学校会把考试分数上传到一个 APP 上，这个 APP 会提供一个雷达图，各科的分数等级越高就越向外伸展。阿灿的雷达图经常都不是凸多边形，甚至有一次我一眼扫过去，塌陷的两个角中间拉出一条长长的尾巴，像极了一只电鳐（一种团扇形状带尾巴的海鱼）。这一目了然地说明他并没有能力把所有学科同时学好。但他的雷达图上每次塌的还都不是同一个角，这怎么解释？其实换个角度想想就能明白，这不正说明他想学好哪科还真就能学好哪科嘛！

高中阶段，我们对阿灿的要求是要各科均衡，不要“瘸腿”。我们的想法是，只要和他强调“各科均衡”，他最终肯定会把木桶的每块板补齐，而不是照着最短的那块木板去截短。比如，有一年阿灿特别想从数学二层升到数学三层，期中一努力，数学居然破天荒地考了个 100 分，但是代价也很明显，其他有两科不及格。这样的孩子，往好处想，算是有决断、有上进心吧！

家长能做的，只是见证他的成长，并在关键节点上给他提提建议、当当参谋。

选科：从物史地变成物化地

从 2020 年第一届“3+3”新高考开始，语数外三个必考科目各 150 分，物化生政史地六科中选考三科，各 100 分。正处在直升初三的阿灿，有自己的擅长学科，也有喜好的学科，选科时首先排除的是政治和生物。就当时的政策而言，要报考理工科只有物理是必选的。所以可选的组合就剩下了：纯理科的物化生、因为赋分友好广受追捧的物化地，以及物史地和物化史。

只要看一下清华附和人大附的头部实验班就能明白，物化生的组合适合已经明确知道自己天分所在、早早选好自己道路的学生。而且，这个组合的问题是每科都有竞赛生，强中更有强中手，因此排不到头部的“颈部考生”稍有闪失就有可能赋不到高分。这个组合的优势更多是在高考之后，因为物化生从知识结构上看，与高校中的理工农医类专业对接得最好，冲过高考就是一片坦途。学霸们明知山有虎，偏要“打虎上山”。但阿灿这样的孩子，显然首先该考虑的还是如何冲过高考，而不是高考之后如何。

物化地算是一个主流考虑。地理被认为赋分友好，也就是考得不高、赋得不低的意思。这个组合尤其适合认为自己是颈部而不是头部考生的同学。物化地组合的缺点是：一旦大学选理工科，高中地理就好像没有什么用了；而一旦选了文科，又缺少了政治、历史方面的知识。当然，这个组合最大的危机其实是从高一到高二的“大变脸”：高一的自然地理相对友好，而高二的人文地理就可能真需要一点文科天赋。如果因为自己自然地理学得好，就简单推论高二的人文地理也能考好，未来可能会受到意想不到的“惊吓”。

至于物化史、物史地这两个组合，有人认为物理和历史的工作量都比较大，但个人以为，选不选历史可能关键还是看物化是不是学有余力。物理、历史普遍被认为是经典理科和经典文科，一般不建议双选，但这只是对于“腰部”以下考生而言。其实，文科的实质是考逻辑，历史、地理、政治都是在考查根据已有知识体系构建合理逻辑解释的能力。推而广之地讲，高考语文、外语的阅读也全是在考逻辑。所以对于真正的头部考生，物理、历史不但可以双选，而且还可以起到相互调剂的作用。当然，和地理学科一样，历史也有高一学得好，但高二、高三未必能学好的问题。

总之，选考科目的确让人很纠结：有时候觉得选了某科会在高考时能多拿几分；有时候又会反复思量，为了多拿几分学三年自己不喜欢、大学用不上的科目是不是值得。

直升初三的上学期期末考试后，阿灿的年级开始选科。学校的工作做得很到位，有一系列的谈话、推介，甚至还有试听课。经过一系列的调研准备，阿灿最终选了物理、历史、地理。当时的政策还没要求物化捆绑，历史又是阿灿擅长的，这样选也是顺理成章。但计划没有变化快，半个学期之后，北京高考就出了新政策，2024 届物化要捆绑才能报大多数的理工科专业。但阿灿这时也没想好大学要学什么专业，所以还是咬定了一动不如一静。说实话，这时别的同学都学大半年化学了，他之前的化学成绩又没有特别亮眼的表现，换作我也会挺打怵的。

于是，一整个暑假都快要过去了。记忆中直到这个假期的最后一天——或者是开学的第一天，我们在家里看新闻，一条新闻提到了法国的波尔多，而我恰好把它念了出来。

“波尔多？我还知道波尔多液怎么配呢？”阿灿突然插了一嘴。

“波尔多液是什么时候学的？我们都不知道，我们上学时好像没讲过这个。”我回答他。

“就是书上的小字阅读材料，不是正式的内容。”阿灿得意地解释。

“这样说来，你化学不是学得不错嘛！”太太也加入了进来，“改化学吧！”

“改啥啊，都改完了。”但他的语气明显有了点犹豫，波尔多液让阿灿有些动摇了。

“看看还能不能改吧？去问问王老师吧！”我们试探性地鼓励阿灿。

王老师是阿灿初中时的化学老师，山东来的特级教师，为人亲切，经验丰富，还开了一个公众号专讲中学学习，当时他正在带阿灿他们年级选考化学的班级。那天阿灿到学校想改选考科目时，已经很晚了，学校都没什么人了。王老师特别热心，连夜带着他去已经空无一人的高中楼，从办公室里翻出来一套教材给他。阿灿就这样从选历史换成了选化学。一个知道波尔多液的配方却大概率不知道波尔多在哪的新高一学生，就这样戏剧性地做出了这个可能影响人生些许轨迹的决定。

很难说这次改选科目的影响是什么。阿灿的化学被快速地补上了进度，在高二、高三一直是他的优势科目，但最后高考他也恰恰折在了化学上。物化双选拓宽了阿灿的可选专业面，但高考出分之后，阿灿还是想明白了自己不想学医、不想学理工科，那么这个物化捆绑对于他来说，也就没有任何实际的收获。

当然，也很难说如果当初选的是历史，总分会不会多几分，高三会不会过得更舒畅。只能说，每个人都有自己的道路。

港大的志愿填报

阿灿在高二的暑假去香港大学访校后，基本想定了去念港大法学。他高三一年的分数也很“坚定”，每次考试距清北线一直就是10分的差距，直到高考也是。港大的法学专业要求英语140分，他就考了正好140分。

申请港大的时间线如下：高三上学期报名多元卓越计划；春节前后参加多元卓越计划的面试，力争获得加分；然后在高考结束后、分数出来之前确认专业志愿选择。5月22日，多元卓越计划的加分公布，阿灿收到港大邮件，告知他拿到了最高加分30分和一份包含19个专业的加分专业列表（Programmes Eligible for Bonus Points）。美中不足，但也不出乎意料的是，加分专业绕开了港大的王牌专业——建筑、文学、社会科学、理学、工学、商学等都覆盖了，就是没有包括法学专业（LLB）和商法双学位（BLaw）。

因为报的是港大，高考一结束，估分报志愿就成了要过的“火焰山”。6月7日至10日高考、6月25日查分，然而对于要不要接受多元卓越计划的加分以及最终报哪三个专业，港大给的期限是6月20日。这个时间很尴尬，因为高考分数还没出来。也就是说，估分的准确性变得很重要。

关于港大的估分报志愿，最纠结的是一部分专业有加分，一部分专业没加分，报哪个专业、加分会不会浪费都非常考验心理素质。港大要求考生填报三个专业，如果考生在相应的专业取得了多元卓越计划的加分，就需要填报这个专业才能在录取时享受到这个加分。阿灿开始时给自己估了665分，就选了两个经济专业和一个工科保底，这样三个志愿都能用上30分加分。

我看了一下，觉得这样不行。我问他：“你喜欢工科吗？”“工科可以保底，”阿灿的回答和他的估分一样信心不足，“而且这个工科毕竟是港大的，就还可以接受。”我明白他这是虽然不喜欢工科，但是又不想放弃 30 分加分。“七岁看老”，阿灿从来在做手工、做实验方面都是“手残党”，不去学工科可能是为他自己好，而不去学医科则是为社会负责。

于是，我就跟正在因为分数忐忑的阿灿说：“你不报法学肯定不会被录到法学。”

“这个分数不够法学。”阿灿很冷静。

“你估低了，我给你估的比这个高十来分呢。”我尽量用了能给他信心的语气。

“BLaw 得到清北线吧？”阿灿用怀疑的语气说。

“BLaw 你是不行，当然也可以冲一下，反正是三个平行志愿，但是 LLB 应该不到清北线。”我对阿灿说。

“真是平行志愿吗？”听到他这样问，我觉得他已经被说动了。

港大的 BLaw 和 LLB 的招生名额和分数线一贯是不透明的。信息缺失的时候，就需要一些推理能力。我连夜做了一个分析，反手就把自己做的一个 PDF 格式的分析报告发到了家庭群里。

首先，那些天我有幸问到一位大约十年前读了港大法学的学姐，她说当年自己考分卡在清北线，没有多元卓越计划的加分，并且同一个年级内地招了 1 个 BLaw 和 6 个 LLB。这个分数和名额数量可以作为估计的起点。

其次，我又从网上查到了一些关于港大本科生的公开数据：

2014 年，香港大学录取的内地生人数是 307 人。

2023 年，香港大学录取内地生约 570 人（包括 300 名高考生和 200 多名通过国际课程 IB、A-Level 申请录取的考生），非本地生占总学生数的 25.5%，非本地生中约 60% 是内地生源。

2024 年，香港大学预计录取内地生 600—700 人。

目前港大法学院的在校本科生规模在 580 人左右。

最后，几方面的数据整合在一起，有比例、有趋势，再加上一点谨慎的调整。我当时的结论是：今年，按正常水平，内地预估会招 2 个 BLaw 和 10—15 个 LLB。因此，就可以推断 BLaw 确实会卡在清北线上，但 LLB 应该是复旦、交大、浙大的水平。调整的基础包括阿灿以清北线下 10 分的海淀一模成绩拿到港大 30 分顶格加分的事实，也包括我对于法学院历来没有多元卓越计划加分的猜测。

接下来就是阿灿刚刚问的问题:“真是平行志愿吗？”关于录取方式、志愿顺序，港大之前的招生宣讲中并没有讲清楚，但从实际结果来看，我认为应该是各专业分别排队录取。也就是说，所报的三个专业如有多元卓越计划加分的就加上多元卓越计划加分，然后各专业分别考量。如果在填报的两个以上志愿专业的考量中都被认为符合录取条件，就看考生的志愿顺序，考生把哪个专业报在前面就将他录取到哪个专业。

因此，一定要把自己想报的专业按顺序排列，而不是按照多元卓越计划加分后的分数高低来排序。阿灿填报的两个经济专业在加上多元卓越计划加分后，总分都超过了 700 分，但最后录取他的是没有任何加分的第一志愿。这顺便也能反推出，即使不是全部，大部分申请到港大法学的考生应该都是没有多元卓越计划加分的。

港大成为“最优解”

高考出分之前的晚上，因为传说清北两校的招生老师会半夜打电话抢生源，为了避免睡得迷迷糊糊唐突了陌生来电，我特意搜来了清北公布的所有招生老师的电话，存进了通讯录里。这样即便他们半夜来电，也会立刻显示出“清华招生 X 老师”“北大招生 Y 老师”字样。

次日，公布分数的时候直接出一分一段表，考生的位次排名一下子就一清二楚。京内外几十所高校的老师来十一学校做招生咨询，在羽毛球馆里各据一台。十一学校的两个羽毛球馆分别划给了京内和京外高校，它们通过一条幽长的走廊相连。每位同学或家长去咨询时，或者上去就亮出自己的分数，或者是在周遭暗中掂量，看自己的分数是否入得了面前高校的“法眼”，再上去搭话。高考的公平性和残酷性都尽显于此。而那条区分京内和京外的幽长走廊，也见证着考生一生中最为重大的抉择之一。

阿灿不想考强基，不想去北医，也不想去国科大，基本上就不用想留京了。剩下的无非是复交还是港大，都离家要多远有多远，令老父亲我没由来地悲从中来，然后阿灿又没心没肺地从中选了最远的。出高考分数的 6 月 25 日是嫦娥六号回来的日子，而我们家的“卫星”即将发射，茫茫的星空，微弱的信号。

阿灿这时已经笃定能去港大了，对报其他志愿一点不上心，虽然这时候还不知道港大的法学会不会录他。但我觉得好歹要选选专业，拉着他把复交浙和南大、南开的招生咨询台都走了一圈。

咨询高校的流程都是报分数、摸摸底。各高校都在宾馆设了咨询点，分数合适还可以再去更详细地咨询。按照阿灿的分数，要上清北只能去考强基或者报北医。北大的强基专业我们之前研究了，没有一个适合阿灿。而清华强基的录取规则是只录到书院，进了书院，安排到哪个双学位方向，全由学校定——具体是看强基考试的排名，强基考试之前，谁都没办法保证自己能分到什么专业。

于是港大成了最优解。港大最终没有给阿灿法学（LLB），但很技巧地把他录取进了文学法学双学位（BA+LLB）专业，所以他现在除了法律，有大把的时间学文史了。高一选科时放弃的历史，终于以这样的面貌又回到阿灿的生活当中。这或许就是米兰·昆德拉所说的“生活”——“一种永恒的沉重努力，努力使自己不至于迷失方向，努力使自己在自我中，在原位中永远坚定地存在”。

2024年8月23日，我们全家高高兴兴地去港岛，陪阿灿报到。42年前，我也正是在这一天第一次背上了小学生的书包。

作为家长，很高兴我们能够在阿灿的选科、选校和填报志愿等一些关键抉择中做了点工作。但我们同时也感觉，我们只是见证了他的生活，无论我们做或不做什么，可能“卫星”总会到达预定的轨道。

假如可以重来

我希望能够更多地培养孩子和他人共情的能力，更多地了解人民的疾苦，让孩子不满足于过好自己的小生活，更要能成为国家的柱石。

多元规划守护热爱

◎ 孟霄然

儿子被浙江大学强基物理专业录取的那一刻，对我们全家而言，无疑是喜悦的巅峰。这不仅是因为孩子进入了心仪的名校，更是因为他向自己热爱的物理专业更进一步。回望孩子的高中生活，从发现自己的兴趣与能力，在成绩起伏中坚持初心，到如何选科、如何选择大学，他一直目标明确。作为父母，我们对孩子投身基础学科选择了全力支持——从强基计划、综合评价到港校，我们做了所有能做的多元准备，都是为了保证他能选到自己热爱的物理专业。这既是出于长期主义视角的决定，也凝聚着我们与孩子并肩同行、共同成长的深深印记。

高中选科：发现自己的热爱

儿子是在普通学校上的初中，凭借“校额到校”（将优质高中的部分招生名额分配到一般初中校）的契机，踏入了十一学校的大门。由于中考分数比十一学校统招分数低，所以孩子在高一入学前心里有些紧张，怕自己学习跟不上。但是十一学校的分层教学给了他了解自己、重新定位的机会。经过暑期的努力，孩子在高一入学分层考试中表现亮眼，数学、物理、化学、生物四门学科均考入高层。这给了他很大的信心，于是他非常明确地选择了物理、化学、生物作为高考选科。实践证明他的选择是正确的，高中三年，数学、物理、化学、生物四门课，他学得如鱼得水、轻松愉悦——尤其是数学、物理，他在高层班里也经常名列前茅。了解自己、发现自己感兴趣的学科，是儿子高中生涯的重要一步。

在四科高层的光环下，儿子鼓足勇气，选择了自己非常热爱的物理，开启了竞赛学习。每周的大学物理先修课、周末的物理竞赛课以及数学强基课（难度介于分层教学中的高层和竞赛之间），使得他整个高一的学习节奏非常紧凑。这对他的时间管理和学习规划能力是非常好的锻炼，也让他有机会挖掘自己的潜能。他经常说竞赛课太烧脑了，但是也非常享受，他对物理和数学也更加热爱了。高二开学初，他参加了全国中学生物理竞赛，拿到省级赛区二等奖。虽然他非常喜欢物理竞赛的学习，但是我们全家讨论后认为，孩子再花一年的时间考入物理竞赛国家集训队、获得保送资格的可能性不大。在权衡利弊后，孩子结合我们的意见做出决定：物理竞赛到此为止，但物理学习继续深耕，高二继续物理与数学的强基学习，并自学大学的物理和数学知识，在自己擅长的学科上自由拓展。

对儿子高中的学习生活影响比较大的还有社团的选择。他在十一学校众多社团中发现了“月光社”（后更名为“月光科学讨论社”）这片璀璨星空。在这里，他与志同道合的伙伴们共读英文原版的科学史，畅谈科学的奥秘。儿子从中找到了自己的热爱，并为月光社贡献了自己独特的价值：他在社团中多次策划、组织活动，分享读书心得；后来，在他的积极倡导下，月光社的活动内容由原来的共读英文原版科学书籍，转为共读并讨论中英文科学书籍及科学议题；他还积极发展社团成员，吸引了很多热爱科学的同学加入，将月光社发展成深受师生欢迎的社团。高三退出月光社时，儿子发了朋友圈：“感谢月光让我成为今天的我，那个勇于探索、勇于创新的我。两年月光，一生月光。”

如果说竞赛课、大学先修课和强基课使儿子在物理和数学的学科深度上进行了探索，那么月光社的活动则在物理和数学的宽度和发展史上给了他更多的滋养。他享受着与科学爱好者的思想碰撞，逐渐明确了自己未来的专业方向——物理。这份热爱如同灯塔，照亮了他的前行之路。

高考志愿：坚守初心，多元规划

考虑高考志愿的时候，基于孩子平时的成绩，尤其是高三期末、一模、二模的考试成绩，我们与他深入探讨了他的兴趣特长、职业理想以及对未来大学生活的期许，共同制定了报考的基本原则。在专业选择、大学选择与城市选择三个维度中，我们的共识是首选专业，兼顾大学与城市：孩子早在高一时就表现出对物理和数学的热爱，尤其是物理，物理竞赛的学习更坚定了他选择物理专业的信念；大学方面，我们关注了华东五校（复旦大学、上海交通大学、南京大学、浙江大学、中国科学技术大学）以及其他几所有特点的学校；城市选择上，我们希望男孩子能够拥有更广阔的视野，如果未能圆梦清华北大，便考虑出京求学。

每一个踏入十一校园的学生和家长，心中都怀揣着清北梦，我们也不例外。然而，现实总是充满变数。在高二升高三的暑假，儿子参加了学校推荐的清华暑校，虽然他在暑校学习期间表现优异，荣获了紫荆学员证书，但最后的考试成绩却未达预期。进入高三后，儿子的数学、物理、化学、生物成绩基本在头部，但语文和英语成绩却一直在中部徘徊。

高三总复习时，他多半的时间和精力都给了语文和英语，另外四门自己擅长的科目无暇顾及，经常是顾此失彼，所以高三的成绩如同过山车般起伏不定。经过一次次考试，他的大致分数和排名逐渐清晰，我们也逐渐认识到，清北属于“六边形战士”，我们还差一点。

为了孩子心仪的物理专业，我们做了多重准备，规划了强基计划、综合评价和港校三种途径。强基计划是教育部于2020年启动的一项招生改革项目，旨在选拔培养有志于服务国家重大战略需求且综合素质优秀或基础学科拔尖的学生。综合评价则是一种多元化的高校招生录取方式，将考生的高考成绩、高校综合测试成绩和高中学业水平测试成绩等，按照一定比例计算，形成综合总分，择优录取。像儿子这样热爱数学、物理等基础学科，注重全面发展，多次被评为优秀学生干部、优秀团员、三好学生，有学科竞赛获奖经历的，很适合走强基计划或综合评价路径。另外，港校也是一个合适的选择。于是，我们初步圈定了心仪的学校名单：强基计划中关注了上海交通大学、浙江大学、中国科学技术大学和南京大学；综合评价的学校则锁定了南方科技大学、上海科技大学、中国科学院大学和香港中文大学（深圳）；港校中选择了香港大学和香港科技大学。这些学校各具特色，但我们看重的是能否保住物理专业。港校转专业相对容易；强基计划专注于基础学科，可以提前锁定我们一心向往的物理专业；综合评价的学校则提供了自由选专业的机会。可以说，这些学校都满足了孩子执着于物理专业的要求。

确定了目标，就开始启动申报准备。首先是港校。港校和内地学校的招生不冲突，所以作为备选很合适。我们从官网看到港大多元卓越计划的通知后，第一时间报了名，寒假期间参加了面试，最终拿到了10分的加分（15个专业有效）。其次是强基。按规定，强基计划只能选一所学校，当时上交和中科大的物理在北京只有一个名额，南大在北京不招物理，浙大物理有两个名额，我们最终选择报考浙大强基计划。最后是综合评价。综合评价的学校属于提前批，可以填两个志愿，但是一般只有第一志愿有用。根据孩子最后几次大考的成绩，国科大的分数偏高，可能够不着；港中深的物理专业不是王牌专业；南科大虽然非985，但非常重视本科生科研，外申直博和保研比例高。这四个学校中，我们最终选择了南科大作为提前批的报考学校。

综评和强基都有笔试面试。南科大笔试是在高考完第二天，线下机考，分值是数学40分、物理40分、英语20分，考试时间两个半小时。据儿子说，考试难度是竞赛难度。紧接着是南科大面试，然后无缝衔接浙大强基，直到当年6月中旬，浙大强基面试结束，所有考试才算是告一段落了。浙大强基的数学、物理、工程力学三个专业，笔试内容是一样的，都是考数学和物理。孩子考完激动地跟我说，当初高一高二自学的大学数学的内容竟然考了，而且做出来了。就这样，高考结束后，孩子又考了一周。当然，所有的辛苦都没有白费，南科大和浙大的笔试、面试，儿子都通过了。

当时高考录取的顺序是港校、强基、提前批、普通批，我们既报了港校，也报了强基和提前批，这就意味着，即便孩子考到了清北的分数，我们也不能通过普通批录取到清北。我们的想法是：如果考到了680分以上——接近清北的分数，就去港大；如果考到了660—680分，就去浙大强基；如果考到了640—660分，就考虑提前批的南科大。南科大2023年在京录取的均分是北京市排名3500名左右的分数，正常状态下，孩子达到这个水平还是完全没问题的；如果实在是发挥失常，考到640分以下，就去普通批的学校，接受现实。好在最后孩子被浙大强基计划物理专业录取，夙愿得偿。

给孩子最坚实的心理支持

回顾高考这一程，光是在大量信息的冲刷下做规划选择，就已经足够让人焦虑了，更何况还要面对成绩起伏和高考压力。作为家长，我们除了帮助孩子多了解信息，做好规划，还需要在心理上给予支持，做孩子坚实的后盾。

我们家距离学校 37 公里之遥。初入高中时，抱着尝试的心态，我们选择了让孩子住校，每周回家一次。竞赛集训占据了孩子许多周末和假期，三年里他回家的次数很有限。虽然开始时我们满心担忧，但看到孩子逐渐适应并享受高中住宿生活后，我们明白，这段住校的经历不仅锻炼了他的独立生活能力，更给了他自由呼吸、成长的空间。与孩子适当地保持距离，也让我们的亲子关系更和谐了。

当然，保持距离不等于放任不管。尽管相聚的时光有限，但我这个好奇的妈妈总是抓住每个周末的机会，与孩子畅谈心事。聊天中，我们了解他的近况，舒缓他的情绪，给予他更多的鼓励和支持。高三这一年，孩子的成绩起伏不定，我们也难免焦虑。但通过小程序看到分数之后，我们总是先自己消化不良情绪，等周末见到孩子时，已是一脸平和，满心欢喜地夸奖他的进步和成就，鼓励他自己分析不足。只有一次我没能忍住，看到孩子英语成绩滑坡，周三晚自习的课间给他打了电话。结果，那一晚孩子陷入了精神内耗，啥作业也没写，吓得我再也不敢在周中打扰他的学习节奏。我意识到，在孩子的学习问题上，做家长的如果帮不上实际的忙，就更不该扰乱孩子的心情。

高三二模时，孩子或许太过紧张，食欲不振。他打电话说，想吃妈妈做的饭。我就赶紧蒸了包子送到学校。见到我的那一刻，孩子给了我一个大大的拥抱。其实我知道，孩子不是差这一口吃的，而是需要精神支持了。这热腾腾的饭菜送去的是我们的关爱，他感受到其中的温暖，就又有力量继续前行了。

回忆高中三年的心路历程，孩子说：高一，他学会了热爱；高二，他学会了坚持；高三，他学会了顽强。十一学校宣传片中有一句话——“十一学校的教育者是贴地飞行的理想主义者”，我们深深认同。儿子也不负学校的培养，没有被功利主义所裹挟，而是坚守自己热爱的物理专业，坚持长期主义，做足了多元规划、尽了最大努力，去抵达自己的理想。这何尝不是另一种“贴地飞行的理想主义者”呢？

我想，高考能决定一个人踏入哪所大学的大门，但不能决定他成为什么样的人。真正决定一个人未来的，终究是他内心的热爱与坚持。

假如可以重来

我们会在孩子小的时候更注重体育锻炼，用更多的时间陪孩子自由玩耍，以更松弛的精神状态面对孩子的各种状况。

你的大学你做主
——港大与清华强基的选择

◎ 吴敏

高考结束后选择哪一所大学？这是一个关系孩子未来发展的重要抉择。对于不同的家庭和不同的孩子而言，支持决策的维度很多。我们面临这个问题时，讨论过，纠结过。但，我们最终把决定权交到了女儿手里，让她在选择中更加认清了自己，也明确了未来的发展之路。

决定自主申报港大

报考香港大学，这个想法大概是在女儿高二升高三的暑假生成的，当然是作为备选方案。前期的工作主要是我在做，包括研究港大的报名要求、相关规则以及考查方式等。在这个过程中，我和孩子爸爸进行了一些交流，两人的观点达成一致，就与孩子一起开了一次极其简短高效的家庭会议。

“我们觉得可以尝试一下报港大。”

“为什么？”

“我们觉得港大的世界排名非常靠前，国际化程度也比较高。港大的报名和考试与高考完全不冲突，还有可能提前拿到加分，减轻高考压力。而且即便最后录取你了，咱们还有选择权，还能看当时的情况，选择接受还是拒绝。你的特点也比较适合出去闯一闯，港大很多元，专业的选择相对较多，香港也算是一个合适的看世界的地方。反正有枣没枣打一竿，又没什么损失，咱们可以试一试。”

“好，让我先研究一下。”

几天之后。

“娃，研究得如何了？”

“我觉得可以考虑，感觉港大还是有很多吸引我的地方。”

“那咱们说好，我们负责弄清楚规则，把握环节，你自己负责研究相关专业介绍以及报考时的具体填报工作。咱们自己把这件事情完成，不找中介。因为找中介确实需要一笔不小的费用，我们也是综合衡量了这件事情的重要程度和你的能力，觉得可以尝试自己完成。能成就成，不能成也不是什么大不了的事情，不影响咱们正常的学习和报考。”

“没问题。”

这件事就这样快速敲定了。

拿到港大加分

之所以让孩子自己去看相关专业介绍，以及完成所有的填报工作，一个很重要的原因是我的英文水平很差，打开港大官网的那一瞬间，我就放弃了。还有一个原因是，港大的教学体系、学习环境毕竟不同于内地大学，真要报考，还是得让孩子自己去了解，就算是只看文字性的东西，也得让她有一个初步的感受。书，最终是她自己读。

因为是备选方案，所以我们没有为考港大做什么特别的准备，女儿还是保持着普通高三生的日常节奏。到港大开启报考流程时，我们大概等了一下高三上学期的期中成绩，然后秉持着“早弄早完事”的原则就开始了填报。具体的填写过程我基本没有参与，我所负责的就是帮孩子核对了一遍她填好的各科成绩、各类奖项。至于自我介绍，也就是大家常说的文书，除了孩子写好中文版后，我提了一点建议，其他的工作都是她自己完成的。其实我的心也没有那么大，也担心孩子搞不定。虽然说这只是个备选的上学方案，但既然做了，就还是要做好，不能白白浪费机会以及时间和精力。我侧面跟孩子说：“如果有搞不定的地方就说，我跟爸爸来想办法。”可是孩子一路的表现让我很惊讶——她关注了公众号，认真看了公众号上的报考指南，跟我说：“指南写得很清楚，我能看懂，而且要写的内容也都是已经发生过的事情，我知道怎么写，英文也没什么问题。”就这样，从开始注册到最后提交，全部是她自己独立完成。当然，这个过程中少不了对孩子的夸赞，这也是高三生活不可缺少的一部分。对我来说，这么好的表达赞赏的机会，更是必须牢牢抓住。

填报之后的下一个环节就是线上测试了。我咨询了几个机构，但课程的报价确实很不便宜。与孩子沟通后，我们彻底放弃了上课的想法，决定自己找一些相关的训练题目看一看，练一练。寻找相关训练题目的任务就落到我头上了。我这个从来不在公共网络平台说话的人，当时翻遍了各类平台——关注博主，翻看帖子，私信询问。没有现成的资源，我就靠着左问来的一部分、右看来的一部分，凑出了几页题目。这就是线上测试的全部准备了。

当年 5 月中下旬，我们收到了港大的邮件，给了 19 个专业 30 分的加分，这个结果应该说是极好的。收到邮件的时候，女儿正在模拟考试失利的漩涡里挣扎，这封邮件无疑像一针强心剂，让她重拾一些信心，也让我们基本有了保底校，高考的压力骤然减轻了许多。

最后一刻上了清华强基

拿到港大加分后，孩子和我们还是想拼一把，毕竟清华北大的光环还是很闪耀的。但生活哪能让你步步如愿呢？高考分数揭晓的那一刹那，我们就知道不能裸分上清北了。10分，这是我们与裸分的距离，但也留下了强基的机会。

走到清华强基这一步，其实充满了各种计划外的偶然。虽然我也曾经幻想她能裸分上线，进入文科生梦想的殿堂——北京大学；但从高二鬼使神差地放弃了北大文科暑假营，选择了清华文科暑假营，到高三的清华寒假营，最终到报名强基，作为一个文科生，女儿与清华的缘分似乎更深一些。

得知高考分数那几天，我们并没有马上下定考清华强基的决心。因为我们收到了港大经济与金融专业的录取邮件。无论是孩子还是家长，全家都积极做着去港大的准备。别人在忙着备战强基考试，或者参加招生咨询，我们在忙着准备证件、学习粤语、了解宿舍……但内心其实不可能没有纠结，我在不停地说服自己：现在去香港很方便，港大更加国际化，港大给的专业很好，文科强基的专业未必合适……孩子表面也在去香港上学这件事上自洽了，改了社交账号的签名状态，告知所有人：她要去香港了。

这份坚持持续到强基笔试的前两天，女儿给一个清华哲学专业的学姐打了长长的电话后，改变了主意。我还记得那天晚上，她坐在床上，很郑重地跟我们说："我要去考强基。"我心里隐秘的纠结至此可以放下了，作为家长，我们选择支持。因为一路走来，我们已经交流得很充分了。女儿是一个很有主见，对自己的未来有想法，也会坚定地付诸行动的孩子。一路陪着她走到关键的分岔口，最后的决定，让她自己做吧，毕竟以后的路更多还要靠她自己走下去。

强基考试前一天，孩子被导师叫回学校的强基课堂。她说，那一天她把三年的数学强基教材刷了一遍——虽然可能什么都没记住。女儿就这样踏上了强基考试之旅。笔试结束，她其实心情很不好，因为真的有很多题都没有把握。等到笔试结果出来，过线了！但高兴的心情也就持续了两分钟，因为孩子一通打听查询，发现自己的笔试分数是她当时所知道的最低分——眼泪止不住了，孩子高中三年都没这么哭过，因为她觉得要与心中的清北梦说再见了。面试的那一天，孩子是带着一分侥幸、二分体验、七分告别的心情参加的。对于面试的结果，我们都没敢抱太多的期待，依旧马不停蹄地准备着去香港读书的各项材料。但就在最后一刻，清华强基出结果了——我们被录取了。人生真是处处峰回路转。

复盘：功夫在平时

虽然过程有纠结，有曲折，但是复盘报考港大和考清华强基的过程，孩子和我得出的结论是——得来无侥幸，功夫在平时。港大也好，强基也好，虽然考试有大概的方向，但具体内容其实是没有规律可循的，跟文理也没有太必然的联系。从我们的经历来看，考查更多集中于表达能力、临场应变能力，以及对考试内容的延伸和思考，而这些都需要平时的积累。

比如报考港大时写的文书，体现了女儿整个高中生活的多面性：有作文竞赛，也有生物竞赛；有学习成绩，也有社团创建；有校内生活，也有志愿服务。每一项内容可能都谈不上有多突出，但每一项内容的陈述，都体现出了我们的投入与思考。又比如港大的线上测试，除了必备的英文基础，孩子说还得益于平时的思辨能力和口头表达能力训练——曾经学过的托福、曾经做过的课堂训练、曾经参与过的各项比赛这时都发挥了作用。

再比如强基考试时，女儿在笔试小作文和面试中，都有意识地结合题目要求提到了对教育公平的思考，因为这个主题是她在高中阶段做过的一个研究项目。她觉得整个面试阶段与老师聊得最愉快的部分就是围绕这个主题展开的，而这些并不是材料本身呈现的内容，是她对内容的延伸思考。想想当初做这个研究项目，可远不是一帆风顺。孩子们开始研究或许是一时兴起，但研究过程中他们靠毅力和智慧克服了重重阻碍：与搭档的磨合、遭遇病情全体倒下、对研究内容的反复推倒重构，以及与日常学习的矛盾冲突……靠自己的力量一个一个解决这些问题，孩子们在这过程中的成长是巨大的。正是有了这样艰难的过程，才有后来看似容易的结果。

“功夫在平时”，这个“平时”是贯穿于整个成长过程的。作为家长，我们需要有定力，从提升孩子综合能力的角度着眼长远，很多事情其实是有备无患。比如女儿初一的时候学托福，就有人不理解，又不打算走国际路线，为什么要学托福？而且这成绩也就两年的有效期。但当时我们和孩子达成了一致的认知：这个成绩对我们来说没有升学的作用，是趁学习压力还不是太大的时候，通过学托福来进一步提升英语能力。再比如当初女儿做研究项目的时候，我们也不太明白一个高中生研究这些意义何在：占用正常学习的时间，查很多貌似根本用不上的资料，发现一些自己也解决不了的问题，得出一些也不知道有没有机会实践的结论。我们也曾发牢骚：这些研究都是纸上谈兵，毫无实际意义。但孩子们在“谈”的过程中实实在在地进行了阅读、思考、交流，其中必定有很多我们没有意识到的作用，而这个过程的影响是长远的。

此外，“平时”其实是一个合力，是学校、老师、家长和孩子一起努力。家长要相信学校，相信孩子。十一学校给孩子们搭建了很多优质的平台，创造了丰富的学习机会，正是这样宽松自由、支持多元选择的校园环境，让孩子学会了自学自研，学会了自主分析问题、解决问题。也正是因为这样，我们才敢放手让女儿自己独立完成港大的报考以及强基的选择。在中学这六年，我们最重要的收获不是高考成绩，而是愿意看世界的热情，以及敢于闯世界的勇气和能力。

从港大商学到清华强基，可能人生的选择没有对错之分，只有是否忠于内心的刻度。而父母所能做的，莫过于帮助孩子认识自己，培育稳定的内核，在自主抉择中长出自洽的根，然后长成舒展、高大的树。

假如可以重来

孩子的原话：“假如可以重来，还是会选择清华强基，我已经走出了每个阶段能走的最好的一步。”——希望十年后，甚至更久以后，这一篇的“假如可以重来”还是这句话。

亏分上北航强基，我们选错了吗？

◎ 孙会

2024 年 6 月 25 日，在高考成绩出来的那一刻，我们就明确知道儿子的大学去向了，此后的院校纠结、志愿填报、等待录取结果的焦躁以及被录取那一刻的振奋已和我们无缘。

我家孩子在高考前报名了北京航空航天大学的强基专业——飞行器控制与信息工程，而北航强基 2024 年首次将笔试、面试、体育测试等录取程序放在高考考试后、成绩出分前，就是所谓的“提前校测”，然后再结合高考分数直接锁档录取（考生档案被锁定，不能投档其他院校）。孩子在高考后已经按北航要求参加了笔试、面试和体育测试，且公示合格，只需要根据高考成绩来确定是否会被最终录取。我们之所以有信心会被录取，是因为看到他的高考成绩和市排名都还不错，超过了他在海淀区一模和二模中的成绩表现，按照往届的经验，儿子被北航强基飞行器控制与信息工程专业锁档录取已无悬念。

从孩子的高考成绩来看，如果不被北航强基锁档的话，他似乎还可以冲击更好的学校，而对比北航往年的录取情况，被强基录取也似乎是亏了一点分数。当时强基开始报名的时候，年级主任在家长会上提到的“强基是用来冲而不是保”的话言犹在耳。在志愿填报“不能浪费一分”的思想潮流下，我们亏分上北航强基，是不是选错了呢？

报考前充分了解强基政策

我家孩子并不是竞赛生，但缘于“上名校”的诱惑，我很早就开始了解强基政策，知道强基面向的不单是竞赛生，还包括综合成绩优秀的其他考生，所以我很鼓励孩子参加学校周六开设的强基课。孩子那边参加着学校的强基课学习，我这边就开始收集材料，进一步了解强基政策。

当你想开始了解某件事情的时候，互联网大数据就会不断向你推送相关资讯。在众多关于强基的介绍视频中，有一个微信视频号博主比较吸引我，他主要是面向能考上 985 和 211 学校的学生，通过与家长连线，对一个分数段内的几所学校进行比较分析。这也让我大致了解了学校层次，加深了对一些大学的认识，并结合自己孩子的情况锁定了几所大学。

为了深入了解各大学强基专业的招生政策、专业设置和研究生转段的情况，我还提前一年专门购买了这位博主针对强基的介绍课程。他对一些学校的内部转段政策比较了解，在课程中他推荐了可报考的学校，也提到了一些转段政策不清晰需要“避坑”的学校。在 2023 年度购买的这个课程里，因为数学、物理这些基础学科可以在研究生阶段很好地与一些工科专业衔接，这位博主整体上是非常推荐报考强基的，认为它确实是冲名校、通过基础学科转入新工科的一种很好的选择。

但到了 2024 年，我就感觉这位博主对强基的口径稍有变化，提示对强基基础学科的选择要慎重，必须要建立在喜欢和擅长的基础上。前几届强基生根据学校的政策，可以很好地从基础学科转段到工科专业，但从2024届考生开始，强基计划招生简章应教育部的要求都增加了一句话：“学生主要在强基计划所在基础学科专业进行培养”。这就意味着基础学科专业的强基生到了研究生阶段学的可能还是基础学科，转段到工科类专业的学生还是会有，但在比例上要比以前少很多。

2024年的强基计划招生还有一些其他的变化，比如一些学校新增了工科专业，比如北航将“追随”华东五校提前校测，等等。作为家长，我对强基招生的这些政策和变化还是很清楚的，报考时择要点跟孩子进行了讲解。可以说，报考强基是我和孩子在充分了解政策基础上的选择。

充分了解孩子的能力和意愿

家长是孩子的支撑，但无法决定孩子的未来，我一直希望孩子能做自己喜欢的事，尤其在他的大学和专业选择上，更应该遵从他自己的意愿和兴趣。通过平时的观察以及沟通交流，我也大体了解了儿子的意愿。

首先，他想学工科。他明确表达过不想再专门学基础学科，即便以前强基转段政策比较宽松，可以通过基础学科转段衔接工科专业，他也觉得连续四年持续学习基础学科可能会比较枯燥，毕竟自己也不是竞赛生。在限制转段比例的强基政策下，基础学科更不是他的首选。好在这一届还有很多学校在强基里保留或新增了工科专业，比如上海交通大学的船舶与海洋工程、哈尔滨工业大学的飞行器制造工程，还有北京理工大学非常不错的智能无人系统技术，北航作为工科强校也给出了信息与计算科学（人工智能方向）、飞行器动力工程及飞行器控制与信息工程等不错的工科专业。

其次，他想留京。其实作为家长，我并没有很强的留京情结。我和他爸爸也常常对他说“好男儿志在四方”，尤其在大学阶段能去外地读书、体验另外一个地方的生活，会是一件很好的事情。对我来讲，我觉得上海交通大学是一个很不错的去处，我也好几次鼓动他多关注一下这个学校。但孩子留京的愿望好像更为强烈一些。

最后，他好像也不是很“卷”的类型。高中三年里，他为写一个剧本熬过夜，但似乎并没有为多做一套卷子、多整理下错题而熬过夜。高三那年，他还保持着晚自习回家就收拾睡觉、一直睡到早上 7：00 的好睡眠。我有时候真的好着急，踮一踮脚就能够到的事情，为什么不去努力一下呢？但我也很清楚，高三这个阶段，孩子情绪的稳定更为重要，家长就算憋出内伤，也最好不要多嘴。

了解孩子的情况，学校的范围也就好锁定了。清华北大应该是每个高考生家长的向往吧，根据“强基是冲而不是保”的逻辑，再结合年级主任在家长会上说过，报考清北强基的条件是“至少一次大考的排名在学校前 80”，他也还算符合，也许我们可以踮一踮脚够一够清北。但孩子志不在此，也许是不想卷，他连两校的暑假寒假营也没参加过，因此我也就没强求他选报这两所学校。

华东五校都在外地，专业也不符合他的意愿，那我们接下来看的就是北航和北理了。其实从孩子的模拟考表现来看，他的成绩和这两所学校也是能匹配的，因此在报考时我们首先面临的就是要不要报考强基、要不要保住学校的问题了。因为这两个学校在他对大学的期待里本就占有一席之地，强基放出的工科专业也让他向往，本研贯通的培养方案又正好契合他的性格，所以在和孩子充分沟通、权衡之后，我们最终选报了北航的飞行器控制与信息工程。

强基计划是冲还是保：千金难买“他愿意”

在看到成绩的那一刻，知道将要浪费掉普通批志愿，无法去冲击更多的选项，作为家长，我也不是完全没有一点遗憾。那时我一边为他超预期的高考成绩感到高兴，一边也会暗暗地想象另外的可能。但也只是想想而已，孩子说就算不被锁档也会选报北航。孩子很坚决，我这个家长也就没有那么大的遗憾了。

高考已经尘埃落定，儿子入学也快有一年了。他就读的飞行器控制与信息工程专业依托北航仪器科学与光电工程学院的“仪器科学与技术”学科进行培养，他们是学院的第一届强基生，20 多人组成了一个小班。听儿子说，他们这个班的学习氛围很好，又不卷。我们不禁感慨，真是契合了他的性格呀。

现在回头看，强基计划到底是冲还是保，可能真的无所谓对错。我们算是通过强基保住了儿子向往的学校和心仪的专业，对这个结果还算满意。我也认识一个外地朋友的孩子通过强基冲进了清华，清华强基是理工双学位培养，他在工科上被分流到了一个自己并不喜欢的专业，一度也是很不开心。不过那个孩子是放弃过中国科学技术大学少年班，立志要上清华的，清华的好很快掩盖了他的失意，他也在为找到自己的热爱而努力，我相信以他的冲劲也终会在清华实现自己的愿望。所以在我看来，重要的还是要契合孩子的情况，尊重孩子的意愿。有的孩子看重学校，有的孩子看重专业，只要在自己的热爱里找到合适的方向就好。适合的才是最好的，毕竟学是要孩子自己去上的，未来的路是要他自己去走的。在孩子的成长上，我总觉得千金难买的是“他愿意”，只有他愿意，他才会为之付出努力，而我们家长能做的，可能只有接纳和陪伴。

最后一点经验和教训

在关注强基计划的两三年里，我发现它每年都会有变化，家长们一定要关注当年的变化。在各种自媒体甚嚣尘上的当下，家长们一定要做好甄别。所有的外部信息都只能作为参考，最权威的还是学校的强基计划招生简章和各个专业的培养方案，这在学校官网里都能找到。

所有的视频号终归都是商业的，他们直播的最终目的还是为了卖课。我家孩子语文不太好，我直播听多了，就没经住诱惑，购买了专门提升语文的课程。拿到后我先自己听了听，发现有些题例还是十几年前的，觉得并不靠谱，最后压根也没拿给孩子听。虽然花了钱，但我很庆幸自己做了甄别，并没有直接甩给孩子听，浪费他宝贵的高三时间，甚至对他造成误导。进入高三，家长一定要切忌自以为是，我们除了做好后勤，就是要相信学校，尊重孩子的学习节奏。

回顾这一番心路历程，我们总体上可以说是比较平淡、顺利，没有经历太大的波折，我想这主要还是得益于孩子在高考中有比较好的发挥。而说到孩子高考发挥好这件事，我也很欣慰自己的表现，作为一个曾经也很“鸡娃”的海淀家长，我克制住了自己，不去打扰孩子的心境。高三这一年，最好的陪伴大概是远离。

孩子的大学生活已经开启，“亏分”的遗憾也早已释然。我想，学习的本质不是用分数兑换名校头衔，而是帮孩子找到真心喜爱的人生道路。人生是长途旅行，有热爱做驱动，才能支撑他去攀登更高的山。

假如可以重来

我还会让孩子学小提琴吗？回首过往，这条路他走得枯燥又辛苦，高标准、严要求之下，老师和我对他多有苛责，这一定给他带来了一些负面的东西。还好，看到他大学后又捡起小提琴，我心中有些许安慰。如果可以重来，孩子也许还会学小提琴，但我一定不会再苛责他。人生道路那么长那么远，很多事情其实可以慢慢来。

从 985 到中外合作院校
——如何规划“非典型”升学路?

◎ 李建

在十一学校直升区度过中学六年后，儿子高考正常发挥，考到了中等 985 院校的分数线。但最后孩子选择了中外合作院校，他告诉我们，他心中装着一个更大的世界和舞台。这个想法超出了我们的规划和预期，虽然有顾虑，但最终我们还是尊重了孩子的选择。毕竟未来的生活是他自己的，他应该有选择自己道路的权利。在此分享我们的情况，希望给有意愿走中外合作院校这条路的读者一点借鉴。

为什么考虑这条路?

我儿子属于学习还算努力，但坚决不会累着自己的孩子。他有点文艺天分，酷爱踢足球，无论学习多紧张，都会找出时间来调节自己的生活。所以他学习成绩尚可，且比较稳定，但并不属于头部 985 选手。于是从很早开始，对于他的高考择校，我们基本就是按照他平时的成绩范围来准备，考察了多所中等 985 院校。

起初我们的规划一直都是本科在国内读 985 院校，研究生阶段考虑国外就读。这样规划的原因是：孩子自己没有强烈的本科出国读书的想法，因此在读高中时放弃了去国际部的路径，专心在高考的道路上拼搏；而研究生阶段去国外读，则是我们觉得孩子本科毕业后，人生观和世界观都比较稳定了，出去看看外面的世界，开阔视野，人生规划能够更加清晰。

但是高考毕竟存在不确定性，为了应对万一考试不理想的情形，我们还是选择了同时做多元化升学的准备：首先，不考虑本科出国，所以没有申请海外院校；其次，孩子的高考选考科目不含物理，我们认为不适合申请港校的理工科专业，所以也没考虑港校；最后，剩下的选择就只有国内的两所中美合作院校。这两所学校的录取标准是综合评价，不只看高考成绩，合作方都是美国非常好的私立大学，入校后接受美国本科教育，且无论高考选科如何，都可以自由选择专业，可以轻松实现孩子大学学理工科的愿望。鉴于孩子的日常考试水平足够达到这两所院校的高考录取分数，孩子自身特点也比较适合美本，而且能在多数时间不出国门的情况下享受到美国顶尖大学的教育是一个难得的机会，最后我们决定申请这两所学校，给孩子多一个选择。

怎么做准备工作?

中外合作院校的申请与美国本科的申请要求基本相同，所以必须把多数准备工作做在前面。

首先是做好语言的准备。申请中外合作院校，英语是一个基本条件。因为学校是外国教授用全英文授课，没有过渡期，英语不达标的孩子根本无法适应。而且即使孩子高中的校内英语成绩好，也未必能适应中外合作院校的面试和写作。所以建议有意申请中外合作院校的孩子，在高二学习雅思或托福，在高二寒假或暑假完成雅思或托福考试。虽然申请的学校未必要求雅思或者托福成绩，但是学校考查的英语运用能力，更接近雅思或者托福体系，与高中英语的内容还是有差别的。我家孩子是到高三才决定申请，所以没有足够的时间准备雅思或托福。所幸孩子平时英语成绩不错，临时考了多邻国英语测试，取得了较好的成绩，才通过了最初的语言成绩关。

其次是孩子特点的发掘。这点至关重要，美国大学要求孩子不仅要有优秀的学习能力，更要有明确的个人理想追求，以及与之匹配的特质。所以找到孩子的特长并充分地展示出来，是申请的重中之重。起初我们也不知道怎么找，后来通过梳理孩子自小的情况，发现材料还是比较清晰的：他从小踢足球，坚持了十年，最终在高中入选校足球队；热爱艺术，直到高中还参加艺术社团，是社团的中坚力量。因此，兴趣广泛、能够持之以恒地追求进步，就是我家孩子的特点。其他方面，比如学科竞赛、阶段性的课外经历，孩子虽然也取得了一点成绩，但这些并不如前者更能体现孩子的成长特点。所以申请的时候，家长可以好好梳理孩子的成长历程，每个孩子都有非常闪光的地方和自己的特点，要善于发现和总结。

再次是早准备、早积累资料。申请的时候，需要提供能体现孩子能力和特点的资料。建议家长把孩子获得过的成绩和奖项、参加过的重要活动做好各种形式的留痕，最好从高一就开始谋划并做好收集。因为到了高三，孩子全力备战高考，很少会参加各种比赛和活动。我们家是在高三决定申请的时候，才开始梳理孩子的资料。好在孩子有持续的兴趣爱好，在校内也富于探索精神，有些我们压根不知道的学科竞赛，孩子还获了市级奖项（最关键的是，证书他自己都还收着），这才有足够的资料，客观地展示出了他的真实情况。

最后是申请材料的填写。这一部分需要孩子做很好的整理和提炼，尽量充分地展示自己的特质；要使学校确信，自己就是学校希望招收的学生。这个部分要花费不少时间，越早开始整理越好。

什么样的孩子适合中外合作院校？

儿子顺利考取中外合作院校之后，我们有更多机会了解这种办学模式和生源情况。给我强烈冲击的是入学前的一次新生聚会。当时来了几十个孩子，每个孩子都做了自我介绍和展示——没有千篇一律的格式，没有千人一面的内容，每个孩子呈现出的都是非常独特的优秀。他们有各种特长和兴趣，且敢于表达自己，没有一个人唯唯诺诺。他们眼里有光，心中有梦，个个都是鲜衣怒马的少年，令人欣慰与钦佩。这次活动让我直观且深刻地理解了学校的选人标准：优秀、独特、有思想、有追求。

此外，选择中外合作院校的孩子还要具备良好的抗压能力。中美合作学校完全采用美国本科教育体系，从传统高考路径直接进入美本的学习，没有过渡，压力还是很大的。全英文授课的语言压力，课前阅读大量英文原著的课业压力，没有班级院系全靠自己选择和计划的规划压力（我们孩子在十一学校倒是早适应了走班的形式），等等，比起传统路径来说，对孩子有额外的要求。在中外合作院校的学习过程甚至比高三还辛苦，孩子们戏称，大学是四年的“高四”。如果想轻松地读大学，中美合作校肯定不合适。在这里要做好苦读的准备，孩子们熬夜学习是普遍现象，没有最努力，只有更努力。

入学后的感受

儿子入学后，自己总结过在中外合作院校就读的三个重要收获。

首先是多元文化带来的视角冲击。因为学校既有来自中国的高考生，也有很多来自全球其他国家和地区的国际生，大家在一个课堂上讨论同一个问题，会产生非常不同的答案。南橘北枳背后所折射出的文化、地域、价值观的差异，会刷新孩子们之前对于世界的认知，引发更深层次的思考，甚至对于他们未来步入社会后的具体选择都会产生影响，比如帮助他们理解涉及价值观的商业模式和产品设计等。所以长远看，这种多元文化冲击是大有裨益的。

其次，小班教学对孩子的学习有实质性帮助。中外合作院校的课堂里，一般只有十多个孩子一起上课。每个孩子都有充分的展示和表达机会，教授也能够对学生进行一对一指导。孩子们毕业时能取得好的学习成果，与此有着紧密的关系。

最后是学术英语能力的大幅提升。这一点无需多言，是全英文教学、课外充分的英文交流环境带来的必然结果。

看到孩子的这些收获，我们发自内心地感到欣慰。孩子的每一个问题，对家长来说都是没有标准答案的开放式问题，所有的过往经验都是仅供参考而已。我们都想做算无遗策的家长，但是现实的生活经常是"塞翁失马，焉知非福"，尤其在这个不确定性如此高的时代。因此，找到孩子的核心能力和兴趣所在，培养孩子始终保持探索精神、奋斗动力、为实现理想逆风前行的毅力，以及过程中使自己获得幸福和快乐的能力，才是给予孩子拥抱未来的秘笈。

记得在十一学校的一次家长会上，一位老师曾经讲过：孩子们生长在北京，入读十一学校，这已经是很多人梦想的生活；所以孩子们的未来，不应该满足于有房有车，希望他们能有更高远的人生追求，能够为社会、国家甚至人类做出贡献。老师的这番话发人深省，真希望这个愿景能成为孩子们前进道路上的明灯。祝愿孩子们在每一座高峰看到的风景都成为他们再向上攀登的动力，跌倒过的每一个坑都生长出智慧之树，跋涉过的每一段旅途都绽放滋养人生的花朵。希望他们回首看时，来路都是奋进的青春，都是美好与值得。

假如可以重来

我会在初中对孩子更早地放手，让孩子自己去规划学习和生活，非原则性的问题不干涉，没有明显的失败结果不急于纠偏，给孩子探索和试错的机会。

后　记

作为本书主编，我们三人的孩子都在十一学校度过了中学六年的时光。我们都曾作为学校年级家委会成员，策划组织了很多家校合作项目，也参与、见证了十一学校诸多改革和重要事件。我们深刻地感受到：十一学校的很多家长和孩子一样，对学校的认可度很高，家长之间的联系也更密切，家长们互帮互助、分享交流的氛围更是独一无二。孩子在十一学校学习的六年，对我们而言，既是一段陪伴孩子成长的旅程，也是一段互相学习怎么当好家长的历程。

2024 年 7 月，我们和几位家长在一次聚会中，聊起各自的陪伴经历，特别是高中阶段陪孩子学习、选科、准备高考、选报志愿等方面的心得。在陪孩子高考后“上岸”似的轻松中，大家有诸多感慨，谈到了得与失、对与错、深与浅，言谈中不时闪烁着家庭教育的智慧和火花。由此，我们想到：如果把这些感受和思考写下来结集出版，分享给更多家长，也许可以帮助更多孩子顺利走好中学阶段的人生路。

这个想法马上得到外语教学与研究出版社王芳社长的大力支持，本书被确定为出版社的重要选题。我们迅速商议了书的基本框架，拟定了写作要求，先后在不同家长群里发布征稿通知，并收到2021—2024届十一学校毕业生家长撰写的60多篇稿件。我们和编辑认真审读，与作者数轮沟通修改，最终筛选出46篇文章出版。

著名教育家、德高望重的顾明远先生欣然答应为本书题写书名，并加以鼓励；清华大学原副校长谢维和教授等专家了解本书的内容后，给予了高度评价；十一学校老校长李希贵说本书"填补了空白"，现任校长田俊也对家长们的行为表示赞赏；很多家有中小学生的朋友表达了对本书的期待……这些都极大地鼓舞了我们。

本书的作者们也许原本互不相识，却因孩子就读十一学校而有了一个共同的身份——北京十一学校家长，更因有愿意分享、修己达人的共同情怀而携手完成了"出书"这样一件有意义的事情。教育不仅仅是学校的事情，也是家庭、社会的责任，我们希望和更多家长一起，努力成为更好地理解包容孩子、托举孩子、成就孩子的优秀家长。

感谢每一位参与本书写作的家长，他们将自己最真实、最直接的体验，将陪伴孩子成长的感受、经验以及反思，毫无保留地分享出来。希望本书为所有家有中小学生，特别是高中生的父母们，带来帮助和启发。

感谢诸位作者的大力支持和积极参与；感谢北京十一学校2024届家长给予的诸多帮助；感谢2023届家长郑桥、2022届家长李林冰以及2021届家长陈菲，他们为发动家长参与写作付出了热情积极的努力。

感谢外语教学与研究出版社王芳社长、刘捷总编辑，以及鞠慧、易璐、赵雅茹、段会香等诸位编辑老师。他们在耐心、细致背后体现出的专业水准和敬业精神，给每位作者留下了深刻的印象。

需要指出的是，参与本书写作的家长们来自不同行业，也并非家庭教育专家。每一位家长都曾带着爱与困惑前行，每一篇故事也都只代表个体的经验和感受。每个孩子都是独一无二的，每个家庭也都有自己的实际情况。对同一问题的处理既没有标准答案，更没有唯一答案。唯愿读者能透过本书，看到家庭教育的多样性，看到家庭的教育责任和重要性，并找到一些可以借鉴的思路和方法。

愿父母的爱能给予孩子更深远的力量，愿每个孩子都有属于自己的精彩人生。

本书主编

2025 年 6 月